普通高校"十二五"规划教材
公共管理系列

非政府组织管理：
结构、功能与制度

刘志欣　孙莉莉　杨洪刚　编著

清华大学出版社
北　京

内容简介

本书从非政府组织的内涵与外延着手,立足于非政府组织的结构、功能与制度等宏观背景,坚持问题导向的思路,通过借鉴和比较,对非政府组织社会功能、人力资源管理、绩效管理、筹款管理、信息公开、监督管理,以及政府与非政府组织之间关系等问题进行分析,探索中国非政府组织发展的基本趋势。在具体章节中,围绕相关理论和实践进行综合研究,以基本概念解读为立足点,针对不同主题的主要内容、核心问题、核心制度进行介绍,将制度分析与理论研究结合起来,从而发现中国非政府组织发展中的主要问题,并提出完善建议。

本书适合作为普通高校公共管理专业教材,也可供对非政府组织管理有兴趣的读者参阅。

本书封面贴有清华大学出版社防伪标签,无标签者不得销售。
版权所有,侵权必究。举报:010-62782989,beiqinquan@tup.tsinghua.edu.cn。

图书在版编目(CIP)数据

非政府组织管理:结构、功能与制度/刘志欣等编著.—北京:清华大学出版社,2013.1(2025.1重印)
(普通高校"十二五"规划教材·公共管理系列)
ISBN 978-7-302-30842-3

Ⅰ.①非… Ⅱ.①刘… Ⅲ.①非政府组织-管理-高等学校-教材 Ⅳ.①D564

中国版本图书馆 CIP 数据核字(2012)第 288319 号

责任编辑:刘志彬
封面设计:汉风唐韵
责任校对:宋玉莲
责任印制:宋 林

出版发行:清华大学出版社
网　　址:https://www.tup.com.cn,https://www.wqxuetang.com
地　　址:北京清华大学学研大厦 A 座　　　　邮　编:100084
社 总 机:010-83470000　　　　　　　　　　邮　购:010-62786544
投稿与读者服务:010-62776969,c-service@tup.tsinghua.edu.cn
质量反馈:010-62772015,zhiliang@tup.tsinghua.edu.cn

印 装 者:三河市龙大印装有限公司
经　　销:全国新华书店
开　　本:185mm×230mm　　印　张:13.5　　字　数:282 千字
版　　次:2013 年 1 月第 1 版　　　　　　　印　次:2025 年 1 月第 13 次印刷
定　　价:38.00 元

产品编号:046484-02

前 言

本书为上海市第四期"公共事业管理"专业本科教育高地建设项目和上海市教委重点课程建设项目《社会第三部门组织管理》(项目编号:S201122001)的研究成果。

本书从非政府组织的内涵与外延着手,立足于非政府组织的结构、功能与制度等宏观背景,坚持问题导向的思路,研究我国非政府组织发展中存在的问题,并提出针对性的政策建议。

全书共分为两大部分:基本原理部分和实践操作部分。在基本原理部分,本书探讨了非政府组织的概念、主要类别、主要活动领域和功能等,然后通过比较中国和美国非政府组织的制度环境、政治机会结构、组织结构和功能发挥状况,阐明我国非政府组织所处的环境特点。在这一部分还详细地论述了非政府组织的社会功能,明晰了非政府组织在社会发展中的重要作用,讨论了影响我国非政府组织功能发挥的因素,提出了促进我国非政府组织有效发挥社会功能的路径选择。

在实践操作部分,本书分析了非政府组织的人力资源管理、绩效管理、筹款管理、信息公开、监督管理,以及政府与非政府组织之间委托代理的合作关系。在具体论述中,围绕相关理论和实践进行综合研究,以基本概念解读为立足点,针对不同主题的主要内容和核心问题进行阐述,将理论工具运用到非政府组织的实际管理中,从而发现中国非政府组织管理中存在的主要问题,并围绕这些问题进行进一步的探讨。

本书写作分工如下:

刘志欣:第1、6、7、8章;

孙莉莉:第2、4章;

杨洪刚:第3、5、9章。

目 录

第1章 非政府组织：内涵和边界 1

1 非政府组织的界定及特征 2
1.1 非政府组织的名称 2
1.2 非政府组织的界定 4
1.3 非政府组织的特征 5

2 我国非政府组织的主要类别 7
2.1 社会团体 7
2.2 民办非企业 8
2.3 基金会 8
2.4 几类特殊的非政府组织 9

3 我国非政府组织的主要活动领域和功能 11
3.1 我国非政府组织的主要活动领域 11
3.2 我国非政府组织的功能 13

4 我国非政府组织发展中存在的主要问题 14
4.1 行政化特点突出，自治性不足 14
4.2 组织能力不足 15
4.3 监管不足，行为失范现象时有发生 15
4.4 发展不平衡 15
4.5 非政府组织管理缺乏统一的原则和规范 16

5 完善我国非政府组织发展的对策与建议 16
5.1 尽快制定非政府组织基本法并完善配套法律 16
5.2 推动非政府组织实现经济独立 16
5.3 落实非政府组织的税收减免政策 17
5.4 完善社会监督机制 18

6 非政府组织法律制度概述 18
6.1 非政府组织法律制度的宪法依据——结社自由 18

6.2　我国非政府组织法律制度概况 ·· 19
　　6.3　非政府组织的双重管理原则 ·· 21
本章小结 ·· 23
核心概念 ·· 23
思考题 ·· 24
扩展文献 ·· 24
阅读材料 ·· 24

第2章　非政府组织的中美比较 ·· 26

1　中国和美国非政府组织的制度环境比较 ·· 27
　　1.1　美国非政府组织的制度环境 ·· 27
　　1.2　中国非政府组织的制度环境 ·· 30
　　1.3　中美非政府组织制度环境比较分析 ··· 32
2　中国和美国非政府组织的政治机会结构比较 ···································· 33
　　2.1　美国非政府组织的政治机会结构 ··· 33
　　2.2　中国非政府组织的政治机会结构 ··· 34
　　2.3　中美非政府组织政治机会结构比较分析 ··································· 35
3　中国和美国非政府组织的组织结构比较 ·· 36
　　3.1　美国非政府组织的发展阶段及发育情况 ··································· 36
　　3.2　中国非政府组织的发展阶段及发育情况 ··································· 37
　　3.3　中美非政府组织的组织结构比较分析 ······································· 39
4　中国和美国非政府组织功能发挥状况比较 ·· 39
　　4.1　美国非政府组织的功能发挥状况 ··· 39
　　4.2　中国非政府组织的功能发挥状况 ··· 41
　　4.3　中美非政府组织功能发挥比较分析 ··· 43
本章小结 ·· 44
核心概念 ·· 44
思考题 ·· 44
扩展文献 ·· 44
阅读材料 ·· 45

第3章　非政府组织的社会功能 ·· 48

1　非政府组织的社会功能理论研究 ·· 49
2　非政府组织的一般社会功能及其分类 ·· 51

  2.1 过程角度下的非政府组织一般社会功能 ……………………… 52
  2.2 结果角度下的非政府组织一般社会功能 ……………………… 55
 3 我国非政府组织的社会功能分析 ………………………………………… 57
  3.1 我国非政府组织的社会功能展现及其评价 …………………… 57
  3.2 制约当前中国非政府组织社会功能有效发挥的影响因素 …… 61
  3.3 促进中国非政府组织有效发挥社会功能的路径选择 ………… 66
本章小结 ………………………………………………………………………… 69
核心概念 ………………………………………………………………………… 70
思考题 …………………………………………………………………………… 70
扩展文献 ………………………………………………………………………… 70
阅读材料 ………………………………………………………………………… 71

第 4 章 非政府组织的人力资源管理 …………………………………… 73

 1 非政府组织人力资源管理和志愿者管理 ………………………………… 74
  1.1 非政府组织人力资源管理概述 ………………………………… 74
  1.2 非政府组织志愿者管理概述 …………………………………… 75
 2 非政府组织人力资源管理中存在的问题 ………………………………… 76
  2.1 非政府组织专业人才匮乏 ……………………………………… 76
  2.2 非政府组织员工流动性大 ……………………………………… 77
  2.3 非政府组织创新行为滞后 ……………………………………… 77
 3 非政府组织人力资源管理流程 …………………………………………… 77
  3.1 非政府组织人力资源招聘 ……………………………………… 78
  3.2 非政府组织人力资源激励 ……………………………………… 80
  3.3 非政府组织人力资源评估 ……………………………………… 83
 4 非政府组织中志愿者管理流程与实践经验 ……………………………… 84
  4.1 非政府组织志愿者管理流程 …………………………………… 84
  4.2 非政府组织志愿者管理的实践经验 …………………………… 86
  4.3 非政府组织志愿者管理的中外比较 …………………………… 90
本章小结 ………………………………………………………………………… 93
核心概念 ………………………………………………………………………… 93
思考题 …………………………………………………………………………… 93
扩展文献 ………………………………………………………………………… 94
阅读材料 ………………………………………………………………………… 94

第5章 非政府组织的绩效管理 …… 96

1 非政府组织绩效管理概述 …… 98
   1.1 绩效的内涵 …… 98
   1.2 绩效评估 …… 99
   1.3 绩效管理 …… 100
   1.4 非政府组织绩效管理与企业绩效管理的区别 …… 101

2 非政府组织绩效评估的有关理论 …… 102
   2.1 "3E"评估理论 …… 102
   2.2 "3D"评估理论 …… 103
   2.3 "顾客满意度"理论 …… 103
   2.4 "APC"评估理论 …… 103

3 非政府组织绩效管理的流程和意义 …… 104
   3.1 非政府组织绩效管理的流程 …… 104
   3.2 非政府组织绩效管理的意义 …… 105

4 平衡计分卡：非政府组织绩效管理的重要工具 …… 106
   4.1 平衡计分卡的内涵 …… 106
   4.2 非政府组织的平衡计分卡 …… 107

5 平衡计分卡在我国非政府组织绩效管理中的应用 …… 109
   5.1 非政府组织平衡计分卡使命、战略与维度：以上海黄浦区红十字会为例 …… 109
   5.2 平衡计分卡在非政府组织绩效管理应用中的问题 …… 112
   5.3 非政府组织绩效管理中有效应用平衡计分卡的基本对策 …… 113

本章小结 …… 115
核心概念 …… 115
思考题 …… 116
扩展文献 …… 116
阅读材料 …… 116

第6章 非政府组织的筹款管理 …… 120

1 筹款的概念 …… 121
2 筹款理念和筹款原则 …… 122
   2.1 筹款理念的发展 …… 122
   2.2 筹款原则 …… 123

3 筹款的市场分析 …… 123
3.1 个人市场 …… 124
3.2 企业市场 …… 124
3.3 基金会市场 …… 126
3.4 政府市场 …… 126
4 筹款的主要流程和主要方式 …… 127
4.1 筹款的主要流程 …… 127
4.2 筹款的主要方式 …… 130
5 非政府组织筹款中存在的主要问题 …… 131
5.1 制度环境尚待完善,筹款过程亟需规制 …… 131
5.2 筹款观念有待更新,筹款误区需要改变 …… 131
5.3 筹款结构不尽合理,社会公信力还需提高 …… 132
5.4 筹款能力尚有欠缺,筹款数量仍可增加 …… 133
6 完善非政府组织筹款制度的对策 …… 133
6.1 加强筹款制度化建设,完善相关法律制度 …… 133
6.2 更新筹款理念,改变筹款误区 …… 134
6.3 提升筹款专业化水平,实现筹款结构多元化 …… 134
本章小结 …… 136
核心概念 …… 136
思考题 …… 136
扩展文献 …… 137
阅读材料 …… 137

第7章 非政府组织的信息公开 …… 139

1 非政府组织信息公开的概念和特征 …… 141
1.1 非政府组织信息公开的概念 …… 141
1.2 非政府组织信息公开的必要性 …… 142
1.3 非政府组织信息公开的特征 …… 142
2 非政府组织信息公开的理论研究状况 …… 143
2.1 国外非政府组织信息公开的有关理论与实践 …… 143
2.2 我国关于非政府组织信息公开的理论研究 …… 144
3 制度框架下我国非政府组织的信息公开 …… 144
3.1 《公益事业捐赠法》关于非政府组织信息公开的规定 …… 144
3.2 《政府信息公开条例》的规定 …… 145

  3.3 社会团体信息公开的规定 …… 145
  3.4 民办非企业信息公开的规定 …… 146
  3.5 基金会信息公开的规定 …… 146
 4 我国非政府组织信息公开中存在的主要问题 …… 149
  4.1 核心问题在于"无法可依"和"有法不依" …… 149
  4.2 缺乏信息公开责任规定和责任追究程序 …… 149
  4.3 缺少信息公开程序规定 …… 150
  4.4 缺乏多元化监督机制 …… 150
 5 完善非政府组织信息公开制度的若干建议 …… 150
  5.1 信息公开的主体和对象 …… 150
  5.2 信息公开的内容 …… 151
  5.3 信息公开的程序和形式 …… 151
  5.4 信息公开的监督 …… 152
 6 非政府组织信息公开的发展趋势 …… 152
  6.1 直接规范公益慈善捐助信息，不区分主体 …… 152
  6.2 对信息披露时限进行了明确规定 …… 152
  6.3 对信息公开内容具体列举 …… 153
  6.4 对信息公开方式进行例举 …… 153
本章小结 …… 154
核心概念 …… 154
思考题 …… 155
扩展文献 …… 155
阅读材料 …… 155

第8章 非政府组织的监督管理 …… 158

 1 自律与他律 …… 159
 2 政府监督 …… 160
  2.1 登记管理机关的监督管理 …… 160
  2.2 业务主管单位的监督管理 …… 162
  2.3 财税机关和审计机关的监督管理 …… 162
 3 社会监督 …… 163
  3.1 公众监督 …… 163
  3.2 媒体监督 …… 164
  3.3 第三方组织监督 …… 165

4 自律约束 ··· 166
4.1 行业自律约束 ··· 166
4.2 组织内部自律 ··· 167
5 非政府组织监督管理的实现手段 ··· 167
5.1 行政处罚 ··· 168
5.2 公共舆论引导 ··· 169
5.3 惩戒 ··· 169
6 我国非政府组织监督管理存在的主要问题 ··· 173
6.1 政府监督体系以点带面,缺乏整体设计 ··· 173
6.2 社会监督体系尚显薄弱,缺少制度保障 ··· 174
6.3 非政府组织自律约束体系尚待完善,内部机制不尽合理 ··· 174
7 完善非政府组织监督管理制度的若干路径 ··· 174
7.1 完善非政府组织立法,确立多元主体共同监督制度 ··· 174
7.2 强化日常运行监督,健全非政府组织评估制度 ··· 174
7.3 完善公众监督路径,规范媒体监督和第三方组织监督机制 ··· 175
7.4 强化非政府组织自律约束,完善其运行透明化机制 ··· 175
7.5 严格对非政府组织的财务监督 ··· 176
本章小结 ··· 176
核心概念 ··· 176
思考题 ··· 177
扩展文献 ··· 177
阅读材料 ··· 177

第9章 政府与非政府组织的委托代理合作关系 ··· 179

1 政府与非政府组织之间关系概述 ··· 180
1.1 政府职能转变的内在逻辑 ··· 180
1.2 非政府组织的角色和地位 ··· 181
1.3 非政府组织与政府之间关系的相关模式 ··· 182
2 政府与非政府组织之间关系的有关理论 ··· 183
2.1 政府与非政府组织之间合作互动的理论基础 ··· 183
2.2 委托代理关系:理论分析的框架 ··· 185
3 我国政府与非政府组织之间委托代理合作关系的实践 ··· 187
3.1 我国政府与非政府组织之间委托代理合作关系的基本情况 ··· 187
3.2 上海罗山市民会馆的实践 ··· 188

3.3　上海市阳光社区青少年事务中心的实践 …………………… 190
4　政府与非政府组织间委托代理合作中的问题及其完善建议 …………… 193
　　4.1　政府与非政府组织间委托代理的问题分析 …………………… 193
　　4.2　构建政府与非政府组织间完善的委托代理合作机制 ………… 194
本章小结 ………………………………………………………………………… 196
核心概念 ………………………………………………………………………… 196
思考题 …………………………………………………………………………… 197
扩展文献 ………………………………………………………………………… 197
阅读材料 ………………………………………………………………………… 197

参考文献 …………………………………………………………………… 199

第 1 章

非政府组织：内涵和边界

【学习目标和要求】

通过本章学习，要求学生掌握非政府组织的概念、特征及主要类别，达到能够准确界定非政府组织，并了解非政府组织的主要活动领域和功能。在此基础上，理解当前我国非政府组织发展中存在的主要问题，并主要从法律层面思考怎样完善非政府组织的发展。

案例1：自然之友介绍

中国文化书院·绿色文化分院（简称"自然之友"）于1994年3月正式成立，是一家非营利性的民间环保组织，致力于推动公众参与环境保护，支持全国各地的会员和志愿者关注本地的环境挑战。

1993年4月，全国政协委员、中国文化书院导师梁从诫、北京理工大学教授杨东平等人以"绿色环境文化协会"的名义向国家环保局提出注册申请，但该申请未获批准；1993年11月，经中国文化书院院务委员会同意，梁从诫等发起人开始以"中国文化书院·绿色文化分院"筹备组名义重新向文化部申请注册；1994年3月31日，经文化部办公厅同意，民政部社团司注册，"自然之友"获准成立。

自然之友以"在人与自然和谐的社会中，每个人都能分享安全的资源和美好的环境"为愿景，以"建设公众参与环境保护的平台，让环境保护的意识深入人心并转化成自觉的行动"为使命，以"与大自然为友，尊重自然万物的生命权利；真心实意，身体力行；公民社会的发展与健全是环境保护的重要保证"为核心价值观。自成立以来，先后发起并参与了滇西北天然林和滇金丝猴保护、藏羚羊保护、首钢搬迁、西南水电开发、圆明园环评听证、26度空调节能等多项环境保护行动，是中国最具影响力的环境保护组织之一。

资料来源：自然之友网站：http://www.fon.org.cn/.

案例 2：中国青少年发展基金会介绍

中国青少年发展基金会简称为"中国青基会"，英文译名为"China Youth Development Foundation"，缩写为"CYDF"。中国青基会属于全国性公募基金会，面向公众募捐的地域是中国以及许可中国青基会募捐的国家和地区。

中国青基会的使命是：通过资助服务、利益表达和社会倡导，帮助青少年提高能力，改善青少年成长环境。中国青基会倡导"社会责任、创造进取、以人为本、追求卓越"的价值观。

其发起实施的希望工程是我国社会参与最广泛、最富影响的民间公益事业。截至2010年年底，希望工程累计募集捐款达70亿元人民币，资助农村家庭经济困难学生（包括小学、中学、大学生）逾380万名，建设希望小学17 079所，建设希望工程图书室14 753个，配备希望工程快乐体育园地3 188套，配备希望工程快乐音乐教室163个，配备希望工程快乐电影放映设备241套，培训农村小学教师62 000余名。

资料来源：中国青少年发展基金会网站：http://www.cydf.org.cn/。

1 非政府组织的界定及特征

非政府组织，也称非营利组织，是指介于政府与企业之间的一类组织。国际学术界对非政府组织的关注大致开始于20世纪80年代，而中国的研究则开始于20世纪90年代。在非政府组织的名称和内涵上，国内外目前尚缺乏一致见解。在名称方面，除了非政府组织与非营利组织外，还有第三部门、民间组织、社会组织、公民社会、志愿者组织、慈善组织等近10种提法。我国在政策、法律和研究中使用这一名称时也多有不同。在内涵方面，国内学者多引用美国约翰·霍普金斯大学莱斯特·萨拉蒙（Lester Salamon）教授提出的五特征法来进行说明。非政府组织的五特征法是萨拉蒙教授在对全球42个国家非营利组织进行国际比较研究后得出的。但五特征法在被广泛引用的同时，也引起了广泛的讨论。很多学者"针对不同国家、地区的情况提出了修正"①，形成了符合本国（地区）情况的概念，下面主要介绍非政府组织在我国的内涵和边界。

1.1 非政府组织的名称

非政府组织这一名称在文本中的使用主要出现于党和国家的政策文件、非政府组织相关法律以及学者的研究文献中。

---

① 王名，贾西津.中国非营利组织：定义、发展与政策建议[A].载范丽珠.全球化下的社会变迁与非政府组织.上海：上海人民出版社，2003.

1.1.1 政策视角下的非政府组织名称

在我国党和国家的政策文件中,非政府组织在不同的历史阶段有着不同的提法,这些不同提法一定程度上也映射到了政府机构设置上。

新中国成立之初,我国党和国家的政策文件中与非政府组织内涵最相近的提法是"社会团体"。1950 年,当时的政务院为了依法取缔反动社团,颁布了《社会团体登记暂行办法》,对各种社会团体进行登记、清理。自此,"社会团体"在党和国家的政策文件中被广泛使用,一直到 20 世纪末期。1988 年,为了加强对社会团体的管理,国务院授权民政部设立社会团体管理司,专门负责社会团体管理。

随着政府职能转变、事业单位改革和社会财富积累,民办非企业单位、基金会在我国得到迅速发展。为了将社会团体、民办非企业、基金会等不同类型组织加以涵盖,党和国家的政策文件中开始出现了"民间组织"的提法。在机构设置上,1996 年民政部设立了社会团体和民办非企业单位管理司。随后的 1998 年政府机构改革中,民政部又用民间组织管理局取代了社会团体和民办非企业单位管理司的职能,对社会团体、民办非企业单位、基金会进行统一管理。

"由于受传统语言习惯以及该称谓不能恰当地反映这类组织的性质等原因",民间组织"一直未能真正获得社会共识"[①]。2006 年在党的十六届六中全会通过的《关于构建社会主义和谐社会若干问题的重大决议》中开始使用"社会组织"这一提法,并且在党的十七大报告及之后的党和国家的政策文件中得到了沿用。当前,社会组织已经成为一个有别于党政机关、事业单位、人民团体和公司企业的独立概念。

1.1.2 法律视角下的非政府组织名称

虽然党和国家的政策文件中关于非政府组织的提法通过政策传递而在全国产生了广泛影响,但值得注意的是,政策文件中的提法并未完全在法律文件中得到体现。

新中国成立之初,"社会团体"的提法在当时政务院《社会团体登记暂行办法》(1950)、内务部《社会团体登记暂行办法实施细则》(1951)等法令中得到使用。改革开放后,1986 年全国人大通过的《中华人民共和国民法通则》对社会团体的法人资格进行确认。1989 年国务院通过的《社会团体登记管理条例》和 1998 年国务院通过的《社会团体登记管理条例》也沿用"社会团体"的提法并使用至今。

随着基金会、外国商会、民办非企业等组织的出现,社会团体已经难以涵盖这些新的组织形式,原有的关于社会团体登记管理的法律、法规也无法对新组织形式进行规范。为了解决这些问题,国务院在 1988 年、1989 年先后通过了《基金会管理办法》、《外国商会管

[①] 孙伟林.社会组织管理[M].北京:中国社会出版社,2009:2.

理暂行规定》,并于 1998 年通过了《民办非企业单位登记管理暂行条例》和《事业单位登记管理暂行条例》,对不同类别的非政府组织进行分类规范。①

改革开放之前,政策文件与法律文件关于非政府组织的提法是一致的,都使用了"社会团体"一词。改革开放以后,随着非政府组织类型的多元化,法律文件分别使用了"基金会"、"民办非企业"、"事业单位"等提法,并没有因政策文件的变化而修订。

1.1.3 研究视角下的非政府组织名称

与我国政策文件和法律文件中非政府组织提法相比,学术研究中的非政府组织提法更加繁杂。除了政策文件和法律文件中使用的"社会团体"、"民间组织"、"社会组织"外,非政府组织还有"非营利组织"、"第三部门"、"公民社会"、"志愿者组织"、"慈善组织"、"准政府组织"、"志愿部门"等相近的名称。这些名称大部分属于舶来品。但学者在引用这些名称指称我国的非政府组织时,其内涵与外延已经与西方的界定存在很大的差异。

就我国目前的情况来看,在指称这类组织时,非政府组织、非营利组织、民间组织、社会组织是使用频率较高的。考虑到本书研究时,更多是强调这类组织有别于政府的一面,因此选择"非政府组织"来进行指称。

1.2 非政府组织的界定

非政府组织的界定方式主要有两种:一种是特征界定法;一种是直接界定法。由于非政府组织的内涵与外延极为丰富,直接对非政府组织进行界定非常困难,因此,学者大多采用特征界定法,即通过对非政府组织特征的研究来明确非政府组织的内涵。也有一些学者使用直接界定法,即直接对非政府组织作出界定。

美国约翰·霍普金斯大学莱斯特·萨拉蒙的五特征法是被引用最多的。萨拉蒙认为,非政府组织具有五个特征,即"组织性、私有性、非营利属性、自治性、自愿性"。②

清华大学王名教授认为,非政府组织是"不以营利为目的、主要开展各种志愿性的公益或互益活动的非政府的社会组织"。非政府组织具有"三个基本属性:非营利性、非政府性、志愿公益性或互益性"③。

中国人民大学刘太刚教授认为,非政府组织是"在政府之外自主从事非营利活动的合法社会组织"。非政府组织具有"五个基本特征,即非营利性、非政府性、组织性、自主性和

---

① 1988 年的《基金会管理办法》为 2004 年的《基金会管理条例》所取代,1998 年的《事业单位登记管理暂行条例》在 2004 年进行了修订,但条例名称没有变化。
② [美]莱斯特·M.萨拉蒙.全球公民社会:非营利部门视界[M].贾西津,魏玉译.北京:社会科学文献出版社,2007:3.
③ 王名.非营利组织管理概论[M].北京:中国人民大学出版社,2010:2.

合法性"①。

南开大学李维安教授认为,非政府组织是"具备法人资格,以公共服务为使命,享有免税优待,不以营利为目的,组织盈余不分配给内部成员,并具有民间独立性质的组织"。②

综合分析上述概念,本书认为,非政府组织是指不以营利为目的、具有自治特点、不属于政府行政组织体系的独立组织。

1.3 非政府组织的特征

根据以上界定,非政府组织具有三个特征:非营利性、非政府性、自治性。

1.3.1 非营利性

非营利性是非政府组织有别于企业的根本属性。在市场经济条件下,企业是以营利为目的的,营利是企业的根本利益和宗旨的体现。而非政府组织的非营利性则集中体现在不以营利为目的上,非政府组织的目的在于推动和实现社会公共利益。

非政府组织的非营利性主要体现在两个方面:

不以营利为目的。不以营利为目的指的是组织的活动开展不是以获取经济利润为指向。不以营利为目的并不代表非政府组织不能进行营利性活动。从制度上看,我国坚持非政府组织的公益性原则,但对非政府组织的营利性活动并没有绝对禁止。《社会团体登记管理条例》和《民办非企业单位登记管理暂行条例》明确规定社会团体与民办非企业不得从事营利性经营活动,但《事业单位登记管理暂行条例》规定事业单位可以依法举办营利性经营组织。实践中,非政府组织进行营利性活动的事例并不少见。另外,不以营利为目的也不等于不得取得合理回报。《民办教育促进法》和《中外合作办学条例实施办法》都允许出资人或者办学者从办学结余中取得合理回报。这些规定一定程度上确认了出资人可以参与收入的分配。

不得将组织财产转化成个人财产。无论是来源于政府财政拨款还是社会捐赠,非政府组织的财产都属于非政府组织本身,一定程度上属于公共财产,而非私人财产。因此,在非政府组织解散、注销和撤销时,其组织财产不得以任何形式转化成个人财产,而应当由政府指定其他非政府组织加以继承。

1.3.2 非政府性

非政府性是非政府组织有别于政府的根本属性。非政府组织与政府都属于公共组织的一部分,但非政府组织不属于政府组织,而属于非政府的社会组织。

---

① 刘太刚.非营利组织及其法律规制[M].北京:中国法制出版社,2009:66～67.
② 李维安.非营利组织管理学[M].北京:高等教育出版社,2005:3.

非政府组织的非政府性主要体现在：

不属于政府组织体系。非政府组织处于政府组织体系之外，其决策模式、管理方式、运行机制、经费来源都有别于政府组织。如从管理方式看，政府组织主要是命令－服务模式，非政府组织则是协商－互动模式；从经费来源看，政府组织的主要经费来源是税收，而非政府组织的主要经费来源应当是社会捐赠。

提供竞争性公共物品。企业提供的是私人物品，政府提供的是垄断性公共物品，而非政府组织则提供竞争性公共物品。竞争性公共物品首先体现为公共性，即该物品可以为社会公众所消费；其次体现为竞争性，即一个使用者对该物品的消费会减少它对其他使用者的供应。[1] 这种竞争性公共物品主要包括两类：一类是提供给社会公众的竞争性公共物品，即受益者是社会公众，或者受益者无法界定；另一类是提供给特定公众的竞争性公共物品，即受益者是社会的特定成员，而不是社会整体。

1.3.3 自治性

自治性是非政府组织的第三个根本属性。非政府组织的自治性是指非政府组织不附属于其他组织、能够独立自主地开展组织活动的特性。

非政府组织的自治性主要体现在两个方面：

不附属于政府或者企业。非政府组织不附属于包括政府或者企业在内的任何外部组织。首先，非政府组织不附属于政府。虽然很多非政府组织脱胎于政府，且目前在财政上依赖于政府，但非政府组织不应当是政府组织的附属机构。其次，非政府组织不附属于企业。企业将资金转移给非政府组织后，该资金即转化成非政府组织资产，企业不应因此而取得对非政府组织的控制权。最后，非政府组织也不附属于其他非政府组织。非政府组织在非政府组织体系中具有独立性，组织之间具有平等的主体地位。

是独立的自治组织，能够独立承担责任。非政府组织具有独立的意志，可以独立自主地进行决策、管理和运行，并承担由此产生的各种责任，是一个独立的自治体。

同时具备非营利性、非政府性与自治性三个特点的组织，称之为非政府组织。值得注意的是，我国当前的非政府组织并不完全具备西方学术研究意义上非政府组织的特点，这与我国非政府组织产生和发展的环境有关。我国大部分非政府组织从其产生、管理以及与社会的关系方面受到了政府的强烈影响，这使得我国非政府组织具有显著的行政化特征，这与西方国家的非政府组织不同。[2] 但从发展趋势上看，我国非政府组织的行政化特征正在逐渐减弱，非政府组织特征正逐渐清晰。

---

[1] 徐双敏.公共事业管理概论[C].北京：北京大学出版社，2007：2.
[2] 陈桂生，张霁星.准政府组织管理[M].北京：人民出版社，2009：262.

2　我国非政府组织的主要类别

总体而言,我国非政府组织主要有四种类型。一是由政府发起成立的,如中华慈善总会、宋庆龄基金会等;二是由民间自发组成或者由企业发起设立的,以非营利方式运作的非政府组织。前者如自然之友、北京地球村,后者如香江社会救助基金会等;三是挂靠于特定类型单位进行非营利活动的,如高等学校学生社团等;四是国际非政府组织驻华机构,如美国福特基金会北京办事处等。

从政府管理的角度看,我国非政府组织最基本的组织形式有三类:社会团体、民办非企业和基金会。民政部的统计数据显示,截至 2010 年年底,我国的社会团体、民办非企业和基金会总数为 44.6 万个,业务范围涉及科技、教育、文化、卫生、劳动、民政、体育、环境保护、法律服务、社会中介服务、工商服务、农村及农业发展等各个领域。[①]

2.1　社会团体

根据《社会团体登记管理条例》的规定,我国的社会团体,"是指中国公民自愿组成,为实现会员共同意愿,按照其章程开展活动的非营利性社会组织"。一般来说,社会团体具有以下几个特点:一是由中国公民组成。外国人、外国组织以及外国组织在我国设立的代表机构不能组成社会团体;二是以实现会员共同意愿为目的。会员的共同意愿就是社会团体的宗旨,达成会员的共同意愿是社团的动力;三是按照章程开展活动。章程是社会团体的"宪法",规定着社会团体的宗旨、业务范围和活动规则,社会团体及其成员不得违反章程的规定;四是具有非营利性。虽然《社会团体登记管理条例》明确规定社会团体"不得从事营利性经营活动",但实践中,对于社会团体的非营利性更应当界定为不以营利为目的,因为很多社会团体事实上参与着经济活动并有部分营利行为;五是具备法人条件。即社会团体应当依法成立,有必要的财产或者经费,有自己的名称、组织机构和场所,并能够独立承担民事责任。[②]

我国的社会团体主要包括行业协会、商会、学会、研究会、职业团体、专业团体等。截至 2010 年年底,全国共有社会团体 24.5 万个。[③]

社会团体都应当依法进行登记。但三类团体可以免于登记:一是参加中国人民政治协商会议的人民团体。具体包括中华全国总工会、中国共产主义青年团、中华全国妇女联

[①] 民政部. 2010 年社会服务发展统计报告[EB/OL]. http://www.mca.gov.cn,2011-09-02.
[②] 中华人民共和国民法通则. 北京:中国法制出版社,1986. 第 37 条.
[③] 民政部. 2010 年社会服务发展统计报告[EB/OL]. http://www.mca.gov.cn/article/zwgk/mzyw/201106/20110600161364.shtml, 2011-09-02.

合会、中国科学技术协会、中华全国归国华侨联合会、中华全国台湾同胞联谊会、中华全国青年联合会、中华全国工商业联合会8个团体；二是由国务院机构编制管理机关核定，并经国务院批准免予登记的团体。具体包括中国文学艺术界联合会、中国作家协会、中华全国新闻工作者协会、中国人民对外友好协会、中国人民外交学会、中国国际贸易促进会、中国残疾人联合会、宋庆龄基金会、中国法学会、中国红十字总会、中国职工思想政治工作研究会、欧美同学会、黄埔军校同学会、中华职业教育社14个团体；三是机关、团体、企业事业单位内部经本单位批准成立、在本单位内部活动的团体如高等学校的学生社团。[1]

2.2 民办非企业

根据《民办非企业单位登记管理暂行条例》的规定，我国的民办非企业单位，"是指企业事业单位、社会团体和其他社会力量以及公民个人利用非国有资产举办的，从事非营利性社会服务活动的社会组织。"总体来说，民办非企业具有以下几个特点：一是具有民间性。民办非企业并非政府组织；二是利用的资产是非国有资产。民办非企业利用的是社会资金；三是具有非营利性。虽然《民办非企业单位登记管理暂行条例》明确规定，民办非企业单位"不得从事营利性经营活动"，但实践中对于民办非企业的非营利性更应当界定为不以营利为目的，因为很多民办非企业事实上参与着经济活动并有部分营利行为；四是举办主体较为广泛，各种社会力量以及公民个人均可举办。截至2010年年底，全国共有民办非企业单位19.8万个。[2]

2.3 基金会

根据《基金会管理条例》的规定，我国的基金会，"是指利用自然人、法人或者其他组织捐赠的财产，以从事公益事业为目的，按照本条例的规定成立的非营利性法人"。一般而言，基金会具有以下几个特点：一是以从事公益事业为目的。在我国，公益事业主要是指救助灾害、救济贫困、扶助残疾人的活动，教育、科学、文化、卫生、体育事业，环境保护、社会公共设施建设活动，以及促进社会发展和进步的其他社会公共和福利事业；[3]二是以财产为基础，其所利用的财产是自然人、法人或者其他组织捐赠的财产；三是基金会自登记成立起就具有法人资格。我国真正意义上的基金会开始于1981年的中国儿童少年基金会。[4]

我国的基金会主要有两种分类方法。一类是以能否面向公众募捐为标准，分为可面

---

[1] 社会团体登记管理条例.1998.第3条；民政部关于对部分团体免予社团登记有关问题的通知(2000).
[2] 民政部.2010年社会服务发展统计报告[EB/OL].http://www.mca.gov.cn/article/zwgk/mzyw/201106/20110600161364.shtml,2011-09-02.
[3] 中华人民共和国公益事业捐赠法.北京：法律出版社,1999.第3条.
[4] 孙伟林.社会组织管理[M].北京：中国社会出版社,2009：57.

向公众募捐的公募基金会和不得面向公众募捐的非公募基金会。另一类是以募捐的地域范围为标准,分为全国性公募基金会和地方性公募基金会。

截至2010年,全国共有基金会2 200个,其中公募基金会1 101个,非公募基金会1 088个。[①]

2.4 几类特殊的非政府组织

在对我国非政府组织进行研究时,有几类组织的非政府组织属性需要加以特别关注。

2.4.1 政党和宗教团体

政党和宗教组织是否为非政府组织,很大程度上取决于是否将非政治性与非宗教性作为非政府组织的根本属性。萨拉蒙在其早期研究中认为,非政府组织"具有组织性、民间性、非营利性、自治性、志愿性、非政治性、非宗教性七个属性"。但后来他将"非政治性"与"非宗教性"这两个属性去掉了。[②]"非政治性"与"非宗教性"条件的去除,为政党和宗教组织纳入非政府组织、获得非政府组织地位提供了可能,但这种纳入是否合适显然值得商榷。

我国有学者认为,非政府组织不应当包括政党组织和宗教组织。[③] 我国的政党组织不属于非政府组织,是由于我国政党组织的运作机制与政府组织并没有实质性区别。对宗教团体的不纳入非政府组织是可以讨论的。根据《宗教事务条例》(2004)的规定,宗教团体的成立、变更和注销,以及其章程管理都应当符合《社会团体登记管理条例》的规定。从这一意义上说,宗教团体应当属于一种特殊的社会团体。但由于宗教团体在宗教活动、宗教习惯、宗教人员管理方面具有特殊性,因此其具有与一般非政府组织不同的特点。

2.4.2 居民委员会与村民委员会

居民委员会与村民委员会是具有中国特色的基层群众性自治组织,也是我国基层群众性自治制度的载体。《宪法》与《城市居民委员会组织法》、《村民委员会组织法》都明确规定,居民委员会与村民委员会是居民与村民"自我管理、自我教育、自我服务的基层群众性自治组织";与基层政府组织的关系是指导与被指导的关系,并非政府组织。从制度规定上看,居民委员会与村民委员会具备非营利性、非政府性、自治性等特征,属于典型的非政府组织。

[①] 另有11个为境外基金代表机构.民政部.2010年社会服务发展统计报告[EB/OL].http://www.mca.gov.cn/article/zwgk/mzyw/201106/20110600161364.shtml,2011-09-02.

[②] 陈桂生,张霁星.准政府组织管理[M].北京:人民出版社,2009:19.

[③] 王名.非营利组织管理概论[M].北京:中国人民大学出版社,2010:5.

但我国学术研究中,除个别学者外,居民委员会和村民委员会一般不被归入非政府组织。① 这种分类很大程度上与我国居民委员会与村民委员会的政治性和行政性特点有关。

当前我国居民委员会与村民委员会在财政和权威上对政府组织的过度依赖,使得它们与基层政权组织存在着千丝万缕的联系,从而具有过于浓厚的政治性和行政性特点,但这些特点并不足以排除两者作为非政府组织的地位。理由在于:从时代背景来看,具有政治性与行政性倾向是由我国当前的社会环境决定的,在非政府组织中具有一定的普遍性,因此,它不应当成为我国区分政府组织与非政府组织的基本标准;从发展趋势上看,居民委员会与村民委员会的政治性与行政性特点正逐渐改变,去行政化、回归自治已经成为我国社会建设和社会管理体制创新的基本方向,因此,它们的非政府组织特征将逐步得以凸显。

2.4.3 事业单位

根据《事业单位登记管理暂行条例》第 2 条的规定,事业单位,是指国家为了社会公益目的,由国家机关举办或者其他组织利用国有资产举办的,从事教育、科技、文化、卫生等活动的社会服务组织。它具有以下主要特点:由国家举办的、资金主要由政府供给、以社会公益为基本目的、承担政府交付的具体任务、活动领域的特定性。② 我国的事业单位多脱胎自原来的政府机关,③我国学者在研究时多将事业单位归为非政府组织进行研究。④ 虽然从严格意义上说,事业单位不能算做真正意义上的非政府组织,但事业单位"正在逐步脱离国家体系,有越来越多的部分正在逐步向非营利组织转型",从这个意义上说,事业单位属于非政府组织。⑤

须要注意的是,2003 年以后,国家对事业单位进行分类改革的趋向日益明确。所谓"分类改革","即将现有事业单位划分为行政执法、经营服务和公共服务三大类,分别采取回归政府、推向市场、保留和撤销等不同的改革方式"⑥。事业单位分类改革后,回归政府的事业单位将成为政府机构,推向市场的将成为营利性组织,如企业等,撤销的事业单位其职能将转移给其他组织,只有保留的事业单位才属于非政府组织。

---

① 汪庆红.论作为非政府组织的村民委员会[J].长白学刊,2009,(6).
② 陈桂生,张霁星.准政府组织管理[M].北京:人民出版社,2009:230-231.
③ 陈桂生,张霁星.准政府组织管理[M].北京:人民出版社,2009:237-240.
④ 王名.非营利组织管理概论[M].北京:中国人民大学出版社,2010;王建芹.从管制到规制[M].北京:群言出版社,2007;任进.政府组织与非政府组织[M].济南:山东人民出版社,2003;苏力,葛云松,张守文,高丙中.规制与发展[M].杭州:浙江人民出版社,1999.但也有学者持不同意见,认为事业单位不属于非政府组织.孙伟林.社会组织管理[M].北京:中国社会出版社,2009:23.
⑤ 王名.非营利组织管理概论[M].北京:中国人民大学出版社,2010:11.
⑥ 胡杨.管理与服务:中国公共事业改革 30 年[M].郑州:郑州大学出版社,2008:3.

2.4.4 工商登记的非政府组织

我国存在大量的在工商部门注册为企业法人的非政府组织。① 我国非政府组织登记需要取得业务主管单位的批准文件,很多非政府组织由于找不到业务主管单位,为了使活动具有合法性,而选择到工商部门注册为公司或者企业。这些非政府组织在致力于公益活动时,由于其工商登记的身份,无法享受税收优惠和财政补助等政府支持,致使其发展受到很大制约。

2.4.5 未登记的非政府组织

在我国,找不到业务主管单位的非政府组织,一部分经由工商部门注册成为企业法人,但更多的非政府组织则选择不进行登记注册。未登记注册的非政府组织在数量上远多于合法登记的非政府组织,这已经成为学界的共识。但未登记注册的非政府组织的具体数量有多少,则只能依赖于学者各自的估计与推测。谢海定在2004年发表的文章中认为,未登记注册的非政府组织的数量,大约十倍于合法登记的非政府组织。② 而有学者估计,"仅活跃在基层但未纳入登记管理的"非政府组织,在2010年前后"全国有80万～100万个。"③ 大量未登记非政府组织的存在既不利于非政府组织的发展,也不利于政府对非政府组织的监管。

除此之外,还有一些非政府组织挂靠在其他非政府组织之下,以其他非政府组织分支机构或者内设机构的名义进行活动,如自然之友④、污染受害者法律帮助中心⑤等。

3 我国非政府组织的主要活动领域和功能

3.1 我国非政府组织的主要活动领域

非政府组织存在于特定的社会领域。一般而言,在政府权力比较强大、控制比较严格、国家利益比较突出的领域,非政府组织是难以发展的。在这些领域中,非政府组织因组织结构松散而难以形成强大合力并有效进行活动。而在市场经济发展得比较好、企业运行比较有效、私人利益比较充分的领域,非政府组织也是难以介入的。非政府组织的公

---

① 任进.政府组织与非政府组织[M].济南:山东人民出版社,2003:167.
② 谢海定.中国民间组织的合法性困境[J].法学研究,2004,(2).王名,刘求实.我国社会组织管理体制的形成及其改革建议[A].陈金罗,刘培峰.转型社会中的非营利组织监管[C].北京:社会科学文献出版社,2010.
③ 廖鸿.中国社会组织建设与发展[A].陈金罗,刘培峰.转型社会中的非营利组织监管[C].北京:社会科学文献出版社,2010.
④ 登记注册名称为:"中国文化书院.绿色文化分院"。
⑤ 登记注册名称为:"中国政法大学环境资源法研究和服务中心"。

益性质决定其不能根据市场需求改变其组织宗旨,调整其活动内容。因此,非政府组织主要存在于政府失灵与市场失灵的领域。在这些领域中,政府由于管理能力有限、经费成本过高等方面的原因难以有效进行控制,而私人组织则由于利益空间有限而不愿意进行参与。

有学者研究发现,我国非政府组织主要有七个方面的活动领域,即慈善救助、环境保护、公益服务、扶贫发展、权益保护、社区发展和行业协会。[①] 在这些领域中活跃着大量的非政府组织。

在慈善救助领域,中华慈善总会、中国红十字会是最有影响的非政府组织。在2008 年全国社会组织接收到的 265.2 亿元社会各界捐款中,各级慈善会接收的捐款就占了 187.9 亿元,约为 71%,[②]其影响力可见一斑。

环境保护领域的非政府组织活动也日益受到关注。在这一领域中,比较有影响的非政府组织包括:中华环境保护基金会、中国生态文化协会、中国野生植物保护协会、中国野生动物保护协会、中国绿化基金会、"自然之友"、北京地球村环境教育中心(简称"地球村")、绿家园志愿者(简称"绿家园")等。由民间自发组成的"自然之友"、"地球村"、"绿家园"等非政府组织广泛地参与到各种环境保护活动,在国内外产生了深刻影响。"地球村"的创办人廖晓义还在 2000 年获得了有"诺贝尔环境奖"之称的"苏菲环境奖",成为中国第一个获得该殊荣的民间环保人士。

公益服务领域的非政府组织,包括中国青少年基金会、宋庆龄基金会、中华志愿者协会、中国青年志愿者协会、中国国际交流协会、中国关爱协会等。

扶贫发展领域是我国政府与社会较为关注、非政府组织介入较多的一个领域。在这一领域中比较有影响的非政府组织包括:中国扶贫发展基金会、中国光彩事业促进会、香江社会救助基金会等。由企业发起设立的香江社会救助基金会也是我国首个国家级非公募基金会。

权益保护领域比较有影响力的非政府组织有中国妇女发展基金会、中国残疾人联合会、中华见义勇为基金会、中国消费者协会等。其中,中国消费者协会的知名度和公信力是很多非政府组织无法比拟的。

社区发展领域的非政府组织活动随着城市社区的建设和发展逐渐增多。这一领域比较有代表性的非政府组织有中国社区卫生协会、中国社会工作协会、中国社会福利协会等。

行业协会领域是非政府组织集聚较多的领域。截至 2012 年 3 月,全国性社会组织中以"协会"命名的就达 890 个。如中国足球协会、中国篮球协会、中国乒乓球协会、中国田

---

① 王名.非营利组织管理概论[M].北京:中国人民大学出版社,2010:6-10.
② 民政部.2008 年民政事业发展统计报告[EB/OL]. http://cws.mca.gov.cn,2012-04-30.

径协会、中国围棋协会、中国体操协会、中国法官协会、中华全国律师协会、中国广播电视协会、中国医师协会、中国证券业协会、中国银行业协会、中国注册会计师协会等。这些行业协会在政治、经济、文化、社会生活等各个方面发挥着重要作用。

3.2 我国非政府组织的功能

20世纪80年代以来,非政府组织得到了迅速发展,在全世界经济、政治、文化、社会等领域发挥着重要作用,在世界经济纠纷、政治争端、文化冲突、社会矛盾的解决方面发挥着关键作用。我国正处于社会主义现代化建设的关键时期,非政府组织的发展和壮大在推动我国的经济、政治、文化、社会建设中的作用日益显著。

(1) 非政府组织的发展壮大有助于推动我国经济发展

非政府组织的发展壮大对推动我国经济发展具有重要作用。随着非政府组织数量的增多,总体实力的增强,这类组织对我国经济发展的贡献逐步增大。截至2010年年底,全国共有非政府组织44.6万个,吸纳社会人员就业618.2万人,形成固定资产1 864.1亿元,各类费用支出1 195.2亿元,接收社会捐赠417亿元。非政府组织增加值为531.1亿元,占第三产业(服务业)增加值比重为0.31%。① 另外,非政府组织,如行业协会、商会等组织,在解决经济纠纷、平衡经济利益、加强市场交流等方面的作用正日益凸显。

(2) 非政府组织的发展壮大有助于推动我国民主政治的发展

非政府组织是不同群体表达自身诉求、反映自身利益的组织体。非政府组织的发展壮大可以引导公民进行自我管理、自我教育、自我服务、自我监督,培养公民的自治意识和权利意识,从而积极和有序地参与到政府的公共事务和社会事务的管理中,实现国家与社会的有效衔接和良性互动。非政府组织对公民政治民主意识的培养和公民有序参与的引导,也有利于推进我国的政治体制与行政体制改革,发展社会主义民主政治。

(3) 非政府组织的发展壮大有助于创建良好的文化环境与氛围

非政府组织是以实现组织宗旨、满足成员的利他追求,服务于社会大众为其目标的,它们致力于环境保护、扶贫济困、防灾救灾等社会公益活动,以利他主义、慈善主义为精神导引,在组织活动中强调社会责任担当。我国非政府组织的发展壮大,有助于将慈善精神、公益意识植入市场经济大背景,创造良好的公益慈善文化环境与氛围,营造友爱互助的社会环境,为经济发展与政治稳定提供健康的精神氛围。

(4) 非政府组织的发展壮大有助于推进社会建设和社会管理

在经济发展的基础上,我国正致力于社会建设和社会管理工作,加快推进以改善民生为重点的社会建设,推进社会体制改革。非政府组织的发展壮大,对于我国在教育、卫生、

---

① 民政部.民政部发布2010年社会服务发展统计报告[EB/OL]. http://www.mca.gov.cn/article/zwgk/mzyw/201106/20110600161364.shtml, 2011-09-02.

医疗、养老等领域的改革,完善公共服务,促进社会公平正义具有重要作用。一方面,非政府组织可以为改善民生提供以志愿服务、社会捐赠为内容的人力、物力、财力资源;另一方面,非政府组织可以通过公民自治,来实现社会矛盾解决,平衡社会各方利益,推动和谐社会建设。

(5) 非政府组织的发展壮大有助于推动国际交流与合作

非政府组织的发展壮大对于加强国家间的交流、推动国际交流与合作也具有重要作用。目前,非政府组织在国家间的经济、文化事务交流与合作方面,在国际事务与国际规则制定方面正在发挥着越来越重要的作用。另外,当政府之间由于政治、经济、文化等制度方面的原因而难以实现有效沟通时,非政府组织可以跨越这些障碍进行交流与合作,从而为政府间的合作提供可能。我国非政府组织的发展壮大,对于加强我国与其他国家的交流和合作,树立我国良好形象,营造和谐国际环境也具有十分重要的作用。截至 2008 年,我国内地获得联合国咨商地位而成为国际非政府组织的组织有 25 家。[①]

4 我国非政府组织发展中存在的主要问题

近年来,随着社会经济的发展,我国非政府组织也得到了迅速发展。民政部的统计数据显示,2000 年年末我国的非政府组织数量为 130 768 个;而到了 2010 年年底,非政府组织共有 44.6 万个。但不可否认,非政府组织在发展过程中也存在一些值得关注的问题。

4.1 行政化特点突出,自治性不足

具有强烈的行政化趋向,是我国非政府组织的重要特点。非政府组织的行政化趋向主要体现在:一方面,我国的非政府组织大多脱胎于政府体系,有些是政府职能部门转变过来的,有些则是由政府直接创办的,因此在个人观念、组织职能、管理模式上都具有浓厚的行政化特点;另一方面,非政府组织对政府的依赖性过大。虽然非政府组织应当是具有独立性的法人组织,但是我国有相当一部分非政府组织的存在和发展依赖于政府的资金支持。有关数据显示,政府提供的财政拨款、补贴和会费收入占非政府组织收入来源的

---

① 联合国咨商地位是指"具备一定条件经申请并得到联合国认可的非政府组织,有资格参加联合国经社理事会或者其他相关国际会议,可提交提案、发言或者提交相应文件"。王名.非营利组织管理概论[M].北京:中国人民大学出版社,2010:34. 我国获得联合国咨商地位的组织包括:中华全国妇女联合会、中国残疾人联合会、中国人权研究会、中国联合国协会、中国人民对外友好协会、中国人民争取和平与裁军协会、中国女企业家协会、中国光彩事业促进会、中国绿化基金会、中国国际科学技术合作协会、中国关爱协会、中国可持续发展研究会、中国科学技术协会、中华环保基金会、中国国际跨国公司研究会、中国教育国际交流协会、西藏文化保护与发展协会、中国长城学会、中国国际公共关系协会、中国国际民间组织合作促进会等。

70%以上,个人和企业捐款只有10%,而营业性收入仅占总收入的6%左右。[①] 在资金来源方面对政府部门的过度依赖,致使非政府组织在独立性和自治性方面存在严重欠缺,有些组织甚至处于名存实亡的状态。

4.2 组织能力不足

非政府组织的组织能力不足主要表现为组织的管理能力、活动能力、筹资能力、创新能力等不足。以筹资能力不足为例。我国非营利组织普遍存在筹资能力不足的问题,许多非政府组织所筹集的资金不足以维持组织的生存,或者根本不足以完成组织使命。就基金会的情况而言,"中民慈善捐助信息中心于2007年抽样调查了204家基金会2006年的基本财务数据,样本占全国基金会总数的17.8%。结果显示,在204家基金会中,募款过亿元的有13家,过千万元的有41家,过百万元的有102家,十万元以上的有154家,不足十万元的有50家,不足一万元的有4家,全年募集资金为零的有39家。"[②]造成非政府组织组织能力不足的重要原因之一就在于非政府组织的人力资源不足。非政府组织经济收入不高、社会认同度较低等问题使其难以吸纳优秀人才,从而直接导致了非政府组织整体素质不高,专业化水平较低。

4.3 监管不足,行为失范现象时有发生

虽然从制度上看,非政府组织面临着比较严格的监督。如政府监督,包括登记管理机关与业务主管单位的监督等;社会监督,包括新闻媒体、公众及作为第三方监督机构对非政府组织的监督;非政府组织的自我监督,如涵盖于组织自治之下的自我约束、自我管理等,以及组织成员对组织的监督等。但由于法律规定上的缺失,尤其是法律责任规定上的缺失,以及非政府组织信息公开的不足,使得对非政府组织的监督多流于形式,未产生实质性监督效果。非政府组织腐败、自利以及超越业务范围开展活动的现象时有发生,在一些领域还比较严重。

4.4 发展不平衡

非政府组织的发展不平衡主要是指我国区域之间、城乡之间和不同领域之间的非政府组织发展存在较大的差距。区域发展不平衡主要是指东、西部非政府组织发展不平衡,东部沿海地区非政府组织发展较好;城乡发展不平衡是指城市与农村之间非政府组织发展不平衡,城市的非政府组织发展较好;不同领域发展不平衡指非政府组织的发展集中于特定的领域,如环境保护、扶贫发展等,很多领域却极少有非政府组织介入。这种发展

---

① 邓国胜.非营利组织评估[M].北京:社会科学文献出版社,2001:57.
② 李霞.非营利组织筹资风险问题研究[J].湖北经济学院学报,2008,(10).

不平衡导致了在非政府组织发展较好的区域、城乡、领域存在非政府组织低水平现象,而在其他区域、城乡、领域,非政府组织则发展不足,甚至出现非政府组织空白的状况,从而影响非政府组织的整体发展。

4.5 非政府组织管理缺乏统一的原则和规范

我国非政府组织管理采取的是分类管理的方式,即针对不同类别的非政府组织——社会团体、基金会、民办非企业、事业单位——进行区别管理,并分别制定单行规范,如《基金会管理条例》、《民办非企业单位登记暂行办法》等。这种管理方式的优势在于灵活性和针对性较强,但其弊端也十分明显。这种弊端主要体现在:一方面,分类管理难以提供非政府组织发展中所需要的普遍性原则和规范。对非政府组织发展中产生的新问题,单行规范无法提供统一的指导原则和指引规范,只能通过逐一修订来解决;另一方面,分类管理无法有效解决新型非政府组织的管理问题。对社会发展中产生的一些新型非政府组织,如一些社区组织,单行规范难以进行有效规范,而需要制定新的单行规范。

当然,这些问题并不是孤立的,它们相互之间存在着直接或间接的联系。同时,这些问题的产生并不完全是由于非政府组织自身管理和能力建设的不足,还涉及我国转型时期社会结构变迁、治理模式转变、价值观念改变等因素。

5 完善我国非政府组织发展的对策与建议

为了规范非政府组织发展,解决非政府组织发展中存在的问题,应当考虑从以下方面进行完善。

5.1 尽快制定非政府组织基本法并完善配套法律

为了解决非政府组织分类管理所存在的缺陷,国家应当尽快制定非政府组织基本法,并完善配套法律。非政府组织基本法应当为非政府组织的发展提供总体原则和精神,明确非政府组织的自治性、公益性等要求,及对非政府组织的扶持政策,规范非政府组织的登记、运行、项目管理、税收减免、监督等内容,并明确法律责任。同时,国家还应当完善非政府组织的相关配套法律。如行业协会等互益性经济团体,作为市场的中介和枢纽,与公益性非政府组织存在一定的差别,政府在进行监督管理时应当予以区别对待;另外,随着我国改革开放的进一步推进,海外非政府组织越来越多地进入中国,并在各个领域开展着形式多样的公益活动,对于这些活动也需要加以规范管理。

5.2 推动非政府组织实现经济独立

实现非政府组织经济独立是去除非政府组织行政化特点、增加其自治性的重要环节。

实现非政府组织经济独立的主要路径之一是改革政府对非政府组织的财政支持方式,改变现行的政府财政直接拨款的方式,代之以政府采购方式提供支持。

美国约翰·霍普金斯大学莱斯特·萨拉蒙教授对42个国家非政府组织的研究显示,非政府组织的"平均收入来源结构为:服务收费49%、政府资助40%和慈善所得11%,其中保健(55%)、教育(47%)和社会服务(45%)领域政府的资助尤其显著"①。因此,政府的财政支持对于非政府组织发展是很有必要的。但我国现行的政府财政直接拨款导致很多非政府组织缺少竞争精神,安于现状,消极等待政府支持。如果采用政府采购方式,则可以引导非政府组织通过公开招标、邀请招标、竞争性谈判等具有竞争性的政府采购方式争取政府财政支持,通过竞争来激发非政府组织的活力;同时,非政府组织通过对政府采购公开透明、公平竞争、公正和诚实信用等原则的贯彻,也可以完善内部治理结构,增强社会公信力。

5.3 落实非政府组织的税收减免政策

落实非政府组织的税收减免政策主要包括两个方面:一方面,加大对非政府组织的税收优惠;另一方面,加强面向非政府组织捐赠的税收优惠。

对非政府组织的税收优惠,我国目前主要是所得税优惠。《企业所得税法》第26条规定,符合条件的非政府组织的收入可以免征所得税。根据《企业所得税法实施条例》第84条的规定,可以免征所得税的非政府组织必须同时符合7个条件:依法履行非营利组织登记手续;从事公益性或者非营利性活动;取得的收入除用于与该组织有关的、合理的支出外,全部用于登记核定或者章程规定的公益性或者非营利性事业;财产及其孳息不用于分配;按照登记核定或者章程规定,该组织注销后的剩余财产用于公益性或者非营利性目的,或者由登记管理机关转赠给与该组织性质、宗旨相同的组织;投入人对投入该组织的财产不保留或者享有任何财产权利;工作人员工资福利开支控制在规定的比例内,不变相分配该组织的财产。财政部、国家税务总局发布的《关于非营利组织免税资格认定管理有关问题的通知》(财税②123号)将这些条件进一步细化并扩展至9个方面。严格的规定使我国可以享受免征企业所得税的非政府组织数量实际上很少。因此,相关的税法政策与法规应当扩大享受所得税优惠的非政府组织范围,并扩展非政府组织享有优惠的税种,包括营业税、财产税、房产税等。

在加强面向非政府组织捐赠的税收优惠方面,我国也存在明显不足。《公益事业捐赠法》是我国规范非公益捐赠行为的重要法律。但该法仅笼统规定自然人、个体工商户、公

---

① 王名,贾西津.中国非营利组织:定义、发展与政策建议[A].范丽珠.全球化下的社会变迁与非政府组织[C].上海:上海人民出版社,2003.
② 2009.

司和其他企业对公益事业所进行的财产捐赠可以享受相应的税收优惠。而《企业所得税法》则规定,"企业发生的公益性捐赠支出,在年度利润总额12%以内的部分,准予在计算应纳税所得额时扣除。"超过12%的部分则不予优惠,这就限制了企业进行公益捐赠的动力。因此,相关的税收政策与法规应当加强对公益捐赠行为的税收优惠范围和幅度,以促使自然人、法人或者其他组织向非政府组织进行捐赠。

5.4 完善社会监督机制

我国目前对非政府组织的监督主要是登记管理机关和业务主管单位的监督,主要的监督方式是登记监督和年检监督。双重管理体制下的登记监督使非政府组织在登记环节中受到了严格地审查。但非政府组织登记成立后的日常运行监督则主要依赖于年检监督。事实上,即便登记管理机关和业务主管单位对年检工作十分重视,但面对各式各样的、数以万计的非政府组织,有限的政府管理人员难以通过对书面材料的检查对非政府组织进行监督。这种监督方式不仅耗资巨大,而且也容易流于形式。此时,完善社会监督机制就有助于规范非政府组织的运行,增加其公信力。当然,完善社会监督机制的首要前提是非政府组织的信息公开。非政府组织必须向社会公开其财务、活动、项目等方面的信息,以使公众可能以便捷地方式取得非政府组织的信息,从而进行有效监督。为了更好地实现信息公开,非政府组织必然需要规范内部治理结构,建立、健全财务管理和审计制度等。

总体而言,我国非政府组织已经得到了迅速地发展,但仍然需要不断健全和完善,立足中国社会进行发展,以成为国家—社会多元治理环节中的重要一环。

6 非政府组织法律制度概述

6.1 非政府组织法律制度的宪法依据——结社自由

《宪法》第35条规定:"中华人民共和国公民有言论、出版、集会、结社、游行、示威的自由。"《宪法》对结社自由的规定是非政府组织成立的前提。而结社自由的规定也构成了非政府组织法律构建的宪法基础。

自然人或者法人为了一定的宗旨,依据结社权组织或者参加特定团体的自由即为结社自由。根据目的的不同,结社可以分为两种:一种是以营利为目的的结社,如公司;另一种是非以营利为目的的结社,如政党。

从理论上看,结社自由应包括以下基本内容:结社权的确认,除特殊职业外,可以结社或者不结社;公民和个人有权不经过事先的许可和登记成立非政府组织;按照自己选择组建非政府组织;自主决定非政府组织事务的权利;建立联合的权利;非政府组织取得法人资格、以组织名义取得财产,并享受财政补助和税收优惠的能力。^①但实践中,各国都会根据本国社会发展的情况对结社自由的内容予以规范或限制。

6.2 我国非政府组织法律制度概况

6.2.1 我国非政府组织法律制度的历史发展

新中国成立后,我国的工会、妇女联合会、农民协会、科技、文化、体育等人民团体与社会团体得到了迅速发展,中央政府先后制定了《中华人民共和国工会法》(1950)、《农民协会组织通则》(1950)、《社会团体登记暂行办法》(1950)等法令。通过法令的制定,明确这些团体的法律地位、组织原则等内容,保证其作用得以发挥。

从1957年"反右"斗争开始,社会团体的发展就受到了严重影响。尤其在1966年到1976年的"文化大革命"期间,社会团体的发展基本上处于停滞状态,这种状况一直持续到1978年。^② 在这种背景下,非政府组织法律也不可能得到发展。

改革开放以后,非政府组织的迅速发展,推动了我国非政府组织法律的逐步完善。1988年后,为了规范和加强对非政府组织的管理,国务院先后颁布了《基金会管理办法》(1988)、《外国商会管理暂行规定》(1989)、《社会团体登记管理条例》(1989)。通过对非政府组织的复查登记,规范非政府组织的发展。自此,我国开始进入非政府组织法制发展和完善时期。

6.2.2 我国现行的非政府组织法律

我国现行的非政府组织法律制度主要由宪法、法律、行政法规、规章和其他规范性文件组成。以立法主体为标准,可以分为国家层面立法和地方层面立法。

(1) 国家层面立法

国家层面立法包括宪法、法律、行政法规、部门规章和国家层面机关发布的其他规范性文件。

宪法。宪法是我国的根本法,在我国的法律体系中具有最高的法律效力。《宪法》第35条规定:"中华人民共和国公民有言论、出版、集会、结社、游行、示威的自由。"这一条款中所规定的公民享有的结社自由为我国非政府组织法律制度的构建奠定了宪法基础。

法律。法律是由全国人民代表大会及其常务委员会根据法定程序制定,并以国家主席令形式颁布的规范性文件。我国法律中关于非政府组织的规定主要有两种形式:一是

---

① 陈金罗,葛云松,刘培峰,金锦萍,齐红.中国非营利组织法的基本问题[M].北京:中国方正出版社,2006:35.
② 孙伟林.社会组织管理[M].北京:中国社会出版社,2009:13-15.

主要规范非政府组织的单行法律；二是涉及非政府组织的个别法律条款。就目前而言，我国主要规范非政府组织的单行法律包括：《中华人民共和国公益事业捐赠法》(1999)、《中华人民共和国红十字会法》(1993)、《中华人民共和国工会法》(1992)、《中华人民共和国民办教育促进法》(2002)、《宗教事务条例》(2004)等。涉及非政府组织的个别法律条款则比较多，如《中华人民共和国民法通则》第50条确立了社会团体法人的民事诉讼地位；《中华人民共和国合同法》(1999)、《中华人民共和国信托法》(2001)对公益捐赠与公益信托作出规定；《中华人民共和国个人所得税法》(2011)、《中华人民共和国企业所得税法》(2007)对公益捐赠的税收减免作出规定等；另外，《中华人民共和国教师法》、《中华人民共和国律师法》、《中华人民共和国执业医师法》、《中华人民共和国注册会计师法》、《中华人民共和国消费者权益保护法》、《中华人民共和国体育法》等法律对各种非政府组织也做出了规范，如《中华人民共和国律师法》第五章"律师协会"以专章的形式对作为非政府组织的律师协会的性质、组织、会员、职责等内容作出了规定。

行政法规。行政法规是国务院根据宪法与法律的规定，按照法定程序制定，并以国务院令形式发布的规范性文件。宪法与法律确定了我国非政府组织法律的基本框架，但我国目前对非政府组织管理发挥实质性作用的主要是国务院的行政法规。这类行政法规主要有四部：1998年《社会团体登记管理条例》、1998年《民办非企业单位登记管理暂行条例》、2004年《基金会管理条例》、2004年《事业单位登记管理暂行条例》。这四部行政法规主要从设立、登记、监督管理等方面对社会团体、民办非企业和基金会进行了规定，它们也被称为我国非政府组织的"组织法"。

部门规章。部门规章是指国务院组成部门及具有行政管理职能的直属机构根据法律与行政法规的规定制定的，以部门首长令形式发布的规范性文件。作为非政府组织的主管机关和登记管理机关，民政部在非政府组织管理方面发布了大量的部门规章。如《民办非企业单位登记暂行办法》(1999)、《取缔非法民间组织暂行办法》(2000)、《基金会名称管理规定》(2004)、《基金会信息公布办法》(2006)等。

其他规范性文件。其他规范性文件是指由国家层面机关制定或者发布的、具有普遍约束力的法律规范。除了作为正式法律渊源的宪法、法律、行政法规、部门规章外，国家层面机关还发布了大量的规范性文件对非政府组织进行规范和管理。如《民政部关于对中外合作办学机构登记有关问题的通知》(2003)、《民政部关于基金会业务主管单位职能委托有关问题的通知》(2005)、《民政部、财政部关于进一步明确社会团体会费政策的通知》(2006)、《财政部、国家税务总局、民政部关于公益性捐赠税前扣除有关问题的通知》(2008)等。

(2) 地方层面立法

针对管辖区域内非政府组织发展的实际需要，我国各级地方政府也发布了许多非政府组织立法。地方层面关于非政府组织的立法主要有两种：一种是执行性立法；一种是创制性立法。

所谓执行性立法是指地方政府为了执行或者实现法律、法规、规章或者上级机关其他规范性文件的规定而进行的立法。如《天津市社会团体登记管理规定》(2002)、《河北省社会团体登记管理办法》(2010)、《杭州市民办非企业单位登记若干规定》(2001)等。

所谓创制性立法是指地方政府在法律、法规、规章或者上级机关没有相关规定时,根据实际需要而进行的立法。如志愿服务方面,在国家层面还没有相关立法时,许多地方已经根据实际需要进行立法,如《北京市志愿服务促进条例》(2007)、《上海市志愿服务条例》(2009)、《广东省志愿服务条例》(2010)等。

6.2.3 我国非政府组织法律涉及的主要方面

我国非政府组织法律涉及的主要方面包括登记管理制度、年检制度、税收制度、内部治理制度、监督管理制度等。

登记管理制度是指规范非政府组织登记管理的具体法律制度。包括对设立登记、变更登记、注销登记、撤销登记、分支机构登记等的规范。我国非政府组织登记管理制度的基本原则是双重管理原则。

年检制度是规范非政府组织日常运行管理的主要法律制度,它是指登记管理机关和业务主管单位通过对非政府组织提交的、有关日常运行管理的书面材料的监督和审查,确认非政府组织是否存在违法行为的法律制度。登记管理机关和业务主管单位可以根据年检结论对非政府组织进行奖惩。

税收制度是指规范非政府组织财务管理和资金运行情况,以及规定其税收优惠种类和幅度的法律制度。非政府组织的税收制度直接关系到非政府组织及其活动是否可以享受税收优惠政策。

内部治理制度是指规范非政府组织内部治理结构和机制的法律制度。包括非政府组织的决策、执行、监督等内部治理机构的设置问题等。非政府组织的自治性特点,决定了非政府组织原则上可以自主地进行内部治理机构设置,但为了规范非政府组织运行,法律也会设定非政府组织内部治理的基本框架。

监督管理制度是指规范非政府组织外部监督管理的法律制度。主要规定非政府组织外部监督管理的主体、内容、程序等内容。

6.3 非政府组织的双重管理原则

在我国非政府组织法律框架下,双重管理原则是非政府组织管理的基本原则,也是我国现行非政府组织管理的重要特点。

1949年新中国成立后,政府在对社会团体进行清理、调整的同时,也根据政治、经济、文化、社会的需要成立了各种社会团体,如中国科学技术协会,中国文艺界联合会,中国国际贸易促进委员会等。这一时期的社会团体在一定程度上是政府的一个工作部门，由政府直接进行管理。

改革开放后，我国非政府组织的管理体制大致经历了三个阶段。

第一阶段是多头审批阶段。从1978年到1989年，我国的非政府组织分散在各个单位之中。由于"文革"期间民政部门的非政府组织管理职能被终止了，因此，这一阶段的非政府组织管理没有统一的规则，其设立和管理由各个部门分别审批，缺乏规范化，非政府组织管理处于无序状态。

第二阶段是三重管理阶段。这一阶段是从1990年到2000年。1989年国务院颁布《社会团体登记管理条例》后，民政部门被确定为登记管理机关，所有非政府组织都必须依法进行登记；未经核准登记擅自以非政府组织名义进行活动的，将由民政部门命令解散。经过登记取得合法地位的非政府组织，根据《社会团体登记管理条例》(1989)的规定，将受到登记管理机关的监督管理和业务主管单位的业务指导。在这一阶段实践中，非政府组织登记时还需要有挂靠单位。有的挂靠单位与业务主管单位是相同的，而有的挂靠单位与业务主管单位是不同的，从而就形成了登记管理机关、业务主管单位、挂靠单位三重负责的管理体制。由于1989年《社会团体登记管理条例》没有明确非政府组织的范围，加上民政部门在监督管理时缺乏手段，登记管理机关、业务主管单位与挂靠单位的监督管理责任未明确区分，导致了对非政府组织的监督管理存在很多漏洞，使民政部门对非政府组织的情况难以全面掌握，其监督力度也无法全面实施。

第三阶段是双重管理阶段。这一阶段是从2000年对非政府组织的清理整顿开始到现在。这一阶段的管理体制被概括为"归口登记、分级管理、双重负责"。从1997年到2000年，国家对非政府组织进行清理整顿。1998年出台的《社会团体登记管理条例》、《民办非企业单位登记管理暂行条例》、《事业单位登记管理暂行条例》为这次清理整顿提供了法律依据。在这些行政法规中，双重管理体制被确立为非政府组织管理的核心制度。

双重管理原则是指我国的非政府组织分别由登记管理机关进行统一登记，业务主管单位进行业务指导的原则。根据《社会团体登记管理条例》的规定：民政部门是唯一的社团登记管理机关；"国务院有关部门和县级以上地方各级人民政府有关部门、国务院或者县级以上人民政府授权的组织，是有关行业、学科或者业务范围内社会团体的"业务主管单位。

双重管理在我国非政府组织的规范管理曾经发挥了巨大的作用。首先，它明确了非政府组织的管理部门。确立了登记管理机关统一登记和业务主管单位业务指导的制度，避免了非政府组织多头审批、多头管理的混乱。其次，它理清了政府管理的界限，避免了管理中的权力交叉和重叠。双重管理体制明确了登记管理机关统一履行监督管理职责，而由业务主管单位对具体业务活动进行指导，解决了政府管理界限不清的问题。最后，它加强了对非政府组织的管理。双重管理将登记管理机关与业务主管单位的监督管理范围扩展到非政府组织的各个方面，从而加强了对非政府组织的管理。

但双重管理也存在许多问题。首先,它在加强非政府组织管理的同时,严重限制了非政府组织的发展。其次,双重监督管理影响了非政府组织自治权。登记管理机关与业务主管单位的双重管理,涉及了非政府组织活动的各个领域,过度的介入在一定程度上影响了非政府组织的自主性。最后,对业务主管单位的依赖使非政府组织承担了许多额外的工作。业务主管单位在管理过程中,会将行政事务转嫁给非政府组织,使非政府组织承担了许多具有行政性质的,或者与其宗旨无关的事务。

双重管理的问题集中反映在:一方面,我国有大量非政府组织处于"非法状态",即未经登记即开展活动。未登记注册的非政府组织在数量上远多于合法登记的非政府组织,这已经成为学界的共识;另一方面,非政府组织由于与政府的关系过于密切,使其独立性受到了严重地影响。鉴于双重管理存在的问题,我国已经开始着手进行非政府组织登记管理制度改革。在 2009 年,民政部与深圳市政府签订部市合作协议,鼓励深圳市探索建立非政府组织直接向民政部门申请登记的制度。

自 20 世纪 80 年代以来,非政府组织的发展受到了国内外的广泛关注。但在非政府组织的名称和内涵方面,国内外目前尚缺乏共识。非政府组织或者非营利组织是获得较多认可的提法。一般认为,非政府组织具有非营利性、非政府性和自治性等特点。在我国,非政府组织的基本类型是社会团体、民办非企业和基金会。就活动领域而言,非政府组织主要存在于政府失灵与市场失灵的领域中。在这些领域,由于政府难以有效控制、市场不愿意参与,使非政府组织得以迅速发展。非政府组织的发展对政治、经济、社会、文化发展与国际交流合作都能起到很好的推动作用。就我国的情况而言,改革开放后,我国非政府组织得到了迅速发展,但在自治性、组织能力、内部治理等方面还存在很多缺陷。因此,我国非政府组织应当从法律、制度、内部治理机制等诸方面予以健全和完善。在非政府组织管理法律制度发展过程中,双重管理原则作为一项重要原则,曾经在非政府组织发展过程中发挥了巨大的作用,但当前这一原则已经一定程度上限制和影响了非政府组织的发展,因此需要与时俱进地进行变革。

非政府组织 Non-governmental Organizations	非营利性 Non-profitable
非政府性 Non-governmental	自治性 autonomous
社会团体 Social Associations	民办非企业 Private non-enterprise
基金会 Foundation	事业单位 Public institutions

1. 什么是非政府组织？非政府组织具有哪些特点？
2. 非政府组织与企业、政府有哪些区别？
3. 我国非政府组织发展中主要存在哪些问题？
4. 简要介绍非政府组织的双重管理原则。

1. 高丙中.社会团体的合法性问题[J].中国社会科学,2000,(2).
2. 谢海定.中国民间组织的合法性困境[J].法学研究,2004,(2).
3. 刘培峰.非营利组织的几个相关概念的思考[J].中国行政管理,2004,(10).
4. 林莉红.民间组织合法性问题的法律学解析[J].中国法学,2006,(1).
5. 王名,贾西津.中国非营利组织：定义、发展与政策建议[A].范丽珠.全球化下的社会变迁与非政府组织[C].上海：上海人民出版社,2003.
6. 陈金罗,葛云松,刘培峰,金锦萍,齐红.中国非营利组织法的基本问题[M].北京：中国方正出版社,2006.

民政部取缔"全国高协组织"

2011年5月18日,民政部依法对未经登记、擅自以社会团体名义开展活动的"全国高技术产业化协作组织"(以下简称"全国高协组织")及其非法设立的相关机构宣布取缔。民政部负责人接受记者采访时称,自2009年12月以来,民政部就接到多起举报,称"全国高协组织"未经登记即以全国性社会团体名义开展活动。

《民政部关于取缔"全国高技术产业化协作组织"的公告》称,"'全国高技术产业化协作组织'未经登记,擅自以社会团体名义进行活动,属于非法民间组织。根据《社会团体登记管理条例》第35条的规定,决定对'全国高技术产业化协作组织'及其非法设立的相关机构予以取缔。"

根据《社会团体登记管理条例》第35条的规定：未经登记,擅自以社会团体名义进行活动的,由登记管理机关予以取缔,没收非法财产；构成犯罪的,依法追究刑事责任；尚不构成犯罪的,依法给予治安管理处罚。

民政部称,经查,"全国高协组织"是一个由李恒光等人长期操控、冒用国家机关名义开展活动,以牟取经济利益为目的的非法社会组织。该非法组织打着所谓"九部委协作联盟"的旗号,骗取社会信任,非法设立了大量分支机构。

据悉,"全国高协组织"非法设立了"全国高科技健康产业工作委员会"、"全国高科技建筑建材产业化委员会"、"全国高科技食品产业化委员会"等40余个委员会、中心、研究所(室)等二级分支机构,二级分支机构又非法下设三级、四级机构数百家,层层蔓延,机构众多、成员复杂。

"全国高协组织"及其设立的相关机构大多冒用全国性组织的名义,在经济科技、文化教育、食品卫生、农业农村、建筑建材、知识产权等诸多领域大肆开展评比表彰、培训认证、项目合作、会议会展等活动,招摇撞骗,并以相应的公司作为配套执行机构,敛取钱财,社会影响十分恶劣。

民政部称,"全国高协组织"的非法活动严重损害了国家机关的形象,破坏了社会组织登记管理秩序,干扰了市场经济的正常运行,已成为影响社会稳定的隐患。

民政部称,取缔"全国高协组织"这一非法社会组织,及时打击该组织的非法活动,有利于维护社会主义市场经济发展的有序环境,保障社会公众的合法权益,促进社会和谐与稳定。对于该非法组织负责人涉嫌犯罪的行为,有关司法机关将依法处理。

民政部同时公布了依法取缔的"全国高协组织"及其设立的相关机构名单,包括"全国高协组织"、43个主要二级机构和上述非法组织设立的其他机构,并请社会各界提高警惕,谨防上当受骗。

资料来源:周凯. 民政部取缔"全国高协组织"[N]. 中国青年报,2011-05-18(7).

阅读材料,思考政府应当如何健全和完善对未经登记非政府组织的管理。

第 2 章

非政府组织的中美比较

【学习目标和要求】

通过本章的学习,要求学生了解组织运作理论,识记制度、政治机会结构、组织结构等概念,领会影响非政府组织运作的基础性因素,理解在中国和美国具体的制度和政治机会结构下非政府组织的运作和功能发挥情况,并能够运用核心概念来分析中国非政府组织发展的环境和趋势。

案例1:约翰·霍普金斯大学比较项目研究获得的数据显示,在全世界有可靠数据来源的41个国家里,非政府组织目前雇佣了大约5 400万全职人员。其中3 300万有薪酬,2 100万是志愿者,平均占这些国家经济活跃人口的4.4%。也就是说,这41个国家非政府组织领域的就业人数要多于建筑、交通、通信行业,并且远远超过公用事业行业(水电和燃气),比例大概是10比1。

资料来源:莱斯特·M.萨拉蒙,沃伊切赫·索科沃夫斯基.全球公民社会(第三卷)[M].[出版地不详]:库马力安出版社,2009.

案例2:中国《2009年民政事业发展统计报告》显示,2008年在我国民政部门登记注册的非政府组织吸纳社会各类从业人员就业475.8万人,比上年增长4.2%,就业人员占总人口比重的0.36%,占非农就业的比重为1.85%。

中国最大的非政府组织——中国青少年发展基金会2010年资金收入为28 604万元,其中:捐赠收入26 825万元,政府补助收入为零,投资收益1 238万元,其他收入542万元。2010年资金支出为23 746万元,其中业务活动成本22 059万元,管理费用1 315万元,筹资费用314万元,其他费用60万元。

资料来源:民政部.2009年民政事业发展统计报告[EB/OL].http://www.mca.gov.cn/,2012-04-30;中国青少年发展基金会.中国青少年发展基金会2010年审计报告[EB/OL].http://www.cydf.org.cn/shenjibaogao/shenjigonggao.htm,2012-04-30.

作为一种在各个国家都具有普遍性的政治、经济和社会现象,非政府组织正在成为可以与政府力量和市场力量相提并论的第三方力量,并逐渐受到各个国家政策制定者和学者的关注。从制度环境、政治机会结构、组织结构和功能发挥的维度看,中国和美国的非政府组织处于不同的制度环境和政治机会结构中,其组织结构和功能发挥状况不尽相同。

1 中国和美国非政府组织的制度环境比较

制度包括为社会生活提供稳定性和意义的规制性、规范性和文化－认知性因素,以及相关的活动与资源。[①] 规制性基础要素的突出特征之一是强调明确、外在的各种规制过程,比如设定、监督和奖惩和活动。规范性基础要素强调的是社会生活中的制度,还存在说明性、评价性和义务性的维度,这种制度就是规范性的规则。第三类要素认为制度的文化－认知性要素构成了关于社会实在的性质的共同理解,以及建构意义的认知框架。一般认为,规制性、规范性要素是制度中的正式制度,文化－认知性要素是制度中的非正式制度。

1.1 美国非政府组织的制度环境

美国非政府组织所处的制度环境主要涉及税收制度和监督管理制度两个方面。

1.1.1 税收制度

以税收作为非政府组织管理的主要手段,美国政府通过税收减免和税收激励的办法,直接或间接的支持非政府组织发展。

(1) 提供有利的法律和规制框架

美国有关非政府组织的法律和政府机构并不多。联邦税收法是美国管理非政府组织的主要工具;美国国内税务局是联邦政府负责监管和规制非政府部门的主要机构。国内税务局的主要职责是依法收税。美国501(C)条款列出20多种不同类型的组织可以享受免税。根据这一条款,支持教育、卫生、支持贫困、宗教、科学发展、促进社会福利或其他有利于社区发展的慈善组织可以享受免税。而公益组织不仅可以享受所得税减免,还可以享受税收减免。在州的层次上,州大法官和州法院负责处理非政府组织的纠纷和其他事宜,其管理围绕两个目的:保证从公众手中筹集的资金能够应用于公益目的;提供准确可靠的财政和项目信息。到目前为止,很少有州政府对非政府组织提供指导性政策。

(2) 利用税收激励办法,鼓励公民个人向非政府组织捐款

美国对非政府组织的税收激励政策反映在两个方面:

---

① W.理查德·斯科特.制度与组织[M].北京:中国人民大学出版社,2011.

一方面,对非政府组织自身的税收激励政策。

从联邦一级来看,非政府组织自身享有的税收优惠,可分为所得税、财产税、失业税等不同税种。凡经由美国国内税务局查实并赋予免税资格的美国非政府组织,均可得到对上述三种税收的全额免除。其中,所得税免税是指具有免税资格的非政府组织,在经营与它们的非营利目标相关的事业中的获利,可以免除税收。财产税免税是指这类机构所拥有的土地、房产等机构资产,可以免除土地税和房产税。失业税免税是指这种机构无须缴纳其他机构的雇主必须按人头向政府缴纳的失业保障税。

从州及地方一级看,美国各州对非政府组织除免征所得税外,还自设了一些优惠税种。例如加利福尼亚州税法规定,对于获得免税资格的非政府组织,还可以免除消费税。另外,为鼓励人们购买加利福尼亚州政府帮助非政府组织筹集建设资金的特种债券,州政府规定,凡购买这种债券的利息所得可以免税。

另一方面,对向非政府组织捐款的个人、公司或其他组织的税收优惠政策。

美国政府通过允许捐款者在缴纳所得税时从应纳税所得税中扣除捐款的部分,以及对捐款免征财产税和遗产税等措施,来鼓励社会各界向非政府组织捐款。

在所得税扣除方面,美国规定:a. 应缴税所得税扣减政策只对已经取得免税资格的符合美国税法501(c)(3)条款的慈善机构有效。也就是说,如果捐款人不是捐给该条款所列出的机构,以及这个机构尚未获得美国税务部门批准的免税资格,就不能得到应缴纳所得额扣减的优惠。b. 捐款者不同,扣除范围也不同。联邦税法严格区分个人和公司,对于公司法人捐款一般允许扣除的限额不超过其总收入的50%左右。几乎所有的非政府组织都免收国家和地方的财产税、营业税。同时,对于向非政府组织捐助的公司,如其捐款额不超过总收入的3%,亦免除各种税收。

在财产税和遗产税方面,捐款者必须是个人。美国财产税和遗产税的税率很高,且采用累进税制,这就促使个人努力通过捐赠财产或遗产回避高额缴税。捐款的方式除了成立私人基金会、设立或加入专项基金之外,还有订立慈善信托契约形式。凡捐赠给慈善目的的这部分财产或遗产,是免予征税的。另外,个人还可以用捐赠股等形式回避投资收入税。

(3) 通过提供政府赠款和项目合作,向非政府组织提供直接财务支持

20世纪60年代以前,美国绝大多数非政府组织依赖服务收费、社会捐赠等,政府提供的资金占非政府组织总收入的比重相对较小,并且政府没有提供特定单项服务的功能。但是,美国政府对非政府组织中的服务类组织的支持在过去的20年中获得迅猛发展。非政府组织与政府签订合同,提供可得到公共基金支持的服务种类,包括日托、抚养、对儿童的保护性服务以及针对精神病患者、日益丧失生活能力者的社区服务项目。其他如庇护、咨询、就业培训、保护受虐待妇女及受歧视儿童等服务项目,都是在政府与非政府组织之间的合作下进行的,公共部门已经成为美国非政府组织收入的第二大来源。

仅从专门针对非政府组织的法律条款和机构设置来看,美国在税收制度方面对非政府组织的管理似乎较为松散,管理上并没有耗费太多的人力、物力和财力。但是,政府管理之外的政府、社会和非政府组织同业组织的监督,却给非政府组织的活动带上了许多"紧箍咒"。

1.1.2 监督管理制度

监督管理方面,美国对非政府组织的监督主要包括政府监督管理、行业监督管理和社会监督管理等类别。这些监督管理类别形成了强大的合力,对非政府组织进行了有效的监督。

首先,政府监督管理。美国政府对非政府组织的监督管理主要体现在非营利性性质的审查及对其财务活动的监督上,主要目的是防止以欺诈行为骗取免税资格或公众捐赠。联邦税务机关和州检察长有权对非政府组织提起诉讼,由法院予以裁决。

对非政府组织的监督管理是税务机关的职责,申请具有免税资格的非政府组织,需要接受税务机关的严格审查。免税审批部门每年还会对其财务执行状况进行抽查,如经查实有赢利行为,其免税资格就会被取消。具有免税资格的非政府组织需要每年向联邦税务机关报送该组织的年度报告,内容主要是财务状况和经营活动。政府机关的管理人员经常到非政府组织检查,并对非政府组织的有关报告进行审查。

美国有33个州由司法部门负责对非政府组织的财产进行监督管理,它们拥有仲裁权、处罚权和起诉权,以确保非政府组织行为规范。此外,美国政府还委托国家慈善信息局、人类慈善咨询服务组织和宗教财务委员会等机构,制定相应的管理标准,评估非政府组织的运营情况,对非政府组织进行监督管理。

各州检察长负责对非政府组织的财务状况进行监督,并对其违法行为提起诉讼。各级政府提供公共服务项目招标的部门也会对承担项目的非政府组织进行监督,防止非营利组织通过政府资助项目谋取私利。

其次,非政府组织行业内部自发联合,实行对非政府组织的监督管理。非政府组织行业内部也自发地联合,组成各种全国性机构,如"美国基金会理事会"和"国家基金募集协会"等,通过交流情况、公开信息,增进组织的透明度,提高组织的服务能力。也有一些机构,如"美国慈善信息局"和"慈善导航",专门对非政府组织特别是具有免税资格的组织进行评估,并免费向社会公众公布评估结果,帮助公众了解非政府组织的诚信度和工作绩效。

美国还有众多的非政府组织同业组织,它既帮助非政府组织维护合法权益,为非政府组织服务,同时又帮助政府监督管理非政府组织,促进非政府组织的自律。可以说,它在一定程度上弥补了政府监督管理的不足,在政府与非政府组织之间起到了桥梁的作用。美国华盛顿非政府组织研究与咨询机构就是一个比较典型的非政府组织同业组织。该机构采取会员制，至今有700多个非政府组织成为该组织的成员。该机构热心帮助非政府组织与政府加强合作，向政府反映非政府组织的愿望和建议，开展信息交流和社会调查，研究非政府组织的发展趋势，促进非政府组织的行为规范。另外，每个月会按国家慈善信息局制定的行业标准，在专门刊物上公布会员的评估结果，让社会知晓和监督。

最后，社会监督管理。在美国，非政府组织必须通过一定形式将其免税资格申请表、有关证明文件、免税资格证明及最近三年的申报表等资料和信息向社会公开和披露，接受社会公众的监督。任何人均可通过信函、传真、互联网、电子邮件、实地调查等方式获取所需信息和材料，了解和监督非政府组织的财务状况、内部结构及运行情况。非政府组织有义务满足社会公众的监督需求，如不接受公众监督、拒绝提供资料、不协助调查等都将被处以严厉罚款。捐赠者基于掌握资金赠与权力有权对非政府组织进行监督，如果需要，他们可以要求查看捐赠资金使用情况以及受赠组织的财务情况，从而监督受赠组织是否按照捐赠要求使用捐款。同时，美国政府也向社会公开非政府组织的有关资料清单，尤其公开公益型非政府组织的财务税收状况。此外，新闻媒体的舆论监督对非政府组织的作用很大，效果很好。由于媒体是公众获取信息的主要渠道，普及范围广、影响大，使其成为一种重要而有效的监督形式，具有导向和威慑作用，所以能够对营利组织的管理者形成强有力的约束。

1.2 中国非政府组织的制度环境

中国非政府组织所处的制度环境主要涉及登记管理制度和税收制度。

1.2.1 登记管理制度

现有针对非政府组织的政策条例主要是1998年国务院出台的《社会团体登记管理条例》、《民办非企业单位管理条例》和2004年颁布的《基金会管理条例》。这些法律框架构成了非政府组织政府主导、双重管理、行政分割、限制竞争和强制年检的制度环境。

（1）政府主导

无论从非政府组织在参与相关立法上所拥有的权力，还是从法律框架上体现出的政府与非政府组织的关系来看，其特征都体现为政府主导。在我国，政府在立法过程中占据绝对主导地位。法律制度没有明确规定非政府组织和公众参与立法的权利和义务，实践层面更没有具体规定非政府组织和公众参与立法的事项范围和程序。缺乏非政府组织和公众参与的立法，更容易立足于政府立场，也更多地会从政府利益出发。现行的非政府组织立法就明显体现出这一特点，立法机关更多是从符合更好地管理非政府组织、使之始终处于政府的掌控之下这一立场出发，而不是从如何更好地发展非政府组织出发。立法中对非政府组织明显更多控制而少支持。立法所体现出的政府与非政府组织关系，也始终是政府处于主导地位。

(2) 双重管理

"双重管理"是指非政府组织要接受登记管理机关和业务主管单位的双重管理。在双重管理模式中,业务主管单位在政府和非政府组织之间发挥着至关重要的枢纽地位。因为非政府组织是高度分散的,数量规模是巨大的,作为登记管理机关的民政部门,无论在财力、人力、物力上都不可能对每个非政府组织进行直接管理。但是,政府对非政府组织管理的需要,使其将业务主管单位作为自己的代理机构,代替自己对非政府组织实施全方位的监管。一方面,业务主管单位属于政府组织的一部分,是完全可以信任的"自己人";另一方面,业务主管单位或多或少与主管的非政府组织在业务上有相通的地方,监管起来更专业、更便利。因此,业务主管单位自然而然的成为政府监管非政府组织的重要枢纽。不但非政府组织登记注册前要找到业务主管单位,在日常的工作中,业务主管单位也要对非政府组织实施适时的全方位管理。

(3) 行政分割

法律要求对社会团体进行属地登记。《社会团体登记管理条例》规定:"全国性的社会团体,由国务院的登记管理机关负责登记管理;地方性的社会团体,由所在地人民政府的登记管理机关负责登记管理;跨行政区域的社会团体,由所跨行政区域的共同上一级人民政府的登记管理机关负责登记管理。"

并且,现有法规限制非政府组织设立分支机构,限制非政府组织超出地域边界的活动。比如,《社会团体管理条例》规定,社会团体的分支机构不得再设立分支机构。社会团体不得设立地域性的分支机构。《社会团体登记管理条例》规定,民办非企业单位不能设立分支机构。这些规定方便了政府的管理,但限制了非政府组织开展活动的范围,限制了组织规模的扩展。

(4) 限制竞争

《社会团体登记管理条例》、《社会团体登记管理条例》都规定,在同一行政区域内已有业务范围相同或者相似的非政府组织,没有必要成立的,对于非政府组织的成立申请不予批准。不仅如此,有的地方民政部门还主动将其认为业务上有重复或者没有必要存在的社团,予以撤销或者合并。

(5) 强制年检

非政府组织在民政部登记注册之后,政府对其的主要控制手段是实施年检。民政部专门出台《社会团体年度检查暂行办法》、《民办非企业单位年度检查办法》、《基金会年度检查办法》等法规,对在民政部门登记注册的各种社会团体、民办非企业单位以及基金会实施年检工作作出了具体安排。

1.2.2 税收制度

从税收制度上看,我国对非政府组织的支持主要体现在鼓励公益捐赠和免税资格申请两个方面。

公益捐赠是指自然人、法人或者其他组织为支持公益事业自愿无偿向依法成立的公益性社会团体和公益性非营利的事业单位或者政府及其部门捐赠财产。关于公益捐赠的法律、法规主要涉及《中华人民共和国公益事业捐赠法》、《中华人民共和国个人所得税法》和《中华人民共和国企业所得税法》。《中华人民共和国公益事业捐赠法》主要对捐赠人和受赠人的行为做了说明,《中华人民共和国个人所得税法》规定,个人将其所得对教育事业和其他公益事业捐赠的部分,按照国务院有关规定从应纳税所得中扣除。《中华人民共和国企业所得税法》规定,企业发生的公益性捐赠支出,在年度利润总额12%以内的部分,准予在计算应纳税所得额时扣除。总体而言,这些法律主要从税收优惠政策方面对公益捐赠行为给予了鼓励。具体地说,第一个层面,是对组织本身收入能否免税;第二个层面,是对向公益组织捐赠的企业和个人就捐赠额是否享有免税资格。这三部法律及其实施细则构成了国家以税收优惠政策调节手段支持公益事业的法律体系。

1.3　中美非政府组织制度环境比较分析

从上面的分析可以看出,与美国非政府组织的制度环境相比,中国非政府所处的制度环境不够完善,还有较多需要改革和创新之处。

首先,我国现行非政府组织管理条例中规定的"双重负责、双重管理"制约了非政府组织的发展。关于登记管理部门和业务主管单位双重负责的体制设计造成非政府组织登记门槛过高,一方面使许多具有"合理性"的组织无法取得"合法性"外衣而游离在制度保护之外,影响了非政府组织的设立和作用发挥,另一方面使许多满足社会需要的组织找不到业务主管单位而无法登记。在监管方面,这种制度设计也没有达到应有的效果。一方面,对于已注册的非政府组织而言,没有专项法律规定对政府管理、非政府组织权利义务等具体问题进行清楚的界定,而只能依靠其他部门法中的条款以及行政法规,这容易导致政府对非政府组织的过度干预以及非政府组织无法运用法律武器来捍卫自己的权利。另一方面,对于未注册的非政府组织而言,一个现实问题就是大量的非政府组织由于难以满足注册条件而无法取得合法身份,而在目前的非政府组织管理中,这就意味着这些组织无法得到任何来自于法律、法规的承认和支持,面临着随时被划定为非法组织而被清理的危险。

其次,非政府组织税收优惠制度在目前的执行程序中,存在非政府组织免税资格难以认定这一关键问题,造成真正获得政策优惠的非政府组织凤毛麟角,挫伤了公益捐赠的积极性。

以企业所得税法为例。《企业所得税法》及其实施条例中已经明确非政府组织符合条件的收入是免税收入,但是相关配套制度在两年之后才陆续出台。在申请免税资格时,非政府组织需要向财政局、税务局提出书面申请,同时还要获得民政部门的认同,然而,不同部门的认定标准和方式存在差异,造成程序混乱。此外,企业获得免税资格前须在税务部门完成纳税申报,但是非政府组织并不是设立之初就要进行税务登记,发生纳税收入时候才要求登记,因此在程序上处于弱势。即使获得了免税资格,在之后的年度资格申报问题上,非政府组织在程序上仍然处于明显的弱势地位,被动地接受审查部门的审查,免税资格的保持呈现扑朔迷离的状态。因此,程序的内部张力和复杂性使能够通过免税资格认定的非政府组织很少,制度实践的结果背离了制度设计的初衷。

此外,在公益捐赠中,法律对捐赠方和受捐赠方的权利和义务缺少明确规定,捐赠过程也存在许多有待完善的规定,如实物捐赠缺少评估、接收程序过于简单、没有明确的监管方等操作性问题,导致公益捐赠领域的负面事件时有发生。

2 中国和美国非政府组织的政治机会结构比较

政治机会结构概念起源于对西方社会运动的探讨,指一组以国家为中心的要素组合构成了集体行动者的机遇和威胁,并且提高或降低了组织动员所需花费的成本。政治机会之所以能形成结构,是由于在既定的政治体制中,这些要素的组合具有相对的一致性,且对集体行动产生大致上相近的作用方式。[1]

2.1 美国非政府组织的政治机会结构

首先,自由、自治的政治与社会传统是美国非政府组织产生的根源。美国的政治传统反映了美国文化的两面性,美国政治不仅有掌控政权的政府,还有社会治理,用以表达正式的政治自由、参与、公共的和个人的义务。[2] 对自治、自由的热衷,使人们强烈地反对政府集权主义,对集权的反感充斥到政治、经济和文化等各个领域。美国人不太愿意依赖政府来解决社会问题,而情愿自发地组成各种团体或组织,通过多种志愿活动来解决困难,这是因为美国社会发展先于政府的历史使人们愿意接受集体提供公共需要的模式,而不愿求助于政府的权力。美国的居民对社会的主管当局投以不信任和怀疑的眼光,只在迫不得已的时候才向它求助。[3] "三权分立"的政治体制避免了美国政府权力的过分集中。"小政府大社会"的整体环境,让非政府组织在社会上有足够的空间发展,可以深入到公众生活的方方面面。

其次,种族和文化的多样性有助于非政府组织的发展壮大,美国的基本社会特质是"多元一体",作为多元的移民社会,它拥有不同的人种和多样的宗教。社会组成的多元导

---

[1] McAdam, Doug, 1982. Political Process and the Development of Black Insurgency 1930—1970. Chicago: Chicago University Press.

[2] Helmut K. Anheier, "Nonprofit Organizations: theory, management, policy." Routledge, 2005: 22.

[3] [法]托克维尔. 论美国的民主(上卷)[M]. 董果良译. 北京: 商务印书馆, 2004: 213.

致了人们需求的多元，不同的社区往往拥有各自的文化准则和运行机制，从不同的日常生活需求到个人理想追求的迥异，都为各色非政府组织的出现和发展提供了极大的发展空间。在美国政府成立之前，就有了社区的形式，社区的居民通常采用自发团结组织的方式来应付各种难题，这种以志愿形式结成组织处理问题的有效性，使非政府组织成为普通百姓日常生活中不可或缺的一部分。

最后，政府和企业回应社会需求不力也促进了非政府组织的发展。"政府失灵"和"市场失灵"是非政府组织出现并体现出自身价值的重要原因。政府由于人力、物力、财力和精力的有限性，在许多民众生活的具体、细微之处并不能做到尽如人意，而企业由于受到商业利益的驱动，也较少涉足虽然与民众生活密切相关但得不到什么利润或是利润较少的领域。而非政府组织，由于是普通民众自发自愿形成，因此，往往能深入到民众需求的最前线，为他们提供及时、具体的服务，同时，民众也对非政府组织产生了需求和依赖。

2.2　中国非政府组织的政治机会结构

中国非政府组织多处的政治机会结构主要体现为政府对非政府组织的控制策略上。对于一个权威主义政府来说，管理非政府组织的首要策略是控制。根据不同类别非政府组织的特点，政府采取了差异化的控制策略。

首先，准政府模式。这一模式的控制对象包括：人民团体、免登记社团、社区组织、官办协会等。政府垄断着成立这类组织的权力，民间不允许成立相应组织。组织的主要负责人由政府任命，或者由政府官员直接兼任，组织的重大决策由这些政府任命的人员决定，或者由主管的政府部门决定。组织的专职工作人员由政府通过公务员考试招录而来，其考核、职务任免与升降、奖励与惩戒、培训、交流与回避、工资福利保险、辞职辞退、退休、申诉控告等均比照《公务员法》。组织的资源主要来自政府，并且政府并不期望它们主动争取其他资源。在开展活动方面，这些组织要么依附各级行政系统，在全国建立自上而下的垂直科层组织体系，并且上一行政级别的同类组织在业务上指导下一行政级别的同类组织；要么依附政府的地域区划，在最基层的所有地区建立庞大的组织体系，在开展活动的过程中，它们受多个政府部门的控制和领导。此外，这些组织的活动领域也都是政府选定，而不是组织自己选择。

其次，双重管理模式。双重管理模式针对的组织类型是：在民政部门登记注册的社会团体、民办非企业单位和基金会。

政府通过法律规定的双重管理体制，抬高非政府组织登记注册的门槛，从"入口"对非政府组织实施严格控制。只有政府发起成立的组织，或者政府通过业务主管单位认可的组织，才能登记注册。登记注册的非政府组织，需要按照相关法律法规的要求，组建理事会，招募会员和工作人员，在被批准的领域内开展活动，按照既定的渠道获取资源，并按照允许的方式运作。政府还依照法律对其实施强制年检，以保障其始终按照法律的规定发展。

在双重管理模式中,业务主管单位对非政府组织实施全面控制,除此之外,政府对这一模式中的官办非政府组织有更多控制,包括负责人任命、重大事项决定、资源来源、活动开展等各方面,比如,需要非政府组织主动汇报重大事项并进行审批等。

最后,归口管理模式。在归口管理模式下,非政府组织的登记注册不是在民政部门,而是在业务对口的政府主管部门。比如业主委员会的归口管理部门是物业所在地的房地产行政主管部门,宗教活动场所的归口管理部门是当地人民政府宗教事务部门。在归口模式下,政府对非政府组织组织的控制存在一定差别。

政府对宗教活动场所的控制较为严格,成立之前要向县级人民政府宗教事务部门进行申请,只有获得批准的场所才可以筹建,并且筹建之后还要由该场所管理组织向所在地县级人民政府宗教事务部门申请登记。政府对宗教活动场所的管理也较为严格,除了强制年检之外,还会进行突击检查,并且限制其接受海外力量资源。组织的专职人员也要在政府部门备案,组织开展的活动也受到控制。跨省、自治区、直辖市举行超过宗教活动场所容纳规模的大型宗教活动,或者在宗教活动场所外举行大型宗教活动,需要宗教活动场所在拟举行日的30日前,向大型宗教活动举办地的省、自治区、直辖市人民政府宗教事务部门提出申请。

但是政府对业主委员会的控制则较弱。业主委员会的成立不需要经过任何机构的批准,只需成立后到物业所在地的区、县人民政府房地产行政主管部门备案即可。业主委员会的治理也是完全自治的,其从何处获取资源、开展哪些活动,都由业主委员会自己决定。

除了以上模式之外,政府的控制模式还有"代管"模式,"放任"模式等,分别针对单位或社区内部的非政府组织、公园内的兴趣组织。因此,中国的非政府组织处在一个非统一的政治机会结构下,不同类型的非政府组织,其政治机会结构有显著差异。

2.3　中美非政府组织政治机会结构比较分析

从中国和美国非政府组织各自所处的政治机会结构的分析中可以发现,两国非政府组织所处的政治机会结构的差异十分明显,这些差异主要体现在政治文化、管理模式和控制策略上。

政治文化方面。美国自由、自治的传统根深蒂固,为每个社会成员所接受,这样,个人和组织结社的现象比较普遍。同时,公民自我管理的能力较强,非政府组织和政府之间一方面界限分明,各司其职;另一方面又能合作共赢。这就既为非政府组织的产生提供了坚实的社会基础,也为非政府组织的发展创造了稳定的环境。在中国,社会成员自我组织和自我管理的能力还比较薄弱,在社会事务方面对政府的依赖程度较高,而非政府组织与政府之间的关系常常呈现出不清晰、不明朗的状态,其自治性在实践中往往受到质疑。近年来,非政府组织的数量虽然在不断增多,能力也在不断加强,但往往不能独立地担负起相应的功能。

管理模式方面。在美国,政府针对非政府组织进行管理的法律和条例细致且思路统一,已经形成了比较稳定的原则和规范,为非政府组织的产生和发展奠定了良好的政策基础。在中国,有关非政府组织的法律规定还不够全面,管理模式中的具体事宜规定不够清晰,造成非政府组织在现实的活动中找不到统一的依据和指导,制约了非政府组织的进一步发展。

控制策略方面。在美国,有关非政府组织的实践操作严格按照文本层面的法律进行,非政府组织在与政府的互动中,只要其活动和行为符合法律规定,就不会受到不必要的质疑。在中国,由于政府对不同类别的非政府组织采取了不同的管理策略,所以非政府组织在实践中与政府的互动呈现复杂的形态。

3 中国和美国非政府组织的组织结构比较

组织结构指的是组织的各个要素在长期运转中所形成的较为固定的形态和模式,在本节的分析中,主要考察非政府组织的数量规模和发育水平。

3.1 美国非政府组织的发展阶段及发育情况

对美国非政府组织发展情况的研究必须追溯到殖民地时期。从殖民地时期至今,美国非政府组织的发展发育主要经历了四个阶段:

第一个阶段:从殖民地时期开始至美国独立战争

这是美国非政府组织的萌芽阶段。英国的有关慈善事业的法律和法规在此阶段传到美国,为美国非政府组织的发展奠定了基础。在这一阶段,美国出现的非政府组织主要是大学(哈佛大学、普林斯顿大学等世界著名学府就在这一阶段成立)等,以及与独立战争期间的战争需求紧密联系的志愿组织,如民间消防队、仓储团等。

第二个阶段:从19世纪二三十年代到19世纪末期

这是美国非政府组织发展呈现多样性的阶段。在将近一个世纪的时间里,美国非政府组织的类别开始丰富起来,扩展为互助社、改良运动组织、社会服务组织、教育文化机构、慈善基金会等类型。

第三个阶段:从20世纪初到第二次世界大战之前

这是美国非政府组织发展壮大阶段。美国南北战争后工业化和技术的突飞猛进造就了空前财富,为非政府组织的发展打下了丰富的物质基础。20世纪头20年出现了一批组织完善的现代化大基金会这样的新事物。最早出现、起带头作用的三大基金会是赛奇、卡内基和洛克菲勒,它们创立了基金会的模式,为以后基金会的蓬勃发展奠定了基础。

与此同时,基金会的大批捐赠促使了第一批思想库开始诞生,它们主要进行学术研究和政策分析,为应对日趋复杂的国内、国际环境向政府和政策决策者献计献策。而美国政府对捐赠慈善提供的免税待遇,无疑也鼓励和刺激了民众参与慈善事业的行为。

第四个阶段:第二次世界大战后至今

这是美国非政府组织发展最为迅猛的阶段。美国各阶层志愿服务总体呈增长趋势,经济的繁荣、政府职能的缩小以及移民的大量涌入,极大地促进了美国非政府组织在此阶段的发展。其中,非宗教性质的慈善类非政府组织由1946年的2.75万个增加到2000年的74.4万个。从20世纪60年代中期起,经美国国税局批准的新成立的非政府组织每年约为5000个,从20世纪70年代末期到90年代初期,这一数字在3.5万个到4.5万个之间,而在2000年,达到了6.7万个。1990—1995年,美国的非政府组织的规模扩大了20%,非政府组织的增长速度超过同一时期整个经济增长的速度①。

2000年,在美国国税局注册登记的非政府组织已达180万个,此外还有数百万其他的各类协会。在美国,宗教组织无须注册登记;年收入额低于5000美元的非政府组织可以不用注册登记;而且还有些理应注册登记的组织却没有登记。若将其全部计算在内,美国非政府组织的数量将远远超过已知的180万个。从非政府组织产生的经济价值来看,其全年收入额为1万亿美元,资产达2万亿,占美国国内生产总值的5%~10%。若将其收益与全球各国的国内生产总值相比,仅有日本、德国、英国、法国、意大利和中国这6个国家的国内生产总值在其之上。从非政府组织的雇员数量来看,2001年,美国的非政府组织总共雇佣了1200万人,超过了联邦政府和50个州政府的雇员总和,占全国组织结构雇员总数的8%。其雇员超过了农业、采矿业、运输业、通讯业等公众服务业和金融、报销及房地产业中的任何一个行业。此外,非政府组织还拥有1亿多名志愿服务人员②。

3.2 中国非政府组织的发展阶段及发育情况

中国各区域非政府组织的发展发育情况存在相当大的差异。本章以上海非政府组织的发展历程及发育状况为例,来分析中国非政府组织的结构。改革开放以来,上海非政府组织的发展经历了四个阶段:

第一个阶段:1978—1989年间的初步发展阶段

这一时期,上海非政府组织总体上以社团类组织为主,社会团体数量从1981年的633个,发展到1989年的4300个,数量增长近6倍,种类涉及经济、文化、体育、宗教、社会公益、联谊等各类;1984年出现了第一家民办非企业——民爱门诊所,此后陆续又有一些民办学校和民办中介机构出现,基金会组织总体上仍以原有的公募基金会为主。

---

① [美]莱斯特.M.萨拉蒙.全球公民社会:非营利部门视界.贾西津,魏玉译,北京:社会科学文献出版社,2002:302-303.

② Michael O'Nell. "Nonprofit Nation: A New Look at the Third America",Jossey-Bass,2002.

第二个阶段：1989—1998年间的清理整顿阶段

1989年，国务院颁发《社会团体登记管理条例》，社会团体开始进行清理整顿，上海也出台了一系列相应规定、章程和管理制度，加大社团监督管理力度。依据相应的方针，先后三次展开清理整顿工作。这一时期的社团组织的工作重点，总得来讲，还是以规范管理和清理整顿为主。这一时期的民办非企业单位的发展有所加快，1996年国家正式提出了"民办非企业"概念，加大了对民办非企业的扶持力度，民办非企业数目有了迅速发展，但由于当时还未建立归口登记管理制度，由各业务主管部门自行审批，民办非企业的管理不够规范，民办非企业组织存在良莠不分的现象。

第三个阶段：1998—2007年间的稳步发展阶段

1998年10月新的《社会团体管理条例》和《民办非企业登记管理暂行条例》颁布，1999年上海市社团管理局成立，建立了市区两级社团登记管理机构，强化民间组织的规范管理，引导非政府组织布局和结构，到2007年年底，上海市已登记核准的社团组织3 234个（其中学生类社团772个，专业社团1 493个，行业性社团231个，联合性社团738个）；民办非企业组织的数量增加到5 049个，基金会发展到83个，初步形成了门类齐全、覆盖广泛的非政府组织体系[①]。

第四个阶段：2008年至今的创新发展阶段

2008年国家民间组织管理局在上海、深圳等地设立"改革创新观察点"，鼓励非政府组织创新实践。上海以浦东为基地，引入了"公益组织孵化器"概念，展开培育非政府组织"孵化培育"试点，同时各区县探索"枢纽性非政府组织"统合辖区内各类非政府组织的管理模式，引导其有序参与社区事务；还尝试运用合同招标、转移支付等方式，购买社会公益服务，引导非政府组织在民政事务、慈善事务和社区公益事务等方面介入基层治理。

2009年11月，上海召开全市社会建设大会，会议明确提出，用5～10年时间，"构建非政府组织发展体系，形成各类非政府组织和群众团体依法有序参与社会公共事务管理和服务的局面"的基本目标，并从"培育发展非政府组织，激发社会建设内在活力"出发，提出了加强非政府组织管理和服务的主要任务和工作思路，着力构建非政府组织发展、管理、党建三位一体建设新格局。会后，市委、市政府办公厅发布两个重要文件，一是《关于进一步加强本市非政府组织建设的指导意见》，首次提出"尊重非政府组织的主体地位"，提出了建立以市民政局为牵头单位的非政府组织工作协调机制；二是《关于鼓励本市公益性非政府组织参与社区民生服务的指导意见》，将公益民生服务分为10大类，扩大了公益组织享受扶持政策的受益面，并提出了一揽子扶持政策，上海非政府组织的发展开始步入快车道。

---

① 上海社会组织网：http://stj.sh.gov.cn/.

到 2011 年上半年,上海市、区两级登记、注册的非政府组织总量,已突破 1 万个,其中社会团体 3 614 个,民办非企业 6 342 个,基金会 120 个;全市户籍人口每万人拥有非政府组织数达到 7.14 个,高于全国平均水平 1 倍以上。此外,还有 2 万多个备案管理的社区群众团队,活跃在各基层社区。上海非政府组织数量增长的同时,其所容纳的从业人员规模也在不断扩大,总数已经从 2006 年的 89 804 人增长到 2009 年的 121 129 人。而且,社会团体、民办非企业单位、基金会的从业人员都分别处于扩大趋势中[①]。

3.3 中美非政府组织的组织结构比较分析

通过对中国和美国非政府组织的发展阶段和发育情况的分析,可以发现,虽然中国非政府组织在改革开放后的 30 多年里已经有了迅速发展,但是,与美国相比,无论在数量上还是规模上,中国非政府组织仍处于发展的初级阶段。中国非政府组织的数量明显不如美国多,尤其从人均拥有量来看,这种差距更大。中国非政府组织各方面能力的发育程度也明显处于初级阶段,绝大多数非政府组织的发育并不良好,发育较好的非政府组织所占比例较小。

4 中国和美国非政府组织功能发挥状况比较

非政府组织的功能发挥指的是非政府组织的服务领域和行动方式,以及这些服务领域和行动方式实现组织自身目标的情况,和对本国及国际政治、经济、文化和社会所产生的作用和影响。

4.1 美国非政府组织的功能发挥状况

尽管随着美国社会自身的发展和变迁,美国非政府组织的功能发挥也随之发生调整和变化,但总体而言,以下几项基本功能却一直没有发生变化。

第一,非政府组织有利于开拓社区服务功能和体系,为满足多元化的个人利益需求提供了个性化特征较明显的服务。在美国社区内,非政府组织正朝着一种无所不包的服务体系方向在努力,涉及的服务范围十分宽广,力求使社区服务达到"老有所养、幼有所扶、残有所助、贫有所济、难有所帮、学有所教、需有所供"。非政府组织的长处,在于为政府难以满足的穷人和其他弱势群体的特殊需求提供服务。当公众出现新的需求时,能够很快就有非政府组织通过开发新的项目、领域,或是成立新的非政府组织来应对和满足公众的新需求。在非政府组织不断扩大和细化的过程中,非政府组织自身在扩大服务内容、开拓了社区服务功能和体系的同时,也满足了公众更多、更新的需求。

---

① 上海社会组织网:http://stj.sh.gov.cn/.

第二,非政府组织有助于缓解政府进行多项社会管理的压力,为实现"小政府、大社会"的管理模式起到了极大的促进作用。在美国,"小政府"的概念由来已久,主要由于美国的政治传统是注重个人自由,政府较少干预公众生活,在很多具体的社会事务上,政府往往采取"放手"式的宏观管理。此外,如果政府事无巨细地管理公众生活,需要付出庞大的人力、物力、财力,这种负担对于政府来说是难以承受的,尤其是政府的干预和管理还不一定能适时适宜地解决公众生活中的具体事务,效率低、成本高是政府在处理具体社会事务时遇到的最大困难。因此,政府主要是制定有利于社区建设发展的政策,制定有利于规范动作的法规,采取财政支持和投入,并对非政府组织进行管理和考核,而大量的、具体的有关社区服务的内容以及项目的开展,都由众多的非政府组织去承担和组织实施。

第三,非政府组织有利于平衡社会部门结构,在满足社会需求的同时,充分发挥监督政府和市场的作用。非政府组织的非政府性与非营利性,使其具有和政府、企业相区别的天然特质,也使其能够站在相对客观的角度去看待和对待政府及企业。一方面,非政府组织能够弥补或纠正"市场失灵",包括提供市场不愿提供的公共物品。对于某些信息不对称的物品和服务,消费者缺乏足够的信息予以评估,若是非政府组织来提供这类服务,便可避免营利性企业利用在信息不对称中的优势地位去损害消费者利益。另一方面,非政府组织可以弥补"政府失灵",政府虽然是公共物品的主要提供者,但政府是按社会大众的一般要求提供的,难以适应复杂多样的多元化需求,而非政府组织的参与提供,则可以为需求较高的人群提供额外的公共物品,也可以为有特殊需求的人群提供特殊的公共物品。因此,20世纪70年代以后,美国非政府组织在不少领域补充甚至部分替代了政府原先的功能。

第四,非政府组织充分发挥自身优势,在社会革新、技术和制度创新方面取得了诸多成就。非政府组织为实现自己的目标而长期在专门领域运作,对其专注的领域非常熟悉,能有的放矢,有效针对领域内存在的不足和弊端做出相应、合理、及时的规划与革新。尤其是当出现新的社会问题时,非政府组织往往能非常及时地调整运行机制,提出具体的切合实际的解决办法。非政府组织在体制和运行方式上具有较大的弹性和影响,因而更容易更新技术和设备来满足公众的需求。如"计划生育"就是由美国的非政府组织最先提出的,开始时还受到保守派猛烈攻击,但今天已为许多国家所采用。

第五,非政府组织能充分提供社会就业,有利于维护社会稳定。非政府组织的蓬勃发展带动社区各类服务业的全面发展,为提供充分就业、保持社会稳定,起到了不可低估的能工作用。据统计,目前美国的教育、科学技术、医疗卫生、文化、艺术等领域为公众提供了大量的工作岗位,大约有 800 万人在社区从事各类服务工作,占全国就业人数的 10%。此外,每年还有 9 000 万人次的志愿者从事社区服务工作[①]。

---

① 陈晓春.非营利组织初论[J].湖南大学学报(社会科学版),2000,(4).

4.2 中国非政府组织的功能发挥状况

伴随着社会转型,非政府组织在中国发挥着越来越重要的作用,其服务领域不断拓展,服务水平不断提升。根据上海市社会团体管理局的统计,截至 2010 年年底,上海市共有社会团体 3 614 家,其中学术性社会团体 756 家,行业性社会团体 230 家,专业性社会团体 1 693 家,联合性社会团体 878 家;民办非企业单位达到 5218 家,分布在教育、卫生、劳动、科技、体育、文化、民政等行业,其中数量最多的前五类分别为教育类 2 731 家,民政类 1 486 家,劳动类 561 家,体育类 328 家,文化类 207 家;基金会共有 115 家,其中公募基金会 48 家,非公募基金会 67 家。而在国家对上海 2005 年民办非企业单位服务领域的统计中,仅有劳动(543 家)、民政(805 家)、社会中介服务业(25 家)、法律服务业(12 家)、其他(319 家)等几个服务领域的区分。从 2005 年和 2010 年民办非企业服务领域的对比分析就可以发现,上海市非政府组织的服务领域大大拓展。

服务领域拓展的同时,非政府组织的服务水平也在不断提升,主要体现在以下三个方面:

(1) 非政府组织为市场经济完善提供保障服务

市场经济的核心追逐是效益,市场主体的行为最终都指向这一目标。市场经济的完善除了硬条件如机器、生产线的改进等,更重要的还需要软条件如制度、服务的协调等来促进和保障效益。非政府组织,特别是经济类非政府组织,如行业协会、公共服务类非政府组织和慈善事业类非政府组织在推动市场经济的发展和完善中起着重要的保障作用。

经济类非政府组织,特别是行业协会,对市场经济的保障服务作用显著。首先,行业协会通过搭建企业与政府、会员、非会员、消费者和其他非政府组织之间的交流沟通平台,拓展行业社会网络,促进行业繁荣。行业协会一方面利用自身优势对行业有关状况进行调查研究,向政府有关部门及时反映行业、会员诉求,提出行业发展方面的意见和建议;另一方面参与相关宏观调控和产业政策研究、制定,参与制定、修订行业标准和行业发展规划、行业准入条件,完善行业管理,促进行业发展。此外,行业协会还可以协调会员与会员、会员与行业内非会员、会员与其他行业经营者、消费者及其他非政府组织的关系,形成良性的互动网络,营造健康的发展环境。其次,行业协会也是加强行业自律,完善市场监管体制的重要抓手。为了保障行业运行规范,行业协会围绕规范市场秩序,健全各项自律性管理制度,制定并组织实施行业职业道德准则;另外,行业自律与行业诚信建设紧密相连,行业协会因此担负着执行行业自律规则、监督会员履行自律规则的重要职责,以维护和保障公平竞争的市场环境。

公共服务类和慈善事业类等非政府组织为市场经济注入深层发展动力,保障其持续发展。非政府组织着眼于满足市场经济从业人员的社会需求,为市场经济的从业人员提供职业技能培训、生活便利、民主参与、交友娱乐等服务,提高从业人员的总体素质、生活幸福感和社会认同感,保证这些职员在工作上投入更多的热情和精力开拓进取。同时,非政府组织创设的志愿者活动的平台为这些从业人员提供了参与公共事务、体现个人社会价值的机会。参与志愿者活动的体验可以塑造市场经济从业人员的现代公民意识,维持有序的经济秩序。此外,非政府组织也是企业组织与社会互动的重要通道。企业组织除了追逐利润,也有回报社会的期望。借助非政府组织的公益平台,企业可以通过捐赠、提供公共服务等方式参与社会事务、履行社会责任。而这些行为会增加企业的品牌声誉,使企业获得良好的社会影响力,不仅使其产品和服务容易被消费者接受,而且在获得产业链上游资源、融资、借贷、招聘到好员工方面得到方便和优惠,为企业可持续发展奠定坚实的社会基础。

(2) 非政府组织是当前社会建设的重要力量

非政府组织是社会领域中各种力量的组织化载体,是构建社会领域党建工作体系、构建社会服务公共体系以及构建社会工作运行体系中社会利益表达和矛盾调处机制的重要力量。

首先,在社会领域党的建设方面,非政府组织是塑造转型期集体认同的重要场所。社会认同在本质上是一种集体观念,是增强社会或者组织内聚力的必要条件,它是一个社会的成员共同拥有的信仰、价值和行动取向的集中体现。20世纪90年代中后期开始,由于经济资源、社会资源和政治资源在社会结构中的自由流动,个体的自主性萌发,然而,资源的日益非均衡配置导致了社会成员特别是社会群体之间利益矛盾频发,再加上网络化和全球化对中国社会的冲击和影响,社会群体的基本社会认同出现了较大的异质性。社会认同难以对社会整合提供支持,转型社会中的国家需要采取新的治理模式来重建转型期的社会认同。而非政府组织在进行自我表达时,有可能使国家与个体状态下的民众形成一种沟通,同时可以为社会成员提供参与社会公共生活的机会,通过沟通和参与有可能使社会群体遵循普遍奉行的价值标准与价值规范,塑造集体认同。非政府组织在各级党组织的领导下开展各类精神文化活动,使社会成员能够普遍接触科学文化体育娱乐等各类知识,在很大程度上有助于提升市民自身的精神追求境界和树立正确的价值导向,培养公共道德,树立公共意识,养成与社会主义核心价值观相适应的集体人格,对社会主义精神文明建设具有重要作用,也为非政府组织的发展创造良好的社会文化环境。

其次,在构建社会公共服务体系方面,非政府组织是重要的协同力量。构建社会公共服务体系的目标是在党委领导下,政府主导、市场调节、社会协同作用,有效整合公共服务资源,形成完善的公共服务体系;进一步完善社会保险、社会福利、社会救助和慈善事业相衔接的社会保障体系,着力保障和改善民生。处于转型时期的政府面临着较大的压力和负担,政府财力和精力也有限,尚不能提供全面的社会救助和社会保障,因此,可以借助于各类非政府组织的力量,协同提供公共服务。通过开展定期和不定期的公益慈善、募捐活动,吸纳、利用社会慈善基金和社会闲散资金,非政府组织可以从事非营利性的社会服务活动,以提供资金、技术和信息等方式,实施社会援助,有效地帮助社会弱势群体解决困难,调解社会关系,维护社会秩序。

最后,在构建社会工作运行体系中社会利益表达和矛盾调节处理机制方面,非政府组织有助于协调利益冲突和稳定社会秩序。非政府组织是社会成员自我组织和管理的组织形式,自产生之初就有明确的组织目标和服务对象,这种基层化和针对性强的优势能够使非政府组织的"触角"直接连接至基层,管理和服务更具针对性,对民情的反应也更加灵敏。因此,非政府组织能够通过咨询服务为政府提供信息,帮助政府了解民众意愿,市民的最新思想动态、有关利益诉求,以及社会上的舆情、民情和一些不稳定因素,进而成为政府掌握社情民意、安抚群众情绪、制定相关政策的"触角和参谋"。而且,不同功能的非政府组织在满足社会成员多样性和多层次需求的同时,当存在利益冲突的时候,非政府组织能够及时倾听和回应民众的呼声,通过人性化的方式进行协调,排解社会怨气,缓解社会压力,防止社会成员无序表达行为的发生。同时,非政府组织的协调也使各种不同的社会群体能够依法共存相容,增进社会包容度,从而起到维护社会稳定的重要作用。

(3) 非政府组织承担政府转移出来的部分职能

在我国社会转型、构建社会主义和谐社会的进程中,政府正在向服务型政府转变,一些政府不该管、管不了、管不好的事情正在逐步被让渡出来,由市场和社会的力量来承担,充分发挥多元主体在社会管理和社会建设中的作用。在承担政府转移出来的公共服务职能方面,非政府组织可以成为政府管理社会的得力助手,补齐社会建设的"短板"。

非政府组织在公共管理领域,参与了城区、社区、小区的管理和服务;在社会服务领域,承担了公益型社区社会保障、就业、卫生、科技、教育、文化、体育等服务工作及精神文明创建活动;在事务性工作方面,承接了评估、调查、培训、鉴定、调节、维稳等事务性工作;在经济发展领域,提供了中介服务、反映合理诉求、平衡各方利益、调节贸易纠纷、开展行业自律等工作,促进经济的可持续发展和市场经济体制的完善。由此可见,非政府组织已形成了连接政府、企业、社区和社会成员的桥梁,承担着政府转移出来的部分职能。在构建社会管理体制新格局、完善公共服务体系建设中,非政府组织在协同提供服务方面将有更大的发展空间。

4.3 中美非政府组织功能发挥比较分析

通过以上对中美非政府组织功能发挥的具体阐述,可以发现,美国非政府组织功能发挥所涉及的领域十分宽广,且已形成发挥作用的机制,成为与政府和市场合作治理的一支稳定力量。在中国,伴随政府职能的转移和市场经济的完善,非政府组织的功能发挥获得了广阔的空间和机遇,其发挥作用的范围在不断拓展,影响也在逐步深入。虽然与美国的非政府组织相比,中国非政府组织的数量和规模还远远不够,功能发挥的机制也尚在探索之中,但是其在政治、经济、文化和社会发展中的作用将会越来越大。

当前中国非政府组织所发挥的功能主要集中在提供社会公共服务、促进市场和经济发展、引领和推动社会创新等方面。这些领域的非政府组织在数量上占有绝对优势,在发育水平上也相对较高。非政府组织所发挥的这些功能,从根本上来说,主要是服务社会、服务市场和服务政府的。但是,在反抗市场暴政、参与公共政策、制约政府权力、促进政治民主化等方面,非政府组织所能发挥的作用却很小。有些非政府组织即使开展了一些能发挥此类功能的活动,其方式也非常温和,大多数非政府组织都会尽可能避免与政府、企业等发生正面冲突。虽然也有一些草根的非政府组织,像西方非政府组织那样发挥着一些具有挑战性的功能,但是这类组织的数量和发育程度通常都不高,而且其行动空间也大都受到政府的各种限制,功能发挥的作用比较有限。随着社会建设的推动和社会管理体制的不断创新,中国非政府组织发展的制度环境和政治机会结构将会改善,其功能发挥的空间将不断扩大,以更加积极和能动的方式推动社会生活的组织化和有序化。

制度 Institution　　　　　　　政治机会结构 Political Opportunity Structure
组织结构 Organization structure　功能发挥 to Exert Function

1. 请归纳制度和政治机会结构对非政府组织功能发挥发生的影响,并思考这种影响在中国和美国的不同表现方式。

2. 请就你所熟悉和了解的某个非政府组织作为对象,分析影响该组织功能发挥的可能因素。

1. 陈华.吸纳与合作——非政府组织与中国社会管理[M].北京:社会科学文献出版社,2011:32-93.
2. [美]莱斯特·M.萨拉蒙.政府向非政府组织购买公共服务研究——中国与全球经验分析[M].北京:北京大学出版社,2010:23-30,286-295.
3. 康晓光,冯利.中国第三部门观察报告[M].北京:社会科学文献出版社,2011:3-99.
4. W.理查德·斯科特.制度与组织[M].北京:中国人民大学出版社,2011:25-188.

壹基金转正始末

2007年,壹基金计划在北京正式启动。壹基金提出"1人+1元+每1个月=1个大家庭"的概念,即每人每月最少捐一元,集合每个人的力量让小捐款变成大善款,随时帮助大家庭中需要帮助的人。但是接下来,几乎中国所有的非政府组织都要面临的身份问题困扰着该组织。

身份难题

在壹基金创始人李连杰的召唤下,他的诸多朋友开始支持壹基金,如王石、冯仑、马云、马化腾、马蔚华、牛根生、杨鹏、周其仁、周惟彦。深圳壹基金的发起人则是上海李连杰壹基金公益基金会、老牛基金会、腾讯公益慈善基金会、万通公益基金会、万科公益基金会。这些企业家往壹基金里投放了信任,并掏出了真金白银。

有些问题是李连杰的朋友能帮忙的,而有些问题是只能干着急的,比如政策。没有政策,就意味着没有合法的身份。

李连杰最初的想法是成立一个由民间发起、遵循市场规律、跟国际接轨的慈善机构。但在研究了相关法规后,他发现,在现有政策环境下,民间发起公募基金几乎没有可能。

在中国,民间要申请成立公募基金会,首先需要找到可以挂靠的业务主管部门。而很多部门根本不愿意承担责任和风险。它们会顾忌基金的"民间性",怕出现政治上的风险,也怕万一出现贪污腐败,容易激起公愤。如果是自上而下举办的话,可控性会比较强。因此,中国现有的公募基金会大多都是有官方背景的,是业务部门自己自上而下举办的。

这样的慈善体制对公益慈善基金的成立和运转,设立了高不可攀的制度障碍,使大量民间慈善基金只能在政策的围墙外干瞪眼。清华大学NGO研究所所长邓国胜对外界表示,公募基金会都是官方垄断的,这就导致壹基金成了"怪胎"。

在这种情况下,壹基金成立时,选择了与中国红十字会合作。

作为国内首次尝试的一种公益模式,壹基金和中国红十字会定下了三年之约。在三年的合同期里,作为私募基金的壹基金挂靠在有公募资格的中国红十字会名下,可借助中国红十字会的名义向社会公开募捐。

但由于是"挂靠",该基金诸多慈善项目的开展都受到限制。它没有自己的独立账户和公章,只能使用中国红十字会的。因此,这个著名的"壹基金",全称却是"中国红十字总会李连杰壹基金计划",开户行也是"中国红十字会总会"。也就是说,"壹基金"从来都不具有独立身份,只是中国红十字会总会的一个科目而已。

所以壹基金潜力巨大的手机平台捐款,因为账户的不独立而在操作上存在重大的不便,无法实现李连杰最初设计的"每人每月最少捐1元,让小捐款变成大善款"的理念。

从2009年开始,他尝试将壹基金注册成为公募基金会。但没有实质性突破。

2010年9月,在柴静专访李连杰的《李连杰:激情与理性》的节目中,李连杰白发斑驳,一脸憔悴,他首次透露,壹基金存在中断的可能。节目中,李连杰坦言,壹基金是一个已经生了的孩子,但是没有身份证,身份和法律结构模糊,这在和他人的合作中带来很多问题,"这孩子虽然还健健康康的,但它没有身份证,没上学,在月子里没事,可目前它就会被希望中国公益慈善事业更加专业化透明化发展的人质疑了。"

"壹基金会中断吗?""有可能。""会有这么严重吗?""有,你和我,我们都不能理解的严重性。"

落地深圳

深圳市民政局局长刘润华从电视上得知了壹基金的困境。思索两周之后,这个政府官员主动向"壹基金"抛出橄榄枝。双方一拍即合。

2010年11月28日,深圳壹基金理事会向深圳市民政局提出登记申请,12月3日,申请获批。自此,壹基金终于有了自己的"公募基金身份证",并正式转型成为"深圳壹基金",这也是中国首家成功"转正"的民间公募基金。三年的媳妇终于熬成了婆。

为什么深圳可以收留壹基金呢?

"如果没有民政部的支持,恐怕深圳壹基金成立没这么快。"深圳市民政局局长刘润华这样回答记者提问。刘润华的底气,根源于2009年7月民政部和深圳市政府签署的《推进民政事业综合配套改革合作协议》,这个协议同意深圳"探索建立社会组织直接向民政部门申请登记的制度"。其中授权深圳开展基金会、跨省区行业协会、商会登记管理试点探索。

"李连杰的壹基金走得很苦很累,不是因为他的团队能力差,也不是财务状况有问题,更不是合作伙伴不配合,而是因为'壹基金'的身份有问题,就因为它不能合法登记注册。"刘润华表示,任何改革都意味着对现有制度和政策的突破,都是某种意义上的"违法"和"违规",都需要承担巨大的改革风险。

壹基金选择深圳作为注册地,还和李连杰的"朋友们"有关。深圳是马蔚华、王石、马化腾梦开始的地方,把招商银行、万科、腾讯作为壹基金发起机构,李连杰看重的是这些企业总部设在深圳及其庞大的募资渠道。在新的壹基金里,他成为永久理事。而法人代表和理事长则由他的朋友们担任。

不过,壹基金"转正"消息传出后,很快就带来了一个质疑:注册地设在深圳,是不是无法在全国进行募捐?深圳壹基金的人士公开表示这不是问题,称网络正成为李连杰壹基金这些年来很重要的一个募资渠道,目前企业定向捐赠以及通过网络获得捐赠差不多各占一半。

对于壹基金"落地"深圳,中国公益事业的领袖级人物、希望工程的发起人徐永光表示认同,"一条路不能走,就要想办法通过另一条路实现目标。"

这条路会走得一帆风顺吗?李连杰对媒体说:"先回家入洞房,后面的事情再说。"

对于壹基金与深圳的"婚姻",众多民间慈善机构十分关注。因为这条路,不仅是壹基金的,也是所有民间慈善机构的。

资料来源:余芳倩.壹基金转正始末[J].中国周刊,2011-02-10.

阅读以上材料并思考,我国非政府组织发展的现状和影响其发展的制度环境有哪些特征?

第 3 章

非政府组织的社会功能

【学习目标和要求】

通过本章的学习,要求学生了解我国非政府组织社会功能的一般理论,掌握非政府组织的一般社会功能及其分类,熟悉我国非政府组织社会功能发挥中存在的主要问题、影响因素及其完善路径。

案例 1:公益社工师事务所扎根社区 提供专业社会服务

上海公益社工师事务所是一家提供多元、专业社会服务的非营利机构。它的成立是浦东综合配套改革过程中社会组织承接政府购买服务的一项实践,它的诞生反映的是在政府职能转变背景下,非政府组织社会功能的发挥。

事务所的工作人员以经过培训转型的专业社工为主,从成立开始就非常注重队伍建设,人员配备中有高校教师、专业出身的学生,以及熟悉社区工作的社工等,在服务社区的同时,重视对社工自身的培训,以强化事务所的专业性。

项目化方式运作是该事务所的一大特点。从关怀儿童、妇女、外来人口开始,逐渐延伸至家庭和整个社区服务。事务所的目标是促进社区参与和社区关怀,提升居民的生活品质。

在"单亲妈妈"项目中,社工尝试带领着一名单身母亲去拜访另一名单身母亲,让她们交流心得,打开心房。在帮助外来媳妇的过程中,社工策划了"同心缘"女性沙龙,定期组织影片欣赏、手工艺品制作等活动。外来媳妇就此走出家门,培育兴趣爱好,彼此之间的沟通和亲近,能够帮助她们逐渐拥有自助和互助的平台,从而形成健康的生活方式。

通过这类方式,社工致力于帮助弱势群体摘除内心的"弱势"标签,形成自信、乐观的态度,达到不仅帮助解决实际困难,也要提升他们应对危机的能力。

资料来源:上海公益社工师事务所扎根社区 提供专业社会服务[EB/OL]. http://stj.sh.gov.cn/,2011-12-20.

案例2：非政府组织成为社区帮教"中坚力量"

上海市静安区800多名帮教对象重新违法犯罪率保持在0.59%以下，远低于全市水平，150多名矫正对象无一重新犯罪。市人大常委会对本市帮教安置状况的调研表明，非政府组织已成为社区帮教的"中坚力量"。

洪智中心是静安区的一家民办非企业组织。它的主要功能是整合政府、社会和市场资源，通过承接政府购买的服务项目和服务岗位，通过向企业推荐就业，以及鼓励就业，为帮教人员提供相对稳定的就业机会。

目前，中心已安置118名社区服刑、刑满释放人员就业，其中吸毒人员26名；同时，25名刑释解教人员依靠中心过渡性集体户口解决了"落户难"。

资料来源：静安区社会组织成为社区帮教"中坚力量"[J].上海社会组织，2012，(1).

20世纪80年代，全球出现"结社革命"，各种类型的非政府组织得到了迅猛的发展。中国在20世纪70年代末开始推行改革开放，改革开放带来的最直接的效果是，近三十年来中国的经济以每年平均10%左右的增长速度快速发展。经济建设取得如此大成就的连锁反应，就是中国的社会也开始得到了解放，从计划经济时期，全能的政治状态走向有限的政治状态，开放社会中的各类型的非政府组织也随着改革开放的潮流和全球化的影响逐渐成长起来。组织的成长肯定伴随着功能的发挥，没有功能的存在，组织的存在也就失去了发展的基础。事实上，中国非政府组织在社会中日益发挥出越来越大的社会功能，如民间环保组织"地球之友"，不计私利地为中国的环保事业做出贡献；中国青少年基金会开展的"希望工程"项目，使失学儿童重新回到了教室；中国的红十字会，为我国开展了很多慈善捐赠活动。可以说，我国有相当多的非政府组织，已经在相关领域中发挥了重要的社会功能。与这种现象相对应的是，很多的中国非政府组织在开展工作时又遇到了不少的困难，它们无法满足人们日益增长的公共需求。另外，人们对很多非政府组织持以怀疑的眼光，不清楚中国非政府组织所承载的社会功能。如此引出的问题就是，在中国这样一个具有特定的历史、社会和文化条件下的国度来说，中国的非政府组织到底在承载什么样的社会功能？中国非政府组织的社会功能发挥到什么程度，是否还有再进一步拓展的可能？到底是什么因素影响中国非政府组织社会功能的有效发挥？应当如何为中国非政府组织有效发挥社会功能提供路径选择？对于这些问题的解释，一方面可以为理解中国非政府组织的功能问题提供知识基础，从而进一步推动中国非政府组织的健康发展和功能发挥；另一方面能从理论上对开发非政府组织的社会功能寻找解释框架。

1 非政府组织的社会功能理论研究

在使用"功能"(function)一词时，学者有时会把功能和作用二者等同，通常大家不具体地区分功能和作用二者之间的差异，而对于学术上对应的"功能主义"也缺乏探究。但学术研究要求概念的明确化，概念的明确化是学术研究科学化的前提和基础，因此，有必要探讨一下"功能"、"功能主义"和"社会功能"的含义，并在确定的边界下进行科学研究。

从中文词义上讲，"功能"是指事物或方法所发挥的有利的作用和效能。功能的英文为"function"、"use"、"capability"，《牛津英语词典》对它的解释是，功能是一种行为模式，通过此行为，某物实现了它的目的。"作用"的基本解释是对事物产生的影响、效果，衍生解释有作为、努力、用意、施行法术等。从上述的解释我们可以看出，功能和作用在词义上二者还是有差异的，功能更多强调的是有利的作用，并且这个作用能够满足作用者的目的；而作用本身则既包含了正面作用，也包含了负面作用。

在社会科学中，功能一词的内涵更多的是与"功能主义"联系在一起。而"功能主义"（Functionalism）在学科角度存在多方面的解释：

(1) 社会学中的功能主义

功能主义是社会学理论的一个流派。英国社会学家斯宾塞可以说是社会学中功能主义的鼻祖。在斯宾塞看来，社会演化理论中，社会组织满足不同的社会需求之现象正如不同人体器官满足不同的生理机能一般。法国社会学家涂尔干也深受斯宾塞社会演化论启发，他指出，人类社会组织分化跟功能特殊化之间有内在的关系，组织之间的功能互补是社会稳定生存的重要条件。美国社会学家帕森斯整合传统社会学功能主义的观点，提出了现代社会学的结构功能主义理论。结构功能主义理论的代表人物还有 K. 戴维斯、M. J. 利维、N. J. 斯梅尔塞等。结构功能主义的研究涉及面很广，包括社会理论探讨、经验研究和历史研究，其学术观点涉及人类学与政治学等社会科学领域，并对现代化理论有很大影响。从 20 世纪 60 年代中期开始，结构功能主义受到相当多的批评，批评主要针对两个方面：其一，批评现代结构功能主义的功能逻辑前提，特别是对它采用唯意志论和目的论的解释方式，即把系统各组成部分存在的原因归之于对系统整体产生的有益后果，进行了猛烈的抨击；其二，批评它只强调社会整合，忽视社会冲突，不能合理地解释社会变迁。从总体上讲，社会学中的功能主义的主要思想为：所有社会现象——不管这现象看来是多么不道德、多荒谬、多邪恶、多不应该存在——只要它确实存在，那么这种社会现象在社会中必然扮演着某种社会功能，比方说贿选、强奸、黑市交易等。而功能主义的研究目标，就是寻找这些表象底层所代表的社会功能到底是什么，进而寻找完成相同社会功能更有效合理的替代方法。

(2) 心理学中的功能主义

它兴起于 1890 年，其主要是研究个体在适应环境时所产生的心理功能，以此为基础理念，适应和实用便成为中心思想。功能主义学派分别诞生自哈佛大学、芝加哥大学、哥伦比亚大学。受实用主义影响，一般而言，功能主义学派并无主导全学派的导领型人物。其代表性的人物有达尔文、斯宾塞、高尔顿、詹姆斯、杜威、安吉尔、霍尔、卡特尔、比奈、戈达德、贾德等。

(3) 生理学中的功能主义

它指理解一种生物学现象(一种行为或一个生理学结构)的最好方式,是试图去理解其对有机体有用功能的原则。

在19世纪,生物学占据统治地位。那时有关人体、微生物以及动植物的知识不断增长,其中最伟大的成就就是达尔文以自然选择来解释物种进化,使生物学获得了空前的声望。生物学中的功能主义认为,生物有机体都具有结构,这些结构由细胞、组织和器官构成;生物有机体要想得以延续,必须满足自身的基本需要,具备从周围的环境中获得食物和自然资源的能力,并将它们分配给自身的各个部分;生物有机体的各个部分需要协调地发挥作用以维持有机体的生命。因此,从生物学的功能主义视角来看,生物是由在功能上满足整体需要从而维持生命稳定的各部分所构成的一个复杂的系统。

(4) 文化人类学中的功能主义

它是近代文化人类学的重要流派,它强烈主张通过有机整体地把握文化,把文化作为一个合成体来理解。其创始人是英国的马林诺斯基、拉德克里夫·布朗——两位从功能主义立场出发的社会人类学家。功能主义学派对文明社会和社会形态不同的未开化社会给予特别关注,并主张实地调查。1930年以来,该学派学者以非洲、大洋洲为对象进行了许多周密地调查研究,对人类学理论的发展做出了重要贡献。

功能主义对理解社会功能的含义提供了启示。通常来讲,社会功能是指一个主体对社会所发挥的积极作用,这个主体可以是组织,也可以是制度,还可以是具体的个人、群体或文化等,而主体所发挥作用的对象则是社会。但社会的范围又有不同的界定,广义的社会范围既包括了经济市场领域、政治权力领域、文化价值领域,还包括了以公民自治和家庭、社会组织等不涉及市场、政治之外的社会事务领域。狭义的社会范围就是社会事务领域。而功能的内容也可以有很多,有适应性功能、整合性功能、维持功能、达成目标功能,还可以根据不同的对象来加以区分,如政治功能、社会功能、经济功能等。

2 非政府组织的一般社会功能及其分类

从本质上讲,非政府组织是具有合法性、非政府性、非营利性、民间志愿性、独立性等特质的致力于社会公益事业的自主管理的社会组织。如学术研究机构、专业协会、慈善机构、商会、促进会等。从功能主义的观点看,作为一种组织类型,有其特定的组织结构必然会有与之相对应的社会功能。

一般的讲,理解非政府组织的社会功能可以从不同的角度来加以划分。如世界银行从政策制定和项目实施的角度列出了非政府组织的六大功能,包括给利益相关者表达意愿的机会,特别是穷人和边缘人群,确保他们的观点在决策时被考虑进去;提升公共部门的透明度与责任度,也有利于营造环境;通过为理解和鼓励公域—私域的合作共同点来促进公众对改革、减除贫困和发展战略达成共识;为地方问题的解决提供创新理念和办法,以及参与性手段;通过提供地方性知识、确定援助目标和在社区层面产生社会资本来强化和提升开发项目的质量;提供专业经验和增进能力,使公共服务提供更有效率。[1] 清华大学王名教授比照企业和政府两类不同的社会组织后,从投入、产出、影响和作用等方面概括出非营利组织的社会功能,认为其主要有四大社会功能,即动员社会资源、提供公益服务、社会协调与治理、政策倡导与影响。[2] 也有学者从非政府组织发挥作用领域来进行区分,认为"非政府组织在政治领域、社会领域、文化领域、经济领域乃至国际领域都发挥了特定的功能",[3]这些功能可以概括为政治功能、经济功能、社会功能、文化功能和国际功能。

综合上述观点,可以大致把非政府组织的一般社会功能进行如下的划分和界定,一个是从过程的角度来划分,一个是从结果的角度来划分。过程的角度是指非政府组织的行为角度,即非政府组织可以采取什么活动,这些活动的积极作用是什么;结果的角度,更多的是指非政府组织在不同的领域中通过行为实施之后会达到什么样的效果,如政治效果、经济效果、文化效果等。

2.1 过程角度下的非政府组织一般社会功能

从过程的角度来划分,非政府组织的一般社会功能包括:

2.1.1 动员社会资源

企业获取资源的形式主要是通过营利性的生产活动来创造财富并以雇用劳动的方式大规模的吸纳就业,这是一种经济资源的获取。政府的科层体制获取资源的主要形式则是强制纳税。与企业和政府组织不同的是,非政府组织的主要社会功能就是动员社会资源,它集中体现在两个方面:一是慈善捐赠。即非政府组织通过各种慈善性、公益性的募款活动筹集善款和吸纳各种社会捐赠,从而动员社会的慈善捐赠资源;二是志愿服务。即非政府组织发动来自社会各个方面的志愿者参与到各种慈善公益活动或互助公益活动中,从而动员社会的志愿服务资源。当然,非政府组织获取慈善捐赠资源和志愿服务资源的前提是它能够得到社会的信任,拥有组织各类活动、进行各类宣传的组织能力和制度保障。由于西方社会已经具备上述的这类条件,因此西方国家的非政府组织通过发动慈善活动和号召志愿服务的行为活动,能够较好地动员财务资源(慈善捐赠)和人力资源(志愿者)来为社会公益和一定范围内的共同利益的实现而服务。总之,作为不以营利为目的,

---

[1] 褚松燕.中外非政府组织管理体制比较[M].北京:国家行政学院出版社,2008:177-179.
[2] 王名.非营利组织的社会功能及其分类[J].学术月刊,2006,(9).
[3] 吴江生,苏玉菊.非政府组织的内涵、功能与合法性[J].安庆师范学院学报,2009,(5).

不以公权为手段的非政府组织,其重要的社会功能就是动员社会资源。

2.1.2 多元利益表达

民主是一个好东西,但民主到底为何?何以可能?至今人们依然陷在民主的困惑当中。从政治学的角度去理解,民主作为一个概念,既包含了抽象的含义也包含了具体的含义,这两种含义的差别就是我们所说的理想民主与现实民主的差异,理想民主就是自古希腊而来的"大多人当家做主"、"人民民主"的含义,但问题是,由于古希腊城邦通常是人口少、面积小,因而采取"全民投票"的民主形式是可能的。随着人口规模的增大,不同国度面积的差异,那些人口多、面积大的国度要采取"全民投票"的民主模式已经变得不切实际,于是近代的政治学家密尔提出了代议民主的理念,即通过人民选举代表,然后由代表代替人民行使民主权利。显然,在当今,代议民主是一种现实的民主模式,尽管我们后来也出现了协商民主的理念,但代议民主依然是世界各国普遍实行的民主模式。当然,代议民主有其局限性,被选举出来的代表一旦没有合理的机制为选民所控制的话,那人民民主就变成了代表民主。换句话说,大众民主变成了精英民主,这使得人们开始反思代议民主的局限。哈贝马斯等一些政治哲学家把代议民主的精英主义倾向称之为"晚期资本主义的合法性危机"。所以,协商民主成为弥补西方资本主义国家代议民主的一种策略和理念。协商民主要求政府能够积极听取来自不同利益集团的声音,和不同的利益集团来进行合理的协商、讨论。事实上,每个个体的利益在今天最合理的聚合模式就是通过组织的方式来加以传递和表达,因此,非政府组织是公民基于特定利益诉求与价值取向,行使结社自由权自愿组成的组织,它在一定程度上可以作为社会多元利益的代表,它可以代表本组织成员进行多元利益和价值的表达,甚至在一定程度上可以影响政府的政策决定和政策执行。

2.1.3 增进社会资本

非政府组织的存在和发展的前提就是能够得到社会的信任,只有社会相信非政府组织能够为公众带来好处和利益,非政府组织才可能得到社会的支持从而健康的存在和发展下去。从社会学角度来看,社会资本的本质含义就是信任、互惠和网络。非政府组织是增强政府与公民之间相互信任的纽带,也是增加公民与公民之间信任的纽带,其信任的最直接的表达就是志愿者参与;非政府组织通过其组织的慈善捐赠活动获取的财物来帮助社会成员,来解决政府和市场不能干、干不好的事情,这就是一种互惠;非政府组织是社会组织网络中重要主体之一,它和政府组织、市场组织共同成为整体社会的组织网络,从而构成一种政府与市场、政府与非政府组织、非政府组织与市场组织之间的相互关系,达到一种资源交换和互惠的网络平衡状态。正因为如此,莱斯特·M.萨拉蒙教授指出,公民社会组织对建立社会资本的贡献是引起"全球结社革命"的重要因素。[①]

2.1.4 提供公益服务

非政府组织能够提供公益服务是现代社会发展的必然要求。首先,"政府失灵"和"市场失灵"为非政府组织提供公益服务提供了空间。现代社会日趋复杂,单靠政府和市场两种资源配置方式已经不能实现资源的优化和有效配置。政府有政府的缺陷,政府也是经济人、政府是有限政府,因此政府容易出现政策失误和政府管理上的低效率、高成本,这也就是通常所说的"政府失灵"。与此同时,市场也有其局限,市场具有盲目性、自发性的特点,在资源配置过程中市场容易导致分配不公、负效应、信息不对称、公共产品供给不足等问题,这也就是通常所说的"市场失灵"。政府可以弥补一定的市场缺陷,市场也可以在一定程度上解决政府能力有限的问题,但作为一个整个的社会和国家,政府和市场不能实现无所不能,社会公众的需求是多元化的,也是多变的,这就为各类自发组成的非政府组织的存在和发展提供了空间,它可以在政府和市场都管不好、不能管或不想管的领域对与社会整体公众的利益相关的社会公共事务发挥功能。其次,非政府组织可以和政府构成良好的合作互补关系。在一定程度上,非政府组织通过接受政府委托或参与政府采购,加入政府公共服务体系,拓展公共服务的空间并提高服务效率,同时形成与政府公共服务之间助力互补、合作互动、共同发展的关系。最后,非政府组织的使命和目标决定它为社会提供公益服务。非政府组织从性质上讲是公益性的,其使命和目标就是满足社会整体公众利益(公益)或者特定范围内成员的共同利益(互益)。如果离开了这一使命和目标,其也就失去了政府和社会对其的支持和信任。总而言之,提供公益服务是非政府组织的重要社会功能之一。

2.1.5 社会协调和治理

所谓社会协调和治理的功能主要是指一个主体在参与社会协调与治理的制度层面、价值层面和行为层面上发挥的积极作用。作为非政府组织来说,它积极推动社会协调并参与社会治理的功能主要体现在三个层面:首先,非政府组织是参与社会公共事务、提供公共产品和服务的一种重要的制度安排。奥斯特罗姆在《公共事务的治理之道》一书中研究的中心问题就是一群相互依赖的委托人如何才能把自己组织起来,进行自主治理,从而能够在所有人都面对搭便车、规避责任或其他机会主义行为诱惑的情况下,取得持久的共同收益。她的目的是想构建一个自主组织和自主治理的公共事务资源的制度。显然,非政府组织一个非常重要的特性就是它是一个在草根中形成的公民自主性组织,并可以自

[①] [美]莱斯特·M.萨拉蒙.全球公民社会:非营利部门视界[M].贾西津,魏玉译.北京:社会科学文献出版社,2007:4.

主地进行治理,属于奥斯特罗姆分析的、在国家和企业之外的第三种制度安排。这一制度安排主要是由非政府组织来参与社会公共事务、提供公共产品和服务,从而弥补政府和市场二者失灵的领域。其次,非政府组织通过资源参与、利他互助、慈善公益等行动,能够有效地实现人际沟通、利益表达、协商对话。也即,非政府组织有助于化解人与人之间、不同群体及利益团体之间、人与社会之间以及人与自然之间的各种矛盾和冲突。最后,非政府组织通过有效的资源动员和社会参与,能够帮助其成员实现人生的社会价值或更广泛的公益价值。在一定程度上讲,非政府组织在社会协调和社会治理方面发挥的积极作用体现了它所具有的社会性和公民主体性,这也是非政府组织区别于政府和企业的本质特征之一。

2.2 结果角度下的非政府组织一般社会功能

从结果的角度来划分,非政府组织的一般社会功能主要体现如下:

2.2.1 政治领域的功能

政治的本质就是对利益进行权威性的分配,而非政府组织的利益表达、政策倡导等行为的直接导向就是追求集体利益。从这个意义上讲,非政府组织在客观上具备政治功能。首先,非政府组织有利于公民的利益表达和利益聚合。非政府组织是基于特定共同利益的成员自愿组成的,以实现社会公益和互益为目的的社会组织,在和政府的沟通中,非政府组织起到了代表成员或者社会公众诉求表达利益和聚合公共利益的政治功能;其次,非政府组织的发展是公民社会发展的体现。政府权力不是全能的,它是有边界的。政府的目的就是为人民服务,它本质是人民利益的代理者,受到人民的监督和控制。有限政府就意味着社会是有自主和自治的空间的。而非政府组织就是实现社会自主和自治的重要载体之一,它的繁荣和发展意味着公民社会的繁荣和发展,意味着社会对国家权力的分散和监督,因此,促进和培育公民社会的成长和成熟亦是非政府组织的政治功能;最后,非政府组织和政府形成的合作关系有利于实现公共事务的有效治理。非政府组织不是政府的对立物,也不是执政党的对立物,其存在的核心目的就是提供公共产品和服务,从而有效的实现社会公共利益。在这个意义上讲,非政府组织对社会公共事务的参与和治理也是其政治功能的重要体现。

2.2.2 经济领域的功能

非政府组织不仅可以在一定程度上弥补政府失灵,也在很大程度上能够弥补市场失灵,从而带来直接的经济效益。这主要体现在:首先,非政府组织参与各类公共事务,有利于和市场、政府形成良性竞争。竞争的直接效果就是带来提供公共服务的各类组织服务效率上的提高。比如,市场中介类非政府组织承接原来由政府对经济运行的微观管理的部分职能后,以管理主体的角色对市场主体的运行提供鉴证、评估、监督等服务,从而可以净化市场维护经济秩序,提高市场运行的效率。其次,非政府组织的存在解决了一定的就业问题。非政府组织出现后,一些人到非政府组织工作,这是一种就业上的供给。非政府组织越发展,增加的就业岗位就越多。最后,非政府提供的公共产品是社会总产品的重要组成部分。社会总产品既包括私人物品,也包括公共物品。公共物品的主要提供者是政府。非政府组织形成后,也成为公共物品的供给者之一,比如在社会保障、环境保护等方面,非政府组织都能发挥重要作用。

2.2.3 文化领域的功能

增进社会公益是非政府组织的宗旨和价值观念,这一宗旨和价值观念在客观上有利于培育社会公德意识、权利意识、公民意识等,从而使公众形成共同的慈善观念和公益意识。因此,非政府组织的文化功能也是不可忽视的。

2.2.4 社会领域的功能

这里的社会领域是指狭义的社会领域,是指政治领域和市场领域之外的社会范围。非政府组织具有社会协调和治理的能力,能够增加社会互信,这对社会秩序的建设、社会和谐的构建发挥着重要的作用。

总体上说,非政府组织在社会领域的功能主要体现在提供社会服务和促进社会创新两个方面。在提供社会服务方面,非政府组织的重点服务对象是弱势群体,缓解政府在提供公共服务中存在的不公平问题,同时为少数人提供特殊服务,满足社会成员的个性化需要。比如在环境保护领域、智障康复领域,非政府组织数量明显增加,规模逐渐增大,服务能力逐步增强。在促进社会创新方面,由于非政府组织贴近社会成员的日常生活层面,能及时了解社会现实问题和人们的实际需求,所以组织的服务就更加及时。同时,在与社会成员频繁地沟通和交流中,组织可以不断创新工作方式,从而提高服务的质量和效率。而这些创新的工作方式经过总结和推广,可以推动社会领域更高层面工作思路和实践的创新。

2.2.5 国际领域的功能

非政府组织在国际领域通常发挥两个方面的功能:一是全球合作。今天的世界是个全球化的世界,各国都面临各类的全球问题,如全球气候变暖、环境污染、恐怖主义、公共卫生、经济危机等等,这些问题的处理不再像以前一样,单靠一个主权国家就可以解决,也不是仅仅靠各国政府之间的合作就能解决。此时,全球非政府组织的合作参与就十分必要了。非政府组织的参与一定程度上可以避免政府参与所存在的政治障碍,从而可能更加广泛地就全球公共问题展开合作。例如,公共卫生领域的合作,全球就如何防止病毒侵害等问题展开的合作等。二是公共外交。公共外交是一个国家外交的重要组成部分,以往都是政府间外交,现在以各国民间团体之间交往的公共外交日益受到各国的重视,非政府组织聚集了较丰富的公众意见,由其参与到国家的公共外交中去,体现了一国将公众视为意义的共同创造者与信息的共同传递者的态度,既彰显了国家的实力和自信,也提升了一国的国际形象。因此,公共外交也是非政府组织在国际领域中可以有所作为的重要内容。

3 我国非政府组织的社会功能分析

3.1 我国非政府组织的社会功能展现及其评价

随着中国改革开放的进程,中国的非政府组织逐步得到发展和壮大,尽管西方对中国非政府组织的性质与内容有所争议,但从非政府组织的核心来说,中国的非政府组织与西方社会的非政府组织还是相近的,即具有独立性、自主性、非营利性、志愿性、公益性等特性。因此,在一般意义上讲,中国的非政府组织也具有世界各国尤其是西方发达资本主义国家中非政府组织所承载的一般社会功能。与此同时,基于中国转型期特殊的政治、经济、文化和社会环境,中国非政府组织在社会功能的发挥上具有自己的特点。

3.1.1 社会资源的动员功能有了很大发挥,但发挥程度还不够

中国非政府组织具有慈善捐赠和志愿服务的动员功能。其现实的例证如,在上海市,以慈善帮困为宗旨的基金会近年来发展较快,已经注册从事慈善救助工作的基金会有 40 多个。就上海市慈善基金会而言,2005 年,上海市慈善基金会共募集善款 3.26 亿元,接收社会捐赠物资评估价值为 1 229 万元。从 1994 年成立至 2005 年年底,累计募集善款 14.09 亿元。其中,募集善款 13.17 亿元,接收社会捐赠物资评估价值为 9 160 万元。2005 年,上海市慈善基金会围绕办会宗旨,共使用基金 2.12 亿元,积极实施了助学、助医、助困等慈善实事,使 15 万余人次的困难群体得到了救助,其中,助学方面,出资 1 631 万元,资助了 11 000 名大、中、小各类特困学生;助医方面,出资 1 694.4 万元,资助了 62 000 人次;助困方面,开展了"万人捐、帮万家、让特困家庭过好年"活动,出资 400 万元,资助了 2 万户特困家庭。2005 年 1 月 6 日,上海市慈善基金会还与有关单位联合举行援助印度洋地震和海啸灾区大型"赈灾慈善义演",共募集善款 1 800 万元。[①] 再如,当前我国非政府组织在提供志愿服务上主要有城市服务、扶贫借助和灾后援助等项目。2008 年汶川大地震时,我国志愿者组织在灾后救援方面做出了巨大的贡献,加之政府和媒体的正面宣扬和肯定,这使得越来越多的年轻人愿意投身于各类的志愿服务中去。由此可见,中国的非政府

---

① 上海市民政局.2005 年上海民政发展报告书[EB/OL]. www.shmzj.gov.cn,2011-12-20.

组织在动员社会资源的功能上正在发挥很大的作用。

然而,我国非政府组织在动员社会资源上仍然存在着不少的问题,这主要表现为:首先非政府组织协助政府执行社会管理与服务职能为目的的工作比较多,自主治理实现社会公益的工作较少。其次慈善公益和志愿活动的社会资金捐赠没有可持续性,社会资金捐赠数量易受影响。如,2011年6月下旬"郭美美"事件等一系列事件的发生,社会捐赠数以及慈善组织捐赠数额均出现锐减,非政府组织2011年6月至8月接受的捐赠数额降幅达到86.6%。① 再次志愿活动的自组织化和专业化还不强。在中国,非政府组织的很多志愿活动都是通过行政方式自上而下组织的,不是完全来自民间的自发性志愿活动。而且,志愿参与者很多是通过组织动员而参与的。以共青团的志愿活动为例,许多活动都提倡个人在上一级团组织的指导下组织志愿者活动,学校、社区、企事业单位和个人若想在公益事业中尽一份力,也要到单位的团组织申请、登记在团组织的统一领导下活动。这就使得志愿者活动带有强烈的行政管理色彩,且志愿者活动的自由空间变小。另外,我国志愿者参与志愿服务大部分是业余性质的,大多数缺乏所从事服务工作需要的技术和知识。目前很多的志愿服务需要特定的专业知识和技能,传统的志愿服务观念和如今对于专业化志愿者需求的矛盾显现出来,使有些志愿者表现得热心有余但专业知识不足。最后志愿活动还未被社会广泛接受。在20世纪90年代中期,我国的志愿行动还未被人们所熟悉,经常被看做非主流的行为方式,志愿者下乡支教、在社区里进行免费服务,都被看做是非同寻常的行为。正面一点的评论把它看做是学雷锋,做好事,虽然已经不时髦,但是精神可嘉;负面的评论则认为是不理性的,甚至是"脑子有毛病"。这种情况在20世纪90年代末开始有所改变。20世纪90年代末以来,我国出台了一系列法律来对志愿服务进行鼓励、促进和保护,为志愿者的发展和志愿服务的推广提供了法律环境。但是从总体上来看,现行法律对志愿服务活动还缺少具体的鼓励措施,公众对于志愿者的了解还不广泛、不深刻,导致公众参与志愿服务的热情不够高,影响了志愿服务的效果。② 因此,我国志愿行动在全社会的普及面还有限,其志愿服务的功能还有限。总而言之,就动员社会资源而言,我国的非政府组织在这一方面已经发挥出很大的功能,但其功能的发挥还不够充分和全面,其程度还有待进一步的提高。

3.1.2 已经成为多元利益表达的组织载体,但在利益表达和聚合上作用还有限

从理论上讲,非政府组织具有多元利益表达的功能,但有效的代表多元利益的前提是非政府组织的多元化,非政府组织要在政治、经济、文化和社会各个领域中都有相应的具

---

① 王南.民政部:受近期事件影响,社会捐款降五成[EB/OL]. http://news.ifeng.com/society/special/guomeimei/content-3/detail_2011_09/13/9141790_0.shtml,2012-04-30.

② 朱健刚.行动的力量——民间志愿组织实践逻辑研究[M].北京:商务印书馆,2008:16.

体组织载体。根据学者的调查,我国的非政府组织在 2000 年以后已经活跃在社会经济生活的各个领域,主要包括:社会服务领域占 44.63%,调查研究领域占 42.51%,行业学会、学会占 39.99%,文化艺术领域占 34.62%,法律咨询与服务占 24.54%,政策咨询占 21.54%,扶贫领域占 20.5%[①]。由此可见,我国非政府组织已经深入到我国社会经济生活的各个领域。但问题是,中国非政府组织在积极代表成员利益并通过合法渠道向党和政府来表达利益诉求的功能发挥上还是能力有限。笔者在对有关环境保护的非政府组织为环境污染受害者进行维权的实际效果调查中发现:一方面不能否定大多数环境保护的非政府组织在向社会呼吁环境保护中发挥的积极作用;另一方面也要看到大多数环境污染的受害者在维权过程并没有想到通过非政府组织来向政府表达利益诉求。与此同时,相关环境保护的非政府组织积极参与环境污染者维权信访的行为也比较少。这表明,环境保护非政府组织在民众环境利益表达和聚合的功能发挥上还存在一定的短板和缺陷。与环境保护非政府组织一样,其他领域非政府组织在为其成员和职业群体的利益表达上也存在类似的问题。

3.1.3 起到了弥补政府失灵、辅助政府管理的功能,但作用发挥还不充分

非政府组织在中国已经发挥出弥补政府失灵、辅助政府管理的功能,首先,非政府组织承担了一定的微观经济管理职能,从而促进了经济的发展。有学者专门对宁波市行业协会的社会功能做了考察,认为宁波市的行业协会替政府承担了微观经济管理职能,通过制定行业规范,在价格、质量和诚信等方面促进了行业自律,协调了同行企业之间的经营行为,维护行业信誉,制约了一些违法违规行为,开展包括资质评审、认定等活动,分担了政府市场监管的职能,弥补了政府功能的不足,又促进了政府的"瘦身"。[②] 而宁波市软件行业协会的个案也说明了这一点。该协会被信息产业部授权为宁波市软件企业认定机构,截至 2010 年 12 月,已认定软件企业 304 家,软件产品登记 1 659 件,软件著作权登记 2 102 件[③],有力促进了软件行业的发展;其次,非政府组织对政府的社会保障起到补充作用。以上海虹口区残疾人联合会为例。虹口区残疾人联合会是将残疾人自身代表组织、社会福利团体和事业管理机构融为一体的全区性残疾人社会团体。该联合会的基本职能是:贯彻执行党和国家关于残疾人事业方面的方针、政策、法律、法规;指导和管理各类残疾人社团组织,维护残疾人权益,为残疾人服务;团结、教育残疾人,遵守法律,履行应尽义务,发挥乐观进取精神,自尊、自信、自强、自立,为社会主义建设贡献力量;弘扬人道

---

① 王名.中国 NGO 研究 2001——以个案为中心[M].北京:联合国区域发展中心,2000:13.
② 陈志卫.作为社会管理主体的民间组织:宁波的经验[A].上海市政治学会.公共服务与社会管理——政府作为的新领域[C].上海:上海人民出版社,2007:204.
③ 宁波市软件行业协会,http://www.nbsia.org.cn/.

主义,宣传残疾人事业,沟通政府、社会与残疾人之间的联系,动员社会理解、尊重、关心、帮助残疾人;开展残疾人康复、教育、劳动就业、文化、体育、科研、用品供应、福利、社会服务、无障碍设施和残疾预防工作,扶助残疾人平等参与社会生活;负责组织本区机关、团体、企事业单位中的残疾人员和其他残疾人员接受残疾评定和发展残疾证工作;承担区政府和上级业务主管部门交办的其他工作;最后,非政府组织还具有扩大就业渠道,增加就业机会的作用。以上海为例,上海市非政府组织在促进就业和再就业方面成效显著。2003年资料显示,上海市近年来成立的非政府组织,已直接提供3万多个就业岗位;同时,通过非政府组织开展的职业培训和职业介绍服务,还间接地提供了大量的就业机会。①

3.1.4 发挥了调整政治权力结构的功能,但未起到根本性作用

有学者在理论上作出归纳,认为中国的非政府组织在调整国家权力结构方面的功能主要体现在四个方面:②

① 非政府组织有力制约了国家权力的扩展,为宪政与法治的实现奠定了牢固的基础。非政府组织积极地政治参与和公共舆论有效的政治监督,促进了政治的公开性和开放性,避免了黑箱政治的种种弊端,有力地制约了国家权力的滥用和扩张,活跃的、强有力的非政府组织是宪政和法治必不可少的条件。

② 非政府组织创造了政治民主的组织条件,促进了民主政治的发展。广泛存在的非政府组织能够引导并组织公民积极地参与政治生活,从而奠定了民主政治的组织基础。非政府组织和公共领域能够为公民提供一种制度化、组织化的政治参与途径。非政府组织组织公民参政,能够把公民分散的、单个的政治参与聚合起来,遴选、集中组织成员的各种利益和要求,通过特定渠道传递给政治体系,这种组织化的政治参与使公众利益的维护有了合法的代表,公众意愿上的表达有了特定的制度化程序,同时,非政府组织在组织公民参与政治的过程中,可以通过文化公共领域向公民宣传法律知识,主要从事软件程序的认定工作,旨在逐步培养公民宽容的精神并形成协商的习惯,引导公民善于通过合法途径,在尊重他人和社会利益的同时有效维护自己的权益,这样就可以促使公民的政治参与趋于规范化、程序化、理性化。

③ 非政府组织与政府分离导致权力分立,为政治结构分化提供了前提条件。权力分立是政治结构分化和政治功能专门化、自主化的前提条件,只有在权力分立并相互制约的情况下,各级政府行政部门才能独立自主地处理自身权限范围内的事务而不受强力

---

① 上海市社会团体管理局.上海市民间组织发展报告书[EB/OL]. http://www.shstj.gov.cn/home/fzgh.asp, 2011-12-20.

② 李燕.非政府组织对中国政治权力结构调整的意义[J].财经政法资讯,2005,(1).

的非法干预,由此才能促进政府效能的提高。非政府组织与政治国家的分离使权力分立成为现实。

④ 非政府组织是民主政治体系持续稳定的动力。一方面,通过非政府组织来调节矛盾,促使市民社会成员在相互协商、相互妥协的基础上达成契约,以和平、理性的方式解决冲突,防止对社会和政府不满情绪的积聚;另一方面,通过慈善性、公益性机构来帮助社会中的弱势群体,使那些极易指向权力中心的社会力量在市民社会内部消解,使政治达到一种持续稳定的状态。

以上的四个方面是非政府组织发挥调整政治权力结构功能的主要体现,但这些作用毕竟是有限的,其理由有三:第一,非政府组织只是西方概念中公民社会的一个部分,其主要的功能不是政治功能,而是有关公共领域的服务功能;第二,中国的非政府组织作为一个组织力量还不够强大,它对党和政府为实现国家发展目标、进行现代化建设的辅助性作用还不足;第三,市场组织是调整政治权力结构的重要力量,这是非政府组织不可能替代的政治功能。以上三点决定了当前中国的非政府组织还不可能成为调整政治权力结构的根本性力量。

3.2 制约当前中国非政府组织社会功能有效发挥的影响因素

从组织学的角度来看,任何一个组织要有效实现自己的组织目标、发挥自己的组织功能,必须有与其相适应的条件。从宏观上讲,大致可以区分为三类条件:一是制度环境;二是组织自身能力;三是价值观念。这三类条件是组织功能得以有效发挥的前提条件。具体到中国非政府组织而言,其社会功能不能有效发挥的制约性因素也体现在这三个方面。

3.2.1 制度环境的制约

新制度主义的代表者诺斯认为,"制度是个社会的游戏规则,更规范的讲,它们是为人们的相互关系而人为设定的一些制约"。显然,制度是人设定的,制度设计出来后必然会对人的行为产生约束或激励的作用。通常来讲,新制度主义将制度分为三种类型即正式规则、非正式规则和这些规则的实施机制。正式规则又称正式制度,包括从宪法到成文法与普通法,再到明细的规则和个别契约等,它们共同构成人们行为的激励和约束机制;非正式规则包括价值信念、伦理规范、道德观念、风俗习惯及意识形态等因素;实施机制是为了确保上述规则得以执行的相关制度安排,它是制度安排中的关键一环。这三部分构成完整的制度内涵,是一个不可分割的整体。

从正式制度和制度安排来讲,当前中国的非政府组织在功能发挥时受到了法律制度和管理体制的约束,这使得中国非政府组织没有像西方发达国家一样能够有效地实现其社会方面的功能。

(1) 法律制度上的限制

当前中国非政府组织在法律制度保障上还存在三个方面的问题：首先，法律体系还不够健全。虽然就我国非政府组织管理来说，国家已经制定了许多法律规范，但仍缺乏纲领性的基本法律，这造成政府在实际管理非政府组织的过程中出现援引法律依据的困境。加之，相关非政府组织管理的法律、法规之间衔接程度很低，各类法律依据不配套。这些法律上的缺陷弱化了政府对非政府组织各类行为的监督，不少非政府组织在缺少有效监督的背景下出现行为失范，最终导致社会功能的缺失。其次，法律、法规过于原则化，操作性不强。非政府组织在我国的兴起毕竟是最近几十年的事情，我国又处于社会转型的重要阶段，对于非政府组织的许多问题，虽然可以借鉴西方的法律规范，但又必须结合中国国情、不能照搬照用，因此，很多支持非政府组织发挥社会功能的法律、法规都比较原则，操作性不强。比如，现在还没有具体可操作性的规范来指导非政府组织的政治参与行为，也没有具体的操作性规范来协调党、政府和非政府组织三者之间的关系等。最后，立法层次不高。对非政府组织进行管理的国家法规、法律主要是依据国务院颁布的《社会团体登记条例》、《民办非企业单位登记管理暂行条例》、《基金会管理条例》，以及各地自行制定的地方性法规、规章和规范性文件。显然，立法层次不高，直接影响到非政府组织在社会中发挥有效功能的权威性与充分性。总之，从法律、法规上讲，由于我国有关非政府组织的法律体系不够完善、原则性太强、立法层次不高等因素的存在，导致非政府组织的社会功能发挥受到了很大限制。

(2) 管理体制上的限制

我国非政府组织实行的是双重管理体制，即"归口登记、双重负责、分级管理"。所谓归口登记，是指社会团体、民办非企业等非政府组织统一由国务院民政部门和县级以上地方各级人民政府民政部门进行登记管理，其他任何部门无权审批和颁发证书。双重负责是指对非政府组织实行登记管理机关和业务主管单位双重负责管理。分级管理是指按非政府组织活动的地域分级登记管理。双重管理体制与当时全能主义政治的时代背景相吻合，对此，王名就指出，政府管理非政府组织的首要目标是限制其发展并规避可能的政治风险，其手段则表现为通过双重审批进入准入限制。[①] 改革开放以后，我国市场经济得到培育和发展，市场和社会的空间逐渐得到开放，政府也不再是全能政府，但遗憾的是，对于非政府组织的管理仍然是在政府主导下采用传统的双重管理体制并延续至今。

可以说，双重管理体制已经成为制约我国非政府组织有效发挥社会功能的重要的制度性因素。这一制约表现在两个方面：一方面，对非政府组织的登记管理实际上面临双重门槛，从而造就大批"非法"非政府组织。我国非政府组织在获得登记管理机关的批准之前首先必须得到业务主管单位的许可，这种双重门槛强化了登记许可制度的门槛限制，

---

① 王名.改革民间组织双重管理体制的分析与建议[J].中国行政管理，2007，(4).

又规避了政府某一部门在行政许可方面应当承担的责任,使得许多组织或者个人不仅难于通过登记注册成为非政府组织,而且也很难将不予登记的理由归咎于任何一个政府部门。同时,基于政治上存在的一定风险的原因,大多数政府职能部门不愿成为非政府组织的业务主管单位。如此种种,造成目前我国大多数非政府组织无法通过合法途径获得登记注册,成为"非法"非政府组织。另一方面,监管职责部分不明确造成政社不分和监管过程不延续。从我国管理非政府组织的几个条例来看,这些条例对登记管理机关和业务主管单位监督管理的职责划分具有原则性过强、交叉和模糊地带较多的特征。这些特征容易造成职责不分的情形。职责不分的结果是又会造成政社不分,从而削弱非政府组织的独立性。[①] 因此,门槛过高限制了中国非政府组织的数量,数量上的限制必然会影响到中国非政府组织在社会功能发挥上的规模效应;政社不分、独立性差又难以强化中国非政府组织的主体性地位,主体性地位不高,其在社会上的作用和功能就必然受到影响。

3.2.2 组织自身建设和能力上的困境

要发挥主体作用,关键的一点是增强主体自身的能力、完善主体自身的结构。因此,组织如何通过加强自身建设,提升组织能力,是非政府组织有效发挥社会功能的内部条件和主体基础。当前,我国非政府组织内部无论是在财务管理、人事管理、结构配置等方面都还不尽如人意。有学者通过对上海非政府组织发展状况的调查和研究,一针见血的指出"无论是人们的观念,还是非政府组织的数量、规模,以及更为重要的其整体的能力和作用,都还跟不上社会、经济发展的需要"[②]。具体来讲,我国非政府组织在自身建设和能力上的困境主要体现在以下几个方面:

(1) 独立性不足

当前我国政府对民间自发建立的非政府组织控制过严,门槛过高。在现有的双重管理体制下,非政府组织运作的方方面面都被列入登记管理机关和业务主管部门的管辖范围之内,非政府组织实际上是主管单位的下属机构,从而导致非政府组织过于依赖政府,官办色彩浓厚,独立性不足。此消彼长,非政府组织过度依赖政府,影响非政府组织自身的主体性功能和作用的发挥。

(2) 发展经费缺乏

由于我国许多非政府组织资金主要依赖于政府,而政府对于众多的非政府组织又难以提供充分的资金。另外,体制外非政府组织的发展主要靠自筹资金(主要是通过外国援助)、少量的社会捐助和一定的服务收费。由于缺乏公益传统和政府对鼓励个人和企业捐赠的措施有限,民间捐赠的数量十分有限。这些因素导致我国非政府组织发展经费缺乏,

---

① 褚松燕.中外非政府组织管理体制比较[M].北京:国家行政学院出版社,2008:254.
② 卢汉龙.发育民间组织,推动社会建设[N].社会科学报,2006-03-23.

难以有效开展活动,所以,发展经费缺乏直接影响我国非政府组织的功能发挥。

(3) 人力资源不足

非政府组织因缺乏资金,不能给人才提供良好的经济条件,因而很难吸引到高素质人才;另外,由于一些特殊原因,中国很多非政府组织成为吸收离退休人员、机关事业单位的下岗分流人员的"养老院",其人员结构不适应非政府组织发展的需要,缺乏创新精神,这也制约了非政府组织的发展。

(4) 组织内部治理不善

我国非政府组织的内部治理缺乏相应的制度规范,普遍存在治理不善的问题。第一,内部治理结构不健全。比如,非政府组织内部的权力分配、机构设置不够健全,没有完善的理事会制度结构、财务管理结构、人事管理结构等。第二,活动开展不规范。有的非政府组织理事会、常务理事会长期不开会、不讨论组织事务,组织机构形同虚设。以志愿者组织为例。有学者调查发现,虽然大多数志愿者组织都按照非政府组织的模式建立诸如理事会、秘书处这样的机构以及相应的招募、选举制度,"但在实际操作过程中,负责人的选任很少经过真正的选举程序,业务主管单位在组织建设和运行中居于控制地位。志愿者组织的理事会一般处于名存实亡的状态,它们与会员的实际关系一般也相当疏远。"[①]

3.2.3 文化价值观念上的约束

中国的非政府组织是随着市场化、全球化、现代化的进程而逐步出现和发展的,作为新生事物,人们在文化观念和价值取向上还存在一个逐步认识的过程。文化观念和价值取向作为最为深层的社会结构,它往往要经历过较长时期才能发生改变。换句话说,旧有的看待非政府组织的文化观念在今天依然在发挥作用,这些旧有观念的滞后性、保守性会深刻地影响中国非政府组织在社会中的行为和功能。以主体为标准来划分,对待非政府组织的文化观念主要有三种类型:一是党和政府对非政府组织的文化价值观念;二是公众对非政府组织的文化价值观念;三是非政府组织对待自身的文化价值观念。

(1) 党和政府对非政府组织的文化价值观念:控制观念

中国共产党是中国社会主义革命和现代化建设领导核心,中国共产党领导全国人民和国家政权致力于社会主义现代化建设。在这个意义上讲,党对非政府组织的文化观念直接影响到政府对非政府组织的文化观念。因此,党和政府作为一个整体,其文化价值观念有内在的一致性,即对非政府组织潜在的隐含一种控制的观念。新中国成立初期,学习苏联的管理模式,即计划经济模式,在这一模式下,政治上高度集权、经济上完全计划配置,这是一种典型的全能主义政治模式。在计划经济时代,不存在现代意义上的非政府组织,因为所有的非政府组织都由党和政府所控制,有单位但没有社会自治组织,非政府组

[①] 朱健刚.行动的力量——民间志愿组织实践逻辑研究[M].北京:商务印书馆,2008:350.

织是没有发展空间的。改革开放以后,虽然党和政府开始认识到非政府组织对于政府职能转变的重要性,强调要发挥非政府组织的桥梁与纽带作用,但全能主义国家的路径依赖常常使政府官员将非政府组织作为社会—政治秩序的一种潜在威胁和政府权威的挑战力量,从而未能对非政府组织充分信任。而在现实中,一些非政府组织常常受到国外资金的资助,而这些国外资助可能附加一些条件,更加引起政府的关注,从而为从严控制非政府组织提供了依据。在党和政府对非政府组织存在控制观念的情况下,党和政府也就必然会采取相应的举措,直接地表现就是政府对非政府组织的双重管理体制。可以说,党和政府对非政府组织隐含的控制观念是影响非政府组织在中国有效发挥社会功能的深层次原因。

(2) 公众对非政府组织的文化价值观念:怀疑观念

几千年来,中国一直是中央集权的社会形态,社会的空间和发育明显不足,人们遇到公共问题的普遍意识就是找政府,政府是全能的。20世纪80年代后,中国陆续出现一些独立于政府的草根民间组织、志愿组织,对于这些新兴的非政府组织,公众普遍存在很强的怀疑观念。对此,有学者曾作出归纳:"对于官办性质浓厚的第三部门组织,我国公众往往将其作为第二政府看待;而对于实力弱小的草根组织,公众往往对其能力持怀疑态度,从而忽视它们的存在或坚持对它们进行谨慎的评价。此外,在这个集权化明显的社会中,公众尚不能真正体会到第三部门的存在和发展对他们生活将产生何种影响。"[①]由此可见,因为公众对非政府组织的能力和发展都持一种怀疑态度,无法深层次认同这一类组织,可想而知,公众对非政府组织在人力、财力等各方面的支持肯定是有限的,但缺少公众的支持和参与,非政府组织要在中国发挥有效的社会功能肯定是不可能的。这种情况和"志愿失灵"的理论描述有着内在的逻辑一致性。

(3) 中国非政府组织对待自身的文化价值观念:依赖政府

不管是从理论上讲,还是从西方发达国家非政府组织发展的实践经验来说,非政府组织的本质属性应该是独立于政府的,具有自己的自治性。但由于中国的特殊情况,使得中国的非政府组织在发展过程中形成了一种过多依赖政府的观念。其观念的形成,大体有以下几个原因:

第一,中国非政府组织形成过程中,官办非政府组织过多。从目前中国官方对社会团体的分类来看,与社会经济生活联系最密切的行业性协会和某些专用性协会的形成,主要是在政府的主导下进行社会动员的结果,即所谓的官办。例如,中央政府把一些专业部门改成规模巨大的垄断全行业管理的行业协会,如纺织工业协会、建筑工业协会等。这些行业协会名义上是非政府组织,但实际上不过"翻牌"了的行政组织。另外,各个政府部门纷纷把自己管辖领域中的一些非核心职能部门转变为非政府组织。如工商管理部门把对个

---

① 陈振明.公共管理学:一种不同于传统行政学的研究途径[M].北京:中国人民大学出版社,2003:418.

体工商户的管理转变为"个体工商者协会",把对私营企业主的管理转变为"私营企业主协会",把对消费者事务的管理转变为"消费者协会",等等。官办民间组织不可避免地会和政府联系,而且其管理的思维也是其前身的政府管理模式,所以,依赖政府的观念的形成就自然而然。

第二,经费上的依赖。按照政府的规定,非政府组织的经费原则上由自己筹集,但事实上,还有相当多的非政府组织活动经费是由政府财政拨款,在经济上完全依赖政府。另外,由于社会上筹集资金的困难,非政府组织寻求政府的帮助成为它们生存下去的不二路径。

第三,体制依赖。双重管理体制使得非政府组织化不得不依赖政府,其自身的独立性肯定受到严重的影响。制度的形成型塑了组织的观念,这是一个基本的制度逻辑。中国非政府组织过多依赖政府的观念从根本上讲是制度型塑的结果,当然也与非政府组织自身发展还不够强大有关,过多依赖政府的结果就是非政府组织在中国社会功能的充分发挥受到了极大的影响。

3.3 促进中国非政府组织有效发挥社会功能的路径选择

3.3.1 执政党的推动:非政府组织有效发挥社会功能的主导力量

在现代文明的逻辑下,非政府组织的发展是社会组织化的结果。在中国,随着改革开放的启动,社会主义市场经济得以确立和发展,自主化的社会与个体化的社会主体逐渐从国家权力中相对独立并组织起来,从而发育出非政府组织。当前我国非政府组织的发展开始呈现不断拓展的态势,并且在越来越多的领域产生了重要的影响。非政府组织的发展不仅给我国的政治发展注入了新内容,同时也对党的执政能力建设提出了新课题:因为,非政府组织的发展挤占了政党的传统空间和组织基础;非政府组织在一些领域替代了政党的功能;非政府组织与政党之间的竞争影响着政党整合社会的能力。[①] 面对这些课题,中国共产党作出的反应行动先后有四个:第一个是控制;第二个反应行动就是规范社会团体;第三个反应行动就是通过党组织力量来加强对各类社会团体的领导与引导,以保证在政治上对社会团体的影响作用;第四个反应行动就是整合社会团体,开发社会团体的功能。这四个反应行动是一个连续的行动过程,新的反应行动的出现,并不替代前一个反应行动,从而构成一个中国共产党面对非政府组织发展的行动框架。[②] 由此可见,中国共产党试图把非政府组织纳入其制度框架之内,并使非政府组织成为中国共产党

---

① 林尚立.两种社会建构:中国共产党与非政府组织[A].王名.中国非营利组织评论[C].北京:社会科学文献出版社,2007.

② 林尚立.两种社会建构:中国共产党与非政府组织[A].王名.中国非营利组织评论[C].北京:社会科学文献出版社,2007.

执政的社会基础，在这一前提下，进而整合和开发非政府组织的社会功能。应当说，中国共产党的这些推动行为是确保非政府组织在中国有效发挥社会功能的前提条件。作为当代中国最强大的社会组织力量，中国共产党领导中国现代化建设的合法性基础是历史和现实赋予的。如果执政党与非政府组织关系处理不好，两者就可能形成一种对立的关系，甚至可能产生一些不良后果：要么党限制非政府组织的发展，要么非政府组织在一些领域替代政党的功能；相反，如果处理的好，非政府组织就会和执政党形成一种合作补充关系。

当然，协调好执政党和非政府组织关系的主导力量只能是中国共产党，只能靠中国共产党的推动。而良好和谐的执政党与非政府组织关系，也是非政府组织有效发挥社会功能的前提。当非政府组织处于执政党的对立面时，就谈不上社会功能发挥了。因此，只有在中国共产党对非政府组织作用和地位真正认可和整合开发的行动下，非政府组织的社会功能发挥才可能得到充分保障。

3.3.2 深化政府改革：非政府组织有效发挥社会功能的前提条件

为了真正实现我国非政府组织的社会功能，国家还应当继续推进与完善政府行政体制改革。围绕非政府组织的功能拓展和释放，政府改革内容大体包括以下几个方面：

① 政府应继续适度放权。我国改革开放的过程从政治意义上说就是从国家与社会的高度一体化到逐渐分化的过程，比如政府向社会放权、政企分开、政事分开、政府对公民管理的逐渐放松等，这些都为非政府组织的发展提供了良好的环境。因此，政府继续适度放权，对于非政府组织的产生与发展大有裨益，这也能为非政府组织发挥社会功能释放出应有的空间。

② 政府应进一步转变职能。政府失灵的事实要求政府应该是有限政府。高度集权的计划经济体制下的全能政府表明：政府有管不好、不能管的事情。因此，应当继续深化政府行政体制改革，把过去政府管不好、市场也解决不了的问题，交由非政府组织来承担。在辅助政府治理、弥补政府失灵之时，也就是非政府组织社会功能得到有效发挥之时。

3.3.3 双重管理体制的改进：非政府组织有效发挥社会功能的制度途径

目前我国政府在非政府组织管理上实行的是登记管理机关和业务主管单位双重管理的体制。在这种体制之下，非政府组织的注册登记具有较高的门槛，政府对非政府的监管容易出现职责不分的情形。这些问题极大地影响了非政府组织的发展和功能发挥。有鉴于此，应该对现行的双重管理体制进行改革，减少政府对非政府组织的直接、具体管理，加强对非政府组织行为的事后监督和制约，最终实现单一的登记制度。有学者提出，通过依法指定业务主管单位来减少非政府组织寻找业务主管单位的困难，以法律形式将相关业务主管单位的权限、责任、义务加以规范化和制度化，使得相关业务主管单位必须成为进入该领域所有的非政府组织的业务主管单位。① 也有学者提出,改进双重管理体制可以从三个方面下手:降低监管门槛,建立备案制度;变限制竞争为鼓励竞争;厘清登记管理机关与业务主管单位之间的职责分工。② 总而言之,通过对双重管理体制的逐步改进,中国非政府组织就可能获得更为广阔的生存和发展空间,其社会功能发挥的规模效应也能得到更充分地体现。

3.3.4 加强自身建设:非政府组织有效发挥社会功能的内在动力

从自身建设的角度来看,我国非政府组织一时还难以承接政府转移的一些公共服务职能,并充分满足社会的需要。对此,加强自身能力建设是非政府组织更好地解决一些长期性的社会问题、满足社会需求、获得政府和公众的认同、真正释放社会功能的内在动力。中国非政府组织要加强自身能力建设,大体可以从以下几个方面入手:第一,加强人力资源的建设。不仅是内部专职的工作人员,还有临时性的志愿者,非政府组织都要通过专业培训;同时,非政府组织应当通过提高待遇、优化项目设计等手段来吸引高素质的人才,从而从整体上弥补当前我国非政府组织人才资源不足的现状。第二,完善治理结构。非政府组织内部治理结构要完善。不管是理事会、财务机构设置、人力资源机构设置等,都要有明确的目标。在这一方面,非政府组织应当充分借鉴西方非政府组织的治理结构模式。只有结构完整了,与结构相适应的职责才能完善好,非政府组织才能确立并完成更加明确地使命和目标。第三,健全内部制度体系。这些制度体系包括法人制度、财务制度、人事管理制度、理事会制度、志愿者招募制度等。内部制度体系完善了,非政府组织所做出的行为才有制度依据,才能可靠的发挥社会功能。第四,完善监事会制度。要扩大监事会的职权、明确监事会的议事规则等。自身建设是非政府组织主体的自我行为,是发展的内在动力。非政府组织要充分发挥社会功能必须加强自身建设。

3.3.5 社会监督机制的完善:确保非政府组织社会功能有效发挥的外在动力

社会监督是非政府组织监督机制中至关重要的部分,充分发挥社会力量的作用,不仅有利于改变长期以来政府对非政府组织的业务进行直接管理的弊病,更重要的是,它还有利于提高非政府组织的管理效率、增强非政府组织社会公信力。若非政府组织自身管理效率得到提高、社会公信力得到加强,则非政府组织的社会功能发挥就有了外部保障。一般而言,非政府组织的社会监督机制的完善,可以从以下几个方面展开:第一,加强社会公众的监督,尤其是捐款者的监督。一方面,公众要对非政府组织的主动进行监督;另一方面,非政府组织及其管理机构要畅通社会监督的渠道,改善社会监督的方式和路径。第

---

① 王名.中国非政府公共部门[M].北京:清华大学出版社,2004:70.
② 褚松燕.中外非政府组织管理体制比较[M].北京:国家行政学院出版社,2008:269-270.

二,加强媒体的监督。随着科技和经济的日益发展进步,媒体现在已经成为"第四权力",媒体普及范围广、影响大,具有强大的导向作用和威慑作用。因此,加强媒体对非政府组织的监督,能够有效地对非政府组织的各项管理行为产生约束和引导。第三,加强独立的第三方机构的评估。非政府组织自身评估和政府对非政府组织进行评估是通常的两种评估方式,如果再加上独立的第三方机构的评估,那么非政府组织评估系统就更为完善,同时也增加了对非政府组织评估的可信度,加强了对非政府组织的监督。

3.3.6 转变观念:非政府组织有效发挥社会功能的深层次动力

当前我国党和政府、社会公众和非政府组织自身对待非政府组织的观念还存在不少的误区,这从深层次上使非政府组织在其社会功能发挥时缺乏软实力。对此,要进一步转变滞后的文化观念,为非政府组织的发展和功能的发挥提供深层次的观念动力。

首先,要改变党和政府或多或少隐含地控制观念和全能观念。一方面,要从控制观念走向服务观念。在西方发达国家,政府对非政府组织经历了从怀疑到承认再到积极鼓励的态度转变,与之相适应,政府对非政府组织的管理理念也大致上经历了从控制到服务的转变。所谓服务,并非否定党和政府对非政府组织的管理,而是要注意引导和规范非政府组织的发展,为非政府组织提供法律支持和政策引导,通过整合和开发的行动,使非政府组织服务于国家建设的发展目标。另一方面,要从全能观念走向有限观念。党和政府不能再像以前一样包办一切事务,政府也是经济人,也会出现政府失灵,因此从全能到有限的转变,也是对非政府组织存在和发展积极认同的前提所在。

其次,要改变公众对非政府组织的怀疑观念。非政府组织也不是全能的,也会失灵,尤其对今天中国的非政府组织而言,它们的能力是有限的。但事实证明,非政府组织的确解决了很多的公共问题,在相当程度上弥补了政府供给公共产品不足的情形。当前中国的非政府组织在政治、经济、文化和社会各个领域都发挥了积极的作用。因此,非政府组织的积极面,公众要加以肯定。只有公众从怀疑到信任,中国非政府组织才有生存的空间,才有发挥社会功能的对象。

最后,改变非政府组织过度依赖政府的观念。非政府组织本质上是独立的、自治的、非营利的社会组织。从过度依赖政府到独立自治,这一观念的转变是非政府组织社会功能得到充分释放的精神体现,否则中国的非政府组织始终只能是准政府机构,社会力量也就无法在中国得到真正的开发。

改革开放以来,在中国经济得到快速发展的同时,中国公民社会逐步得到了释放。经济发展的要求与政府职能的转变,客观上使中国公民社会逐渐觉醒。作为公民社会主要载体之一的非政府组织也得到了迅速地发展,并在政治、经济、文化、社会和国际领域发挥着越来越重要的社会功能。这些社会功能主要体现在:政治领域方面,促进了多元利益表达;经济领域方面,弥补了市场失灵;文化领域方面,增进了社会公益观念;社会领域方面,推进了社会协调和治理;国际领域方面,加速了国际合作和交流。与此同时,由于制度环境、组织自身建设与能力、文化价值观念等方面因素的制约,我国非政府组织在社会功能的发挥上仍然存在很大不足,尚不能满足人们日益增长的公共需求。为了充分发挥非政府组织的社会功能,应当通过各种因素共同作用的方式,包括执政党的力量、深化政府改革、改进双重管理体制、加强非政府组织自身建设、完善社会监督机制、转变观念等,推进非政府社会组织社会功能发挥。

社会功能 Social Function　　功能主义 Functionalism
多元利益表达 Plural Expression of Interest

1. 从过程的角度来看,非政府组织的社会功能主要有哪些体现?
2. 从结果的角度来看,非政府组织的社会功能主要有哪些体现?
3. 试述我国非政府组织在社会功能发挥上的特点。
4. 试述影响我国非政府组织社会功能有效发挥的因素有哪些。
5. 应当如何促进我国非政府组织的社会功能有效发挥?

1. 王名.中国非政府公共部门[M].北京:清华大学出版社,2004.
2. 林尚立.两种社会建构:中国共产党与非政府组织[A].王名.中国非营利组织评论[C].北京:社会科学文献出版社,2007.
3. 朱健刚.行动的力量——民间志愿组织实践逻辑研究[M].北京:商务印书馆,2008.
4. 谢舜.非政府组织与当代中国的社会转型[J].中国行政管理,2005,(2).
5. 刘祖云.非政府组织:兴起背景与功能解读[J].湖南社会科学,2008,(1).
6. 温子勤.论非政府组织的社会功能[J].暨南学报:哲学社会科学版,2007,(3).

"香港经验：社会组织能有效化解矛盾"

香港的社会组织发展比较早，19 世纪中叶就有一些居民组织出来，大概到了 20 世纪 50 年代中期的时候大量出现。20 世纪六七十年代，香港的社会组织发展出现新状态，大量的压力团体涌现，它们给政府压力，而这类压力团体也促成很多社会运动。到了 20 世纪 80 年代，出现了一些论政团体。

香港现在的社会组织发展已经比较完整、比较多元化。首先看慈善团体，它们已经变成政府的伙伴，香港只有很少的学校是政府办的，政府办的学校叫官立学校，你在一个区可能只能找到一家政府办的学校，其他 90％以上的学校是民间团体办的，政府提供经费。还有做老人、儿童、家庭服务、心理辅导等，这些社会服务大部分都是由民间团体提供的，政府只提供经费。政府提供大部分的经费，再加上公益金和马会的支持，NGO 还可以对公众进行筹款。从幼儿园开始，学校就推动做义工，每个星期六为民间团体筹款。香港的服务也比较专业化，一般来讲是聘社工来做，社工的收入跟公务员比较接近。这些人都是念过大学社工系的，培训之后就做这些公益团体的全职工作人员。

倡导性组织多元化，对监督政府和推动社会转变有重要作用。现在倡导性的组织非常多元化，有一些是为了民生的问题，病人有很多问题，组成一些病人互助团体，向政府提出很多要求，还有环保团体等，这类组织相当于社会服务组织，没有那么多的资源，因为政府还是有倾向的，它不太愿意给这类压力团体太多钱，所以它们的资源就没有那么多，所以它们就利用比较低成本的方法推动，很重要的一方面是跟媒体合作，通过媒体把它们的话讲出来。

社会组织被称为第三部门，管理一个社会需要三个部门一块儿做，现在我们不谈管制，而谈治理，或者是善治。好的治理不能单靠政府，国家不可能单靠政府来做事情，我们一定要通过三个部门合作才能解决问题，政府是第一部门，企业是第二部门，第三部门是社会组织，三个部门出来之后，互相平衡，互相监督。

举个例子，香港对食品安全很重视：一方面是政府有检查食品安全的部门；另一方面是市场，市场上有竞争。更重要的是有第三方，如果食品安全要做好，不单是靠政府，不单是靠市场竞争，更需要第三方，就是消费者委员会。内地的消委会是在工商局下面的，香港的消费者委员会也不是完全独立的，它的背后也有政府，不过政府只提供经费，它的管理是独立的。另一方面，在消费者委员会以外，还有一些组织也会自己抽查食品，对其进行检查，这样才产生三角平衡，才有善治。

社会组织有三个很重要的功能。第一方面是监督。监督国家的权力，监督市场，不单是国家可能滥权，市场上也可能有假冒的产品，它们就要监督市场。第二方面是社会服务。现在如果所有的东西都由政府来提供服务，政府太庞大了，有时候效率不太高。所以需要有社会组织为弱势群体提供服务、提供产品，包括为老人、儿童服务。第三方面就是社会资本。所谓社会资本就是社会网络，人在这个网络里是互相帮忙的。以前传统的农村社会里，解决公共问题比较容易，因为人与人之间都是熟人，可能都是亲戚朋友。现在社会不是这样的，有什么公共问题，谁都不愿意理。怎么解决这个问题？其实社会组织可以发挥很重要的功能，它将人们通过一个网络连接起来，然后就有了互动、互信，然后就一块儿解决一些社区问题，这就是社会资本。

资料来源：陈健民. 香港经验：社会组织能有效化解矛盾[EB/OL]. http://www.cdb.org.cn/newsview.php?id=3008，2012-04-30.

第 4 章

非政府组织的人力资源管理

【学习目标和要求】

通过本章的学习,要求学生了解人力资源的基本理论,识记人力资源、人力资源管理、志愿者和志愿者管理等概念,熟悉有关志愿精神和志愿组织治理结构的分析,掌握人力资源管理和志愿者管理的流程,理解人力资源管理在非政府组织发展中的重要性。

案例1:1993年起,团中央发起了实施青年志愿者行动的活动。到2009年,按照《中国注册志愿者管理办法》进行规范注册的志愿者人数已经达到3 047万;累积已有4.03亿多人次的青年和社会公众为社会提供了超过83亿小时的志愿服务;全国90%以上地(市、州、盟),80%以上的县(区、市)以及1 968所高校成立了青年志愿者协会。其中,社区志愿者注册人数已超过1 000万人,2008年参加社区志愿服务活动的人数达3 000万人次,目前有100万社区志愿者参加日常志愿者服务活动。截至2008年,中国社区志愿者组织达到43万个,志愿者队伍规模近亿人,其中仅共青团、民政、红十字会三大系统就比上年增加志愿者1 472万人,年增长率达31.8%。

2008年北京奥运会有1 125 799名志愿者报名,报名人数成为历届奥运会之最。此届奥运会最终录用了来自98个国家和地区的74 615名志愿者,其中来自中国内地的73 195人,来自香港的299人,来自澳门的95人,台湾也有91人入选,另有外籍志愿者935人。

2010年上海世博会有612 251名志愿者报名,报名者来自全国各省、自治区、直辖市以及109个国家和地区,其中,外籍报名者网上报名数量达到3 001人。上海世博会期间,共有13批次近8万名园区志愿者上岗,服务总量超过1 000万小时,服务人次超过4.6亿。在上海市和周边无锡、太仓、昆山设立的1 281个城市志愿服务站点,共有逾10万名站点志愿者上岗,服务市民和游客人次超过2 436万。而城市文明志愿服务行动共有近200万名志愿者参与,涉及平安世博、交通文明、清洁城市、文明游园、窗口服务、市民巡访、世博宣传、社区服务八个方面。

资料来源:根据"中国新闻网"的有关新闻报道综合整理。

案例 2：2011 年 3 月，某志愿者主动要求到某志愿者组织做志愿者，并希望该组织给其一个锻炼学习的机会。经该组织考虑，将其安排到下属项目担任志愿者，并给予其相应的志愿者补贴。根据要求，该志愿者在上海社区志愿者服务网进行了志愿者登记注册。

该志愿者的工作主要是：在公益活动时现场维持秩序，根据需要递送相关文件等。8 月，该志愿者突然离开，并要求结清所有补贴，否则拒不移交项目资料。同时，向某区劳动争议仲裁委员会申请仲裁，声称双方是劳动关系，要求支付工资及补缴社会保险费。

劳动仲裁委员会以志愿者组织与志愿者之间没有书面协议为由，认定双方存在劳动关系，裁决志愿者组织败诉。志愿者组织十分震惊，没有想到自己的一片好心居然换来这样的结果。志愿者组织对劳动仲裁委员会的裁决不服，遂向人民法院申请撤销该裁决。

资料来源："志愿者"招募中的法律风险[J].上海社会组织，2012，(1).

人力资源常常被视为组织所有资源中最具活力和创造力的资源。非政府组织的人力资源由两部分组成：即有酬员工和志愿者，因而非政府组织的人力资源管理就相应地分为有酬员工管理和志愿者管理两个部分。就外部环境而言，由于法律制度约束与组织性质等原因，无论是对有酬员工抑或是对志愿者，非政府组织都难以提供充分的物质激励，而必须很大程度上依赖于精神激励因素，这使得非政府组织人力资源管理与政府组织、企业组织的人力资源管理之间存在着很大的差别。就内部制度而言，有酬员工管理与志愿者管理也有很大的差别。志愿者管理是非政府组织人力资源管理中最具特色的一个环节，志愿者低偿或无偿且易于流动的特点，决定了非政府组织需要采取特殊的管理模式。

1 非政府组织人力资源管理和志愿者管理

从广义上说，非政府组织人力资源管理包括非政府组织有酬员工管理和非政府组织志愿者管理两个内容；而从狭义上说，非政府组织人力资源管理仅指非政府组织有酬员工管理。考虑到志愿者管理的特殊性，非政府组织在对其进行管理时需要采取不同于一般人力资源管理的模式。

1.1 非政府组织人力资源管理概述

1.1.1 人力资源

一般来说，人力资源指的是组织中人的教育程度、知识储备、培训状况、技能水平、个人专长，还有年龄、性别等要素以及这些要素的结构。通常，非政府组织中的人力资源构成包括董事会、高级管理人员、一般工作人员和志愿者，[①]在结构上呈现出与"金字塔形"

---

① 尉俊东，赵文红. NPO 人力资源构成、特点与管理[J].科学学与科学技术管理，2005，(12).

的企业组织所不同的"沙漏形"结构,① 成功运作的组织必须在人力资源方面做出相应的规划,将其内部优势与劣势和外部的机遇与挑战相协调,以保持竞争性优势,谋求组织的持续发展。

1.1.2 人力资源管理

人力资源管理是组织管理中的重要环节,关系到组织的运作和发展。这个管理伴随着组织中的"人"的动态发展过程,主要包括岗位确认、人力需求计划制订、雇员招募、求职者的甄选、新员工的引导和培训、工资与薪金管理、奖金与福利的提供、工作绩效评估、沟通、培训并开发管理者,同时也要关注劳资关系、工作安全与卫生以及公平事务。② 因此,人力资源管理是涉及"人"或人事方面的任务所需的概念与方法。

1.1.3 非政府组织人力资源管理

非政府组织人力资源管理是指非政府组织运用现代人力资源管理手段,通过招聘、甄选、培训、评估、激励等方式,对组织的人力资源进行有效使用,最大程度激发其积极性和创造性,从而更好地实现组织宗旨。与政府组织、企业组织的人力资源管理相比,非政府组织人力资源管理具有鲜明的特点。如在招聘过程中更强调对组织宗旨的认同感,在激励方式上更强调非物质奖励等。

1.2 非政府组织志愿者管理概述

1.2.1 志愿者

志愿者是指那些具有志愿精神、能够不计报酬、主动帮助他人、承担社会责任的人。③ 简而言之,志愿者就是对社会提供自愿服务的人。在不同的地区,人们对志愿者的称谓有所差别。在我国内地地区,一般称为志愿者;但在我国香港特别行政区,一般称为义务工作者,简称义工;而在我国台湾地区,一般将提供志愿工作的人简称为志工。

通常情况下,根据志愿服务的活动性质,可以把志愿者分为三种类型:一是管理型志愿者,即加入志愿服务组织理事会或担任其顾问的志愿者。他们是志愿服务组织领导层的成员,参与组织活动的决策、运作以及治理。管理型志愿者参与志愿服务的理事会,对组织、社会担负着法律和道德上的具体责任,保证志愿服务非营利组织的项目合理有效、公开透明地进行,保证组织履行其法律和道德的责任。二是日常型志愿者。他们参与志愿服务组织的日常工作并承担一定的组织角色,包括策划、管理、协调等,和志愿服务组织

---

① Curtis P McLaughlin, The Management of Nonprofit Organization, Canada: John Wiley & Sons, 1986.
② 加里·德斯勒.人力资源管理[M].曾湘泉译.北京:中国人民大学出版社,2007:5.
③ 沈杰.志愿行动[M].北京:人民出版社,2009:26.

的其他成员一样每天工作。三是项目型志愿者,主要参与各种志愿服务项目或活动,为之提供支持。项目型志愿者主要集中在志愿服务或活动开展期间,一旦项目或活动结束了,志愿服务也暂告一段落。项目型志愿者享有一定的权利,如接受志愿服务组织提供的培训,获得从事志愿服务的必要条件和必需保障,优先获得志愿服务组织和其他志愿者提供的服务;同时也负有一定的义务,如履行志愿服务承诺,自觉维护志愿服务组织和志愿者的形象,不得以志愿者身份从事以赢利为目的的活动等。

志愿者为志愿服务组织的发展提供了丰富的人力资源,体现了志愿服务组织人力资源管理的特点。

1.2.2 志愿者管理

志愿者管理指的是在具体的志愿服务过程中,对志愿者进行经常性的沟通、协调和监督,以最大限度地满足志愿者和服务对象的需求,保证志愿服务项目或活动的顺利推进和目标实现的管理活动。志愿者管理包括志愿者的注册管理、志愿者的督导和志愿者的风险管理。其中,注册管理是基本前提,将志愿者登记在案使得规范的日常管理成为可能;督导是关键环节,在服务过程中有效指导和控制,直接关系志愿者日常管理的效果;风险管理是重要补充,通过发掘、规避那些风险问题和困难,进一步完善志愿者的日常管理活动。这三者相互补充,形成一个统一的整体,保证志愿活动的稳步推进。

志愿者管理是非政府组织管理中的一个特殊问题。政府组织、企业组织虽然在特定情况下也会有志愿者存在,但无论在数量上或者规模上都无法与非政府组织相比。一般情况下,政府组织与企业组织的工作主要都由领取薪酬的专职工作人员承担,其组织中的志愿者是少量的,因此不需要建立专门的志愿者管理制度;而非政府组织则不同,无论是其日常运营,或者是项目开展,都经常会涉及大量的志愿者。此时如何招聘到充足的志愿者、如何对志愿者进行有效管理、如何充分调动志愿者积极性和主动性、如何留住志愿者,这些问题都是非政府组织需要考虑的,并直接与非政府组织的组织宗旨和管理目标的实现相关。因此,非政府组织需要建立专门的志愿者管理制度。

2 非政府组织人力资源管理中存在的问题

2.1 非政府组织专业人才匮乏

在德鲁克看来,每一个组织的目标和职能是把专业化的知识融入日常工作中去。[①]随着非政府组织在社会中的功能发挥,当前的非政府组织人力资源最突出的发展趋势

---

① [美]雅克·菲茨-恩茨.人力资本的投资回报[M].上海:上海人民出版社,2003:4.

就是"专业化"。同时,专业化将带来组织管理的制度化,并因此促进非政府组织的服务水平以及组织工作目标的实现。现实的问题是,由于种种原因,许多非政府组织的管理者并不具备专门的管理知识和管理方法,挫伤了员工的工作热情,影响了组织的功能发挥。

2.2 非政府组织员工流动性大

非政府组织的工作必须由具有使命感并有较大公益热情的人才能胜任。许多员工在工作压力大、物质报酬偏低的现实面前,常常不得不离开工作岗位,另作其他职业规划。这样一来,非政府组织在花费许多时间与经费培训人员后,却无法留住人才。因此,在有限的资源下,留住优秀人才成为非政府组织人力资源管理需要解决的课题。[①]

2.3 非政府组织创新行为滞后

随着知识经济的到来,基于绩效的、以使命为中心的管理创新成为组织竞争力的关键。非政府组织由于内部缺乏直接的利益激励,因此创新动机和创新意识远远不如营利组织。首先,由于经费等方面的原因,非政府组织技术创新的能力不足,这就使得非政府组织在人力资源管理的技术和设备方面落后于其他组织。其次,来自体制方面的障碍也影响着组织的创新。德鲁克指出这种障碍主要来自三个方面。首先,非政府组织主要依靠预算拨款,而不是依靠成果来获取报酬;其次,非政府组织需要依赖许多要素,往往是这些组织开始活动时的"支持者"反对新事物;最后,"做好事"的目标和任务固化了非政府组织的处事方式。这些障碍造成了现有机构对于创新的抵触与排斥。[②] 创新的相对滞后在一定程度上影响了组织人力资源管理的长远和健康发展,因为保持竞争力除了需要具备合适的技术知识、技能、能力和其他特点的成员(KSAOCs),更需要那些具有灵活性并愿意处理快速而凌乱变化的人士。[③]

3 非政府组织人力资源管理流程

上述问题显示出非政府组织人力资源管理的重要性和紧迫性。要解决这些问题,需要规范人力资源管理流程,在日常管理中优化非政府组织的人力资源结构。就非政府组织的人力资源管理流程而言,招聘、激励、评估是其中最重要的三个环节。

---

① 马向军.非营利组织人力资源管理面临的挑战[J].管理科学文摘,2006,(11):60-65.
② [美]彼得·德鲁克.创新与创业精神[M].张炜译.上海:上海人民出版社,2002:222-226.
③ [美]派恩斯.公共和非营利性组织的人力资源管理[M].王孙禺译.北京:清华大学出版社,2002:13.

3.1 非政府组织人力资源招聘

为了优化人力资源结构,非政府组织管理者首先需要做好的是选人。"人力资源的贡献决定了组织的绩效,而这又取决于基本的人力资源决策:我们应该聘用和解雇什么样的人,给他们安排什么样的职位以及提拔什么样的人。"[①]组织的一切活动都是通过人来进行的,非政府组织选人恰当与否,在很大程度上决定了非政府组织能否有效地运行,也决定了其使命、价值观和目的是否切实可行。对此,德鲁克毫不夸张地说:"人力资源决策是组织最终的——也许是惟一的——控制措施。"[②]那些从一开始就认为自己很会识人的管理者,往往很有可能做出不够正确的人力资源决策,而那些人力资源决策颇为成功的管理者并不仅仅依靠其识人的洞察力和经验知识,相反,他们之所以选人成功是因为严格地遵循了一系列程序。

3.1.1 从工作任务出发,仔细推敲任命

组织机构遴选人员时最常用到的是职位说明书,通过职位说明书可以对工作进行分析、对所需人员进行分析,然后选择担任该职位的合适人员。但德鲁克也说:"仅仅从工作描述出发是不够的。"[③]这是因为,出于稳定性的需要,职位说明书总是会延续很长一段时间而未作改变,甚至从组织成立以来就没有大的变动,但任命却总是在变动,而且令人难以预测。因此,合理的人员遴选应从工作任务出发。非政府组织的领导者在挑选新的员工或任命某人担任某项工作的时候,首先应弄清楚这项任命的核心:要招募新的员工或志愿者,是因为现有的正式员工已接近退休年龄,还是因为组织的活动过多,人手不足,需要更多的正式员工和志愿者来完成,或是因为,组织现有的服务群体都是多年以来的老对象,而现在组织要开辟新的服务群体。这些不同的任务和目标,决定了不同类型的人才需求。

3.1.2 考察一定数量的应聘者

在招聘的流程里,比较强调"一定数量",因为许多管理者在招聘人员时总是自以为知道谁是合格的人选,但这类管理者往往容易被友谊、主观偏见或个人习惯所误导,从而不能根据工作任务的需要选出合适的员工。事实上,真正的合格者只是考察对象中的极少数,如果没有一定数量的考察对象是无法保证候选人素质的。德鲁克不主张非政府组织管理者主观冲动地做出决定,他认为应该扩大所考察的应聘者数量,观察更多的候选人,

---

[①] [美]彼得·德鲁克.非营利组织的管理[M].吴振阳译.北京:机械工业出版社,2007:117.
[②] [美]彼得·德鲁克.非营利组织的管理[M].吴振阳译.北京:机械工业出版社,2007:117.
[③] [美]彼得·德鲁克.非营利组织的管理[M].吴振阳译.北京:机械工业出版社,2007:118.

从而做出有效的决策。

3.1.3 认真考虑如何看待和评估候选人

非政府组织的管理者若已经明确工作任务的核心和目标,就会明白新招聘的人员最应该集中精力做什么。这时,管理者需要问的不是"这个人能做什么?不能做什么?"而是应该问:"这个人在某方面是否有长处?他的长处在以前的工作中发挥了什么作用?他的长处是否适合于这项任务?"有效的管理者并非以寻找候选人的短处为出发点,有效的管理者所需要的是胜任的能力。如果候选人的某项长处足以胜任该任务,那就不必犹豫选用此人。在评估候选人时,德鲁克指出,"我们所能评估的只有绩效。我们所应该评估的也只有绩效。"①非政府组织的管理者应将关注点集中在候选人的工作绩效上,考察他在以前的工作中表现如何,绩效是否令人满意,而不是过分地关注候选人的个性问题。因为个性问题无法说明一个人的工作绩效,一个人的绩效如何,只有在组织希望此人做出具体成绩的背景下才能评估出来。

3.1.4 听取几个曾与候选人共事的人对候选人的评价意见

每个人都会有第一印象,有主观偏见,有亲疏好恶,管理者的独自判断往往是弊大于利的,有效的管理者需要倾听别人的看法。一旦决定出合适的人选,就应该与几个曾经与该人选共事过的人进行讨论,倾听他们对该人选的评价而做出最后的决定。当然,德鲁克也指出了,"确定了工作人选并不是遴选决策过程的最后一步",②被任命人在新的职位上工作了几个月后,管理者有责任也有必要适时地询问其这段时间在新职位上的表现,并要求其考虑以后如何把工作做得更好。这样,才能确保所任命的人了解其职位,并促使其将精力集中在职位的更高要求上。

在德鲁克看来,"组织人力完成工作也就意味着必须把人放在最适合他的职位上。"③非政府组织投入大量的时间和金钱来筛选员工只是一个消极的过程,通过这个过程淘汰不适合的候选人。但是,非政府组织需要的绝不仅仅是还过得去的绩效,非政府组织需要的是组织成员充分发挥潜能,达到最佳绩效。非政府组织的成员需要的也不仅仅是能有所表现的职务,他们需要的是能够为他们的能力和才华提供最大发挥空间的工作,能够给予他们最大机会持续成长和表现卓越的工作,能够满足他们对自我价值的追求和实现自我的工作。而如何分配组织成员的工作,以及如何安排组织成员的位置,决定了他能否成为富有生产力的员工,也决定了他能否为组织和社会作出贡献,更决定了他能否从工作中

---

① [美]彼得·德鲁克.卓有成效的管理者[M].许是祥译.北京:机械工业出版社,2006:65.
② [美]彼得·德鲁克.非营利组织的管理[M].吴振阳译.北京:机械工业出版社,2007:118.
③ [美]彼得·德鲁克.管理的实践[M].齐若兰译.北京:机械工业出版社,2006:223.

获得满足、实现自我,这一切很大程度上都取决于非政府组织是否能合理地安排组织成员。

3.2 非政府组织人力资源激励

3.2.1 非政府组织与企业组织人力资源激励的联系与区别

根据马斯洛的层次需求理论,非政府组织和企业等市场组织的员工虽然都有相同的需要,但由于它们在使命、愿景、组织架构和运作方式等方面各不相同,导致在人力资源管理方面的一系列差异,最终决定了它们在人力资源激励体系上的差异,主要表现在:

第一,目标导向不同。企业围绕利润去制定目标,企业员工的所得往往与企业经营状况密切相关,因此企业的员工比较容易理解他们的利益和企业的利益高度一致。然而,非政府组织则主要致力于社会公益,因此若要将组织目标根植于非政府组织员工心中,必然要付出更多的努力。

第二,分配形式不同。企业可以根据各自的情况量身定制薪酬体系。非政府组织由于受制于既定的法律、政策、规定,因此其分配形式的灵活性较低。

第三,绩效评价不同。企业的绩效评价可以采用相对直接的指标,个人对组织的贡献也能相对清楚地反映在业绩上。但非政府组织的绩效评价往往只能采取一些间接性的指标,因为非政府组织所创造的社会效益通常要经比较长的周期才能体现出来或者有些是无法用具体指标衡量的。

第四,约束机制不同。一个成功企业必须对员工可能出现的失职(甚至渎职、败德)行为进行约束。对于企业来说,对这些行为一般会采取经济性的处分,而非政府组织倾向于采取行政性的处分。[①]

3.2.2 非政府组织人力资源激励机制的健全和完善

德鲁克强调,"决定非政府组织成败的关键是组织应具备吸引并留住具有奉献精神的成员的能力。一旦丧失了这种能力,组织就会走向衰亡,这是很难挽救的。"[②] "这种能力"指的就是非政府组织的激励措施。对于员工激励,德鲁克自有一套见解。他认为,在现代工业社会,传统的"胡萝卜加大棒"的激励方法能起的作用已经越来越小,特别是非政府组织中的绝大部分知识工作者是不领取薪酬的,这使得作为一种激励和一种管理工具的金钱报酬对他们来说基本不起作用,对此,德鲁克明确指出,用金钱"贿赂这些知识工作者的手段根本行不通"。[③] 同时他还认为,以往美国工业界推崇的"员工满意度"不足以激

[①] 李志敏.非营利组织人力资本的动态激励机制[J].西北农林科技大学学报(社会科学版),2006,(9).
[②] [美]彼得·德鲁克.非营利组织的管理[M].吴振阳译.北京:机械工业出版社,2007:118.
[③] [美]彼得·德鲁克.下一个社会的管理[M].蔡文燕译.机械工业出版社,2006:14.

励非政府组织的知识工作者充分满足组织的需求。这是因为,我们至今对"满意"仍然没有一个固定的衡量标准,究竟多高的满意度才能称之为满意?更重要的是,满意并不是充分工作的动机,只能算是消极默许。那么,怎样才能激励非政府组织的成员创造最佳绩效?怎样才能吸引并留住他们?

  第一个要求也是最重要的要求是非政府组织应该具有一个明确的使命。这个使命必须清晰简洁,必须超越任何人的能力,必须提升成员的见解,必须使人感到能做出贡献。总而言之,这个使命是推动组织去做一切事情的动力,也是推动组织成员去做一切事情的动力。非政府组织的使命就是改造人类,为社会培养合格的公民;改造社会,为人类提供一个健康的社会。在德鲁克看来,非政府组织是使命感、责任感最强的组织,它们以"点化人类"和"改变社会大众"为目的,非政府组织以使命为先。正是这种强烈的使命感,促使非政府组织的成员获得巨大的力量,让他们认识到自己正在做的事情是很重要的。

  第二个要求就是给予组织成员自我发展的机会。在非政府组织中,老练的志愿者常常被分派去照看新来者,这是因为"激励和留住老志愿者的最有效方式就是承认他们的专长并利用他们来培训新手"。① 这些在非政府组织中工作多年的志愿者已经越来越不愿意把志愿工作看做是慈善性的,而是把它作为与他们拿工资的工作平行的另一种职业。他们期望得到培训、培训、更多的培训,期望自己的意见和想法为人所知并受到肯定,期望能参与到会影响自己以及整个组织的决策当中,期望根据其工作表现从事更高要求的工作和承担更多的责任。非政府组织想吸引并留住他们就必须使这些志愿者的竞争力和知识发挥效用,必须让他们取得有意义的成就。人有各种各样的欲望,但最大的欲望就是自我价值的实现。为组织成员提供各种自我发展的机会,就等于提供了一个自我实现的广阔空间,组织成员的归属感和认同感也会由此产生,这就是为什么现在的非政府组织开始重视为组织成员设计职业阶梯的原因。

  以上两个要求的支柱是组织成员的责任心。德鲁克提出,激励员工创造最佳绩效的工作动机惟一有效的方法是"加强员工的责任感"。非政府组织的一个特点就是组织成员不是为了生存而工作,而是为了理想——"他们在志愿工作中看到了通往成就、效能、自我实现,以及确实是通往有意义的公民的途径",②这也就为组织创造了一个极具责任心的团队。德鲁克在其经典管理学著作《管理的实践》一书中指出,通过慎重安排员工职务、设定高绩效标准、提供员工自我控制所需的信息、提供员工参与的机会这 4 种方式,可以较好地培养和加强组织成员的责任心。

  国内学者也提出了建立健全非政府组织人力资源激励机制的建议。这些建议包括:

---

① [美]彼得·德鲁克.九十年代的管理[M].东方编译所.上海:上海译文出版社,1999:178.
② [美]彼得·德鲁克.大变革时代的管理[M].赵干城译.上海:上海译文出版社,1999:215.

（1）基于人性特点的激励方式

在人性理论中，经常提到的是"经济人"假设这个理论，假设人都是有理性的、追求自身利益或效用最大化的。但是由于非政府组织的特殊性质，它应该讲求诚信、讲求对社会的承诺与责任，讲求对社会的责信度，这就要求非政府组织的员工在追求自己正当的经济利益之外，更应该努力去追求对社会的道德责任，获取社会的信任，只有这样才能有效地实现非政府组织的使命与目标，才能满足非政府组织中员工的需求。所以非政府组织的人不仅仅是经济人，而且更是道德人，是经济人与道德人的统一。

（2）提倡组织文化的建设，促进员工与组织共发展

与营利组织比较，非政府组织的人员与组织之间缺乏直接的经济利益关系，从而导致责任感的缺失，因而在对其成员的约束和激励过程中，目标激励、人本管理、文化建设和柔性管理的思想显得极为重要。要通过倡导组织文化，设定组织目标将个体成员凝聚起来，以组织行为带动和约束个体行为，唤起个体成员的责任感和使命感，并用群众的认同感使成员感受到自身的价值所在。

（3）明确非政府组织的宗旨，提高非政府组织的社会公信力

许多非政府组织是根据政府的需要，由业务主管部门发起成立的。这种建立模式会导致一些非政府组织往往缺乏自己明确的宗旨及所承担的使命，组织中的成员不是基于对组织宗旨与使命的认同而参与组织的活动，而仅仅是将非政府组织作为谋生的手段或者获取某种利益的手段。这种情况在我国尤为突出。当非政府组织收入待遇低下时，这种组织也就很难吸引人才。像很多有名的非政府组织，如青基会，由于有明确的宗旨和使命，社会公信度较高，这些组织不仅吸引了众多人才，而且吸引了众多志愿者参与。所以明确宗旨，也是激励非政府组织人力资源的一个有效的举措。

（4）基于需求理论的非政府组织成员的薪酬制度设计

如果对非政府组织中成员的分析，认为他侧重于"经济人"的，根据激励理论，薪酬分配只有满足了员工的需求，才能产生有效的激励机制。这就要设计符合他们的薪酬制度。根据美国1992—1993年非营利年鉴的统计资料显示：非营利部门的平均工资和薪水低于企业和政府部门。因此，组织在进行激励机制设计时仍然需要考虑外在物质报酬对员工留用的作用。具体来说，在非政府组织内设计薪酬制度要注意以下几点：一是要重视内部公平性。做好工作分析和职位评价是保证组织薪酬结构公平的关键。二是要保证外部竞争力。即要保证在与其他相似的非政府组织的比较中处于均衡状态。三是要重视附加福利的作用。典型的附加福利可以包括以下一项或几项内容：交通补助；带薪休假；员工的健康、安全费用；各种非生产性的奖金津贴以及其他生活福利。薪酬机制的设计并不意味着仅仅是金钱的多少，而是首先必须了解员工的需求。在非政府组织中，员工即使侧重于经济人的，但也不意味着员工的需求仅仅是追求物质上的富足，他们能选择非政府组织，就说明他们也具有精神层面上的需求，在设计薪酬时也一定要关注到员工这方面

的需求,要注意外在薪酬与内在薪酬的合理比例。由于非政府组织员工的特性,即使他们侧重于经济人,但由于他的特性决定他在追求经济利益的同时,比营利性组织的员工追求一种自我的实现,一种成就感与一种对社会的责任感,因而应采取最后一种组合方式,即外在薪酬低但内在薪酬比较高的薪酬组合模式,从而更好地满足员工的要求,达到很好的激励效果。

3.3 非政府组织人力资源评估

在对非政府组织人力资源进行评估方面,学者们提出了各自的看法。Kaplan 提出以平衡计分卡作为非政府组织测量和评价的新方法。[1]波伊斯特探讨了考评公共和非政府组织绩效的各种有效方法,并通过大量应用案例,力图完整地说明如何进行公共组织中部门的绩效考评。[2] 我国学者对非政府组织的人力资源评估模式也进行了较多的探讨。根据王名的分析,非政府组织人力资源管理中的传统绩效评估主要由工作态度(德)、工作能力(能)、工作成效(绩)所构成,而现代的绩效评估包括任务评估和周边评估。[3] 邓国胜针对中国非政府组织客观存在的及迫切需要解决的问题提出了一套适合中国非政府组织发展的评估框架,即对非政府组织问责、绩效和组织能力的全方位评估,简称为"APC"评估理论。[4] 刘进水认为,根据非政府组织中人力资源的特殊性,人力资源的管理思想在非政府组织中的应用主要涉及激励理论、薪酬设计、绩效考核等方面。[5] 此外,有学者专门针对非政府组织人力资源应用性评价模式进行了研究,提出了由"价值、态度、知识、技能、行为表现"所组成的评价框架,涵盖评价框架、评价内容、评价方法及程序,作为对非政府组织人力资源的一个基本的和通用的评价体系。[6]

3.3.1 非政府组织人力资源评估的重要性

毋庸置疑,对非政府组织中的人力资源进行评估的目的是为了提升组织的工作效率,因此它实质上是一种绩效评估,也就是"按照组织员工所在岗位的绩效标准对其最近时间或者过去时间段的工作表现进行评估"。[7]之所以要对非政府组织的人力资源进行绩效

---

[1] Robert S. Kaplan, Strategic Performance Measurement and Management in Nonprofit Organizations. 11 Nonprofit Management and Leadership 3, 2001: 353-370.
[2] [美]西奥多·H.波伊斯特.公共与非营利组织绩效考评:方法与应用[M].肖鸣政.北京:中国人民大学出版社,2005.
[3] 王名.非营利组织管理概论[M].北京:中国人民大学出版社,2002:7.
[4] 邓国胜.非营利组织"APC"评估理论[J].中国行政管理,2004,(10).
[5] 刘进水.非营利组织的人力资源管理[J].山东行政学院·山东省经济管理干部学院学报,2005,(2).
[6] 李小云,董强,刘晓茜,王忠平,冯利,汪力斌.非营利组织人力资源评价模式开发及应用[J].中国行政管理,2006,(7):78-82.
[7] 加里·德斯勒.人力资源管理[C].曾湘泉译.北京:中国人民大学出版社,286.

评估,首先是要保证组织人员的目标与组织的战略目标保持一致,并将组织的目标落实到日常的工作中。其次,评估可以使组织上上下下的人员发现并研究工作中存在的不足,同时也可以在总结中积累成功经验。再次,评估可以帮助组织人员拟定自身的职业规划,明确工作理想。最后,评估过程本身会督促组织人员审视自己的工作表现,改进自身的工作绩效,这对组织中的每个人都是一种警醒。

3.3.2 非政府组织人力资源评估中存在的问题

我国非政府组织人力资源评估中存在的问题主要反映在人力资源评估意识淡薄和制度不完善两个方面。

第一,我国非政府组织人力资源评估意识淡薄。受到传统人事管理基本框架的影响,我国非政府组织还没有真正地把人力资源当做组织中最具活力与创造力的宝贵资源来看待,评估的意识比较淡薄。当前的评估手段还处于依靠经验阶段,评估的指导与激励作用没有得到应有的发挥。在宏观方面,非政府组织没有定期给出详尽的数据信息,以反映组织人力资源供求数量和结构,为人力资源市场主体提供必要的决策信息,这阻碍了人力资源的进一步开发。在微观方面,非政府组织基本上没有形成适合本组织人力资源评估的机制和方法,在组织内部缺乏一个机动灵活的人力资源市场,以实现组织内部人力资源的高效率配置。

第二,非政府组织人力资源评估的制度不完善。当前非政府组织人力资源评估制度在实践中存在较多问题,需要进一步完善。首先,评估对象的覆盖面有限,许多志愿者并未纳入组织的人力资源评估中。其次,评估标准和评估过程常常受到个人印象和偏见的干扰,导致评估结果的可靠性大大降低。最后,评估的内容不够全面,主要表现在单一强调人力资源的专业素养,而忽视健康素质、道德水准等其他方面。

4 非政府组织中志愿者管理流程与实践经验

志愿者是非政府组织中的重要人员构成,与专职人员(一般为有酬员工)一起支撑着非政府组织的运转。相关研究表明,非政府组织志愿者人力资源管理存在着志愿者参与持久性差、角色定位难、组织归属感差、专业化低等问题,[1]因此,对非政府组织中志愿者管理流程与实践经验的分析有助于完善相关志愿者管理对策和机制。

4.1 非政府组织志愿者管理流程

从管理学角度来说,志愿者管理是一项复杂的社会系统工程,属于组织人力资源管理

---

[1] 朱湘,余佳奇.非营利组织志愿者人力资源管理策略[J].理论界,2009,(6):214-215.

的构成部分,主要包括人力资源规划、招募与甄选、指导与培训、绩效评估、激励与奖励等。要使志愿者组织建设达到高水平,关键在于把握好管理流程,在实践中寻求一套更具策略性、针对性及活力性的人员录用、规划、培训、维持和激励的动态管理方式,以最大限度发掘志愿者自身尚未发挥的能力,创造一个能让所有成员都可以贡献他们最大能量的环境。这是非政府组织对志愿者管理的本质所在。

4.1.1 人力资源规划

首先,要分析使用志愿者的可能性。不能为了追求潮流在还未充分评估及完整规划之前就贸然使用志愿者,否则后果必是利少弊多。组织在使用志愿者之前一定要考虑其使用的可行性,规划好需要志愿者投入的那些工作,然后决定使用志愿者的人数和比例。

其次,要进行服务项目分析。在招募志愿者之前,首先应对志愿者工作进行分析,并决定志愿者职位间的关系及职位的胜任资格。同时要完成任务所需的方法、技术、知识与技巧及预期的结果,了解胜任这件工作所必需具备的条件。最后根据工作分析所获的结论,拟出简洁的项目说明书,并由此制定志愿者服务手册,以防志愿者无所适从。

4.1.2 招募与甄选

首先,制订招募计划。要运用一定的策略,包括对志愿者招募区域的选择、人力供应状况的考量、招募范围内人们的意愿及组织可以投入的资源等问题的确认来进行有效的招募。

其次,选择最适合的人(best qualified),而不是追求完全符合资格的人(fully qualified)。应该了解志愿者的潜在追求,进一步对那些符合条件的人进行排序,以选出其中最符合组织需求与职位需求的人。

4.1.3 培训与指导

有时新人在组织招募之后会因多种原因选择离开。因此,要让新志愿者完整地认识工作场所、工作内容与社区的环境,组织管理者可采取多种活动塑造一个容易被接受的工作环境,留住人力。如:介绍给组织内相关的人认识,说明工作内容与范围,给予正确的工作指导,运用资深志愿者传承给资浅者,等等。当无法采用直接督导而又要使志愿者的行为标准化,就必须通过培训使志愿者能够在同样的情境中采取相似的行为。重点是培训现学现卖的知识与技巧,提高志愿者输送工作服务的能力。

4.1.4 绩效评估

考核与评估是传达组织目标的重要工具,也是评量志愿者动机的一个重要渠道。通过评估,一是可以帮助管理者考察志愿者是否能符合组织长期发展的需求、是否能委以重任,以对其进行工作调整或安排教育培训,从而使每个人适才适所;二是帮助管理者为整合志愿者个人与组织的目标,及时采取一些控制行为,以确保志愿者的所作所为有利于组织与服务对象。由于评估重点是要引导志愿者实现目标,修正缺失,因此要以融通的方式开展工作,达到有学者提出的"和谐管理"。[①]

首先,必须建立绩效评估的标准,遵守事前说明、重视个别差异、避免比较、文字化、主客观的标准兼具等原则。

其次,从评估参与行为的表现着手对志愿者进行评估。参与行为可用参与频率、参与密度、参与时间的长短来判断。"参与频率"是指从事志愿服务的次数;"参与密度"是指从事志愿服务的程度及接触工作人员的密集度;"参与时间"是指从事志愿服务时间的长短。常见的评估的方式有自我评估、督导者评估、服务使用者评估、同事评估等,最好是多种方式组合使用。

4.1.5 激励

激励就是让个人在组织中能够凭借努力来满足个人的需要,并以此促使每个人努力去实现组织的目标,达到个人需要和组织目标的双赢。非政府组织中的志愿者大都拥有强大的利他想法,这种动机使他们自愿在没有太多实质奖励的情况下提供服务。因此,管理者要常与志愿者讨论他的个人理想,并通过创造一种以个人的理想实现作为动力的组织气氛。组织主要提供福利和奖励两种激励办法。对志愿者来说,奖励办法代表了组织对志愿者的重视程度,对志愿者进行适当奖励可以提高工作士气与满意程度,只有针对不同的志愿者采用不同的激励方法,才能满足其不同的需求。当然,在外在的实质奖励之外,还应强调来自于工作本身的内在激励,比如更有趣的工作、更多的责任、个人成长的机会、更多的自由裁量权、更多地参与决策、更多样化的活动等,管理者要精心设计这其中的内容。奖励时要多强调志愿者内在的助人动机以及志愿服务的体验对个人的帮助。

4.2 非政府组织志愿者管理的实践经验

4.2.1 非政府组织志愿者管理的国外经验

新加坡在非政府组织志愿者管理方面积累了丰富的经验。志愿者是新加坡非政府组织人力资源的一个重要来源,也是新加坡非政府组织社会化运作的一个重要内容,因而构成了新加坡非政府组织人力资源管理的一个鲜明的特色。志愿者在非政府组织中的热心参与和专业服务充分体现了新加坡社会的文明和进步,更是新加坡非政府组织实施以志愿者为重点的人力资源开发与管理的成果体现。志愿者在新加坡是一个深入普及、运作

---

① 韩青.公共部门人力资源和谐管理研究综述[J].中国行政管理,2009,(3):74-78.

有序、组织规范的社会群体,已经形成以社区为载体,适合不同阶层、不同年龄、不同种族的民众共同参与的相对稳定的志愿服务队伍。他们在新加坡以社区活动、援助弱势群体、社会公益服务为目的的非政府组织的发展过程中起着重要的作用,对推动新加坡社会文明进步、促进多元文化融合、增强社会凝聚力起着积极的作用。通过对新加坡人民协会及各民众俱乐部等非政府组织志愿者管理的进一步考察和研究,可以了解到新加坡非政府组织志愿者管理,特别是其以志愿者为主体的人力资源开发与管理的成功经验。这对于转型时期我国非政府组织发展志愿者,提高决策水平,建立志愿者服务机制以及开发和管理志愿者具有十分重要的参考价值。

(1) 教育培训机制

教育培训与实践技能相结合,实现志愿者自身素质提高和非政府组织效能促进的双赢。在开发志愿者资源上着重做好以下几方面的工作:首先,在志愿者的开发特点上,始终把握人力资源区别于其他资源的最显著特性——能动性和积极性,从以人为本的思想出发,视志愿者是活生生、有理想、有情绪、有需要、有性格,期望得到关心、理解、尊重和实现自身价值的人,创造有利条件和建立教育和激励机制,满足他们对提升自我、实现自我价值的需要。其次,在开发内容上,建立和完善志愿者预测与规划、教育与培训、绩效评估、激励等配套管理机制,重点突出教育培训和激励为主的管理特色,这一点从每年政府所颁发的各种最佳志愿者奖项中可见一斑。新加坡非政府组织根据社会服务的需要,及时提供各种资格培训和课程训练,充分发掘志愿者个人潜能并对志愿者服务所需的技能技巧如沟通技巧、团队协作、组织领导、项目管理、创造性思维、快速适应环境能力等多方面进行训练。让志愿者通过培训充实了个人学识,并通过志愿服务实践自己的服务技能和组织能力,增强适应社会的能力,提升自身的综合素养。这样的培训和实践经历使志愿者更容易在政府部门、公司机构中得到较快的提升,甚至在个人创业上也会获得更多的发展机会。同时,这种对志愿者提供教育培训机会的政策,不仅提高了志愿服务水平和绩效,还能吸引更多的优秀人员加入志愿服务队伍,确保志愿活动的持续发展。最后,在志愿者开发动力上,突出整体性的特点。新加坡把志愿服务当成系统来整体开发,包括政府与社会、群体与个人以及各方面的协调动作,各有所为,形成合力,整体推进。

(2) 激励与考核机制

非政府组织与政府合作促进志愿者为主体的人力资源的开发。非政府组织与政府在人力资源开发上的合作,还体现在建立志愿者激励机制,提升志愿者服务绩效上,通过双方的合作从而使志愿服务实现社会的文明和进步。新加坡政府不遗余力地推动志愿服务,并建立政府支持的志愿者激励与考核机制,使志愿行为能够深入、持久并可持续发展,构成了新加坡政府与非政府组织精诚合作的典范,也成为新加坡非政府组织人力资源管理另一个鲜明的特色。新加坡政府在每年的国庆日,根据志愿者服务时间、绩效的不同,授予其不同等级的勋章。最高级别的可得到由总统亲自颁发的公共服务勋章(PBM)和公共服务星条勋章(BBM,BBML)。新加坡公民十分珍视这种荣誉,它成为志愿者社会地位的象征和个人价值通过对社会的贡献得到社会承认和尊重的重要标志。除了精神方面的奖励外,在物质方面的奖励也是独具特色的,是金钱所无法比拟的。众所周知,新加坡是一个廉洁的国家,尤其注重公民的平等权利,杜绝特权,但是政府却对志愿服务给予政策上的倾斜,他们为取得杰出贡献的志愿者提供种种"特权",政府通过由国会议员督导的机制为服务满三年以上的志愿者提供优先的社会服务和福利,如在申请购买由政府低价提供的住房过程中可优先得到批准,在其所服务的选区内享有免费停车的权利,为其子女进入最好的学校提供优先选择权及在政府部门或机构中的职务提升等。将志愿服务活动与公民的切身利益结合起来,具有一定的吸引力,也容易得到民众的响应和支持。

4.2.2 非政府组织志愿者管理的国内经验

我国关于非政府组织志愿者管理的理论和实践研究刚刚起步,因而非政府组织对志愿者的管理还缺少科学合理的管理模式。我国当前非政府组织的志愿者流失现象严重,大部分非政府组织在志愿者的招募与激励方面尚没有形成有效的管理机制。志愿者的培训工作也没有得到非政府组织管理者的重视,关于对志愿者、志愿服务的现行法律法规也不是很完善。目前,即使对志愿者的管理工作做得比较好的非政府组织,也仍然需要不断地探索和实践,制定出志愿者管理的有效机制。下面主要从志愿者招募机制、培训机制、激励机制、督导工作机制四大方面来分析一下我国非政府组织志愿者管理的现状,总结实践中积累的经验。

(1) 志愿者招募机制

非政府组织志愿者的招募类似企业的招聘。招聘是指在企业总体发展战略规划的指导下,制订相应的职位空缺计划,并决定如何寻找合适的人员来填补这些职位空缺的过程,它的实质是让潜在的合格人员对本企业的相关职位产生兴趣并且前来应聘这些职位。志愿者招募是一个寻找能够满足组织要求的志愿人员的过程,这些人员被组织设定的岗位所吸引,愿意参与组织设定的工作。所以,招募是一个确定志愿者并把他们安排到适当位置以达到组织目标,同时通过志愿者岗位满足志愿者自身发展目标的过程。

在我国众多的非政府组织中,北京昌平农家女实用技能培训学校是在招募方面做得比较出色的中国第一所专门面向农村妇女的非学历、非营利的公益性培训学校。农家女实用技能培训学校的志愿者招募程序有四个环节。首先,在农家女网站上发布志愿者的需求信息。希望加入该组织的公众根据网站上的联系电话,主动联系农家女实用技能培训学校,确定面试的时间地点。其次,请预备志愿者来校参观,对学校的创业历程、组织愿景有初步的认识。让他们与校工作人员和正式志愿者以及学员进行友好交流。让预备志愿者从内心去体会"予人玫瑰,手有余香"的道理。再次,学校提出志愿服务的具体工作要求,如志愿服务的时间、服务的内容、服务的要求等。如果志愿者能够认同所要从事的工作,可以请他们根据学校的要求列出一个详尽的计划,双方通过讨论后执行。最后,组织提出可能存在的困难。如志愿者有自己现有的工作或学业,在志愿服务时间上有冲突及交通方面的障碍等。如果以上四个环节预备志愿者都没有什么异议,那就可以录用为农家女实用技能培训学校的志愿者了。昌平农家女实用技能培训学校的招募机制非常的完善,因而录用的志愿者都能胜任本岗位的工作。

(2) 志愿者培训机制

志愿者培训是指给志愿者传授其完成本职工作所必需的知识、技能、能力和态度。对志愿者培训主要有两方面的作用:一是向志愿者传授完成所从事工作的基本技能;二是传播组织文化、强化组织宗旨。志愿者加入某个非政府组织主要是因为组织的奋斗目标和价值观与志愿者的个人发展目标和人生价值观有吻合之处。志愿者想通过自己从事的志愿服务获得学习的机会、扩展社会交往的范围、为社会和人类的进步贡献自己的力量。

我国非政府组织中,北京星星雨教育研究所是比较重视志愿者培训的代表性组织。星星雨教育研究所是1993年由一位孤独症孩子的母亲创立,是中国第一所儿童孤独症的家长培训学校。星星雨教育研究所每周五下午都进行家长理论学习。家长来自全国各地,一个人带孩子。当他们上课时,一些志愿者的工作任务就是看护小朋友。星星雨教育研究所把对志愿者的培训工作放在志愿者管理工作的首位。对于志愿者管理者,需要掌握志愿者管理知识;对于工作人员,志愿者管理者需要培训需要志愿者工作的部门如何安排好志愿者的工作。志愿者管理者还要做好及时与志愿者的沟通与互动,这样就使得志愿者在工作中不断地学习、不断地充实自己也不断地成长起来。志愿者会感到在组织中有很多的发展空间,有很多要掌握的知识,从而实现了志愿者自我发展,同时也为志愿者日后从事其他工作提供了丰富的知识和很好的实践经历。

(3) 志愿者激励机制

美国心理学家奥尔德弗在马斯洛需求理论的基础上进行了修正,提出了ERG理论。该理论认为人的需要主要有三种:生存需要(existence),包括心理和安全的需要;关系需要(relatedness),包括有意义的社会人际关系;成长需要(growth),包括人的潜能的发展、自尊和自我实现。志愿者所追求的就是关系需要和成长需要,具体地来说志愿者是不为报酬、不求物质回报及个人得失的一类特殊的工作群体,他们通过从事志愿服务工作想得到的收获就是人际交往、自我发展、受尊重和自我实现的满足。志愿者追求精神层面的东西决定对志愿者的激励工作一直以来是非政府组织管理中难以突破的问题。如何有效地激励志愿者、如何能留住志愿者资源是非政府组织应该特别关注的,针对这一特殊群体要采取恰当激励方式,才能真正激发员工的积极性和创造性,实现激励效用的最大化。

目前,我国的非政府组织中对志愿者的激励工作做得比较好的是红枫妇女心理咨询服务中心。该组织作为中国最早的民间妇女组织,随着组织规模的不断扩大,工作经验的积累,红枫妇女心理咨询服务中心对志愿者的管理已经形成一套比较规范的管理制度,该组织的志愿者激励机制是很值得非政府组织借鉴的。红枫妇女心理咨询服务中心对于出色的志愿者以及他们的优秀事迹,会在热线简报上给予表扬。红枫妇女心理咨询服务中心还对在"红枫"热线服务五年以上的志愿者颁发特制的奖章,给予精神鼓励。"红枫"热线还为每个志愿者、工作人员庆祝生日。每当志愿者过生日时候,都会收到"红枫"热线寄来的精美贺卡。志愿服务工作者感觉到组织如同自己的家,组织中的同事如同自己的亲人,组织的每一个进步都让自己感动和自豪。红枫成功地留住现有的志愿者工作人员并吸引更多的志愿者来组织工作。

(4) 督导工作机制

非政府组织的志愿者在从事志愿服务期间,通过定期的督导可以帮助志愿者发现工作中存在的问题和不足,并能找出导致工作失误的原因,制定工作的改进计划采用新的工作办法,保证志愿者从事志愿服务的效率与质量。

作为专业的心理咨询机构,红枫妇女心理咨询服务中心自从建立之初就设立了工作督导制度。督导的形式有三种:从志愿者中任命督导人员、集体督导、聘请兼职督导。从志愿者中任命督导人员的形式是,志愿者中有一部分人是专门从事心理咨询工作的,他们既作为志愿者上线服务,又担任督导工作。实行集体督导的,这样的督导形式可以减轻每位督导人员的负担。"众人拾柴火焰高",集体督导可以凝聚众人的智慧。在"红枫"督导中,以心理学专业为主,还有社会学和社会工作等专业人员,可以满足多学科指导的需要。聘请兼职督导,成立教练小组。一些督导由于工作繁忙,没有空闲时间去参与督导工作。于是"红枫"热线聘任了兼职督导,并在督导下面设立教练小组。由督导人员对教练人员进行培训和辅导。督导的工作职责是:招聘、培训新志愿者,主持业务研讨会,对教练及志愿者提供理论支持、技术支持及情感支持。集体讨论制定不合格志愿者劝退名单。督导人员的权利是获得学习和交流的机会,决定志愿者上线资格,参与制订"红枫"热线有关规定和守则,向组织提出意见和建议等。

4.3 非政府组织志愿者管理的中外比较

在分析国内外非政府组织志愿者管理的经验后发现,中外志愿者管理在管理体制、组织机制、保障机制、培训机制和激励机制方面存在着相当大的差异。

4.3.1 管理体制

欧美国家志愿者组织大都为非政府组织,这些在法律框架下建立的民间组织,既无政党色彩,也无政府色彩,一般都以全体大会作为最高权力机关。这种独立于政府的组织架构为志愿者组织提供了灵活的自主处理事务的管理权利。各组织能够更好地发展,每个志愿者的能力也能够全面发挥。

在中国,由于国家社会化和社会国家化传统的长期影响,志愿者组织行为并不像西方国家那样属于纯民间行为,但同时又与官方行为有区别。我国志愿服务事业一直按照"党政支持、共青团承办、社会化运作"的思路开展,组织管理上,志愿者组织都挂靠与各级团组织,由团组织直接领导,在许多地方,团干部就是志愿者组织的领导者,团员就是志愿者。在活动运作上,多是由党团组织自上而下发起的。这种管理体制虽然具有效率高、凝聚力强的优势,但将应由公民社会实现的社会服务职能强行捆绑于政府身上的负面影响也不可小视,特别是志愿者组织独立性不强、自主能动性缺乏的尴尬处境,常常导致志愿服务活动流于形式,缺乏生命力。

4.3.2 组织机制

西方国家的志愿者组织体系比较健全,因此人们能够正确认识志愿者,积极投入志愿行动。就组织机构来说,相对比较自由灵活。志愿者们往往可以分属于不同的组织而不限于一个组织,并可以同时为不同的组织服务。这样顺畅的人才流通可以使活动进行得更加顺利。而中国对志愿者组织的宣传比较少,志愿者参加的组织形式也比较单一。人们要当志愿者或者志愿组织要招募志愿者,必须花大力气去寻找相关方面的组织,且这种信息是很难找到的。而在澳大利亚、美国等国家,这种志愿者组织的信息很容易找到。人们只要按照一些慈善机构在电视上播放的节目、在招募志愿者或进行募捐活动时提供的电话号码和他们联系就可以了。

4.3.3 保障机制

志愿者活动保障首先是经费的保障。国外志愿者组织社会化和独立于政府的属性,使得其志愿者组织组织经费的来源渠道多元化,不仅从会费、公共以及慈善机构或个人捐赠中获得经费,而且总量也是很大的。如,英国制有返还所得税制度,并规定相关企业捐款的免税政策;美国政府会通过给予特定的免税政策、拨款,规定非政府组织从事社区服务所形成的盈利或利润必须用于社区发展的再投入等方面从财税政策上给予志愿者组织极大的支持,等等。其次是有较明确的法律保障体系。一些发达国家对于志愿服务有明确的法律规定,从法律上明确志愿者与服务对象之间的权利义务关系,为志愿者提供保险及法律法规支持。如德国的《奖励志愿社会青年法》、美国的《志愿服务法》、加拿大的《志愿工作法》等。另外,很多发达国家把志愿服务纳入本国的社会保障体系之中,志愿行动具有较大危险性的时候,国家和社会为其承担风险。我国志愿者组织活动的保障机制尚不健全。由于管理体制上的问题,资金来源渠道相对狭窄。如,志愿者工作大多直接挂靠学校中的团委,进行商业化操作的可能性较小,加之社会企事业单位支持力度也不大,政府对于企业也没有这方面的要求,且没有减免税待遇,以至企业捐赠不稳定,个人捐赠总量很少,志愿者组织经费主要靠财政拨款,经费筹措严重不足。虽然近年来中央有关部门颁布了一系列的法规、政策支持志愿者活动,但是仍然比较笼统。特别是缺乏家喻户晓的鼓励对志愿活动的募捐、捐助和对参与者或单位的认可政策或制度,影响到志愿者队伍的发展。

4.3.4 培训机制

中外志愿者活动在培训方面从理念到实施都存在比较大的差别:

第一,培训定位的差异。发达国家志愿者组织把组织成员的发展作为培训目标,故将自己定位为"成员发展空间提供者",从而对志愿者实行长期和短期相结合的双线培训模式。在我国,志愿者组织主要定位在"服务提供者",相应的活动开展显得比较被动。对于志愿者的培训只有针对性非常强的项目培训,缺乏相对应的志愿者常规培训。

第二,培训操作过程的差异。发达国家志愿者活动的组织机构培训,是运用坚持长期对志愿者素质培训的理念指导,把对志愿者进行极为个性化的培训寓于有效的管理之中,再加以积极引导;相对而言,国内对志愿者的培训覆盖面窄,培训的受众比较有限。

第三,培训内容方面的差异。西方国家的培训目标主要是在"求发展",在此定位下寻求多元化的个性化素质培训,即注重精神层面培养,最重要的是组织归属感的培养。在我国,志愿者培训则着重于技能技术的培训。

4.3.5 激励机制

完整的激励机制的推动及保障作用是任何一个组织的评定都需要的,对组织及个人工作实绩进行科学的评价就是激励的依据所在,这就需要一套科学的考量指标。西方发达国家和国内志愿者活动的评估机制的不同主要表现在以下方面:

第一,评价依据不同。由于志愿者本身的文化积淀和社会影响造成的强烈认同感以及参与性,使得发达国家的志愿者活动考评本身成为了参考标准。一些国家在立法方案上就比较宏观地提供了参考依据,比如,西方国家有明确的法律规定,而国内则以不同的政府规章作为约束,或者没有约束。由于没有建立相应的约束机制,志愿者行动组织者与参与者间没有直接的利益交互关系,也没有对等的权利义务关系。这样考评的指标往往就成为了行为的下限,变成以结果作为标准。

第二,志愿者本身的主动性与参与性不同。在西方国家,深厚的宗教文化道德积淀创造了志愿服务的自觉性,志愿行动的自愿性、自发性相对更强,因而更易于培养志愿者对自己行为的认同感和对组织的归属感,交流沟通也就更能够顺利开展,监督反馈过程也会得以进一步完善。在中国,志愿者往往是被动地、某项活动成形后的参与者,几乎没有机会参与活动的策划,也没能参与活动后的认证、评价与监督。在中国台湾地区,无论是行政当局的部门,还是志愿服务运行单位,规定的志愿服务奖励大多是以精神奖励为主,客观上都发挥着非常好的激励作用。在美国,参加为美国服务的志愿者服役期一年后,可以得到 9 450 美元,作为两个学期的奖学金,在选择联邦职业时还可享有免除考试的资格。

18～24 岁的青年志愿者在参加全国民事社区服务队 10 个月的服役期满后,可得到 2 362.5 美元的一次性奖学金和 6 000 美元的津贴。尼日利亚的大学生志愿者在连续志愿服务一年后,可以获得保障将来就业的国家服务证书。在中国,虽然有一些以志愿精神为支持的激励机制,但从总体上看,这些措施还略显"单薄",不仅比较少,周期也比较短。如,北京志愿者协会会根据认证服务时间的长短颁发志愿者服务金奖、银奖、铜奖、服务奖;北京市天桥街道制定根据志愿服务时间进行不定期奖励的制度等等。

非政府组织的人力资源管理关乎非政府组织的功能发挥和持续发展问题,是非政府组织管理的关键环节。而志愿者管理是非政府组织人力资源管理的重要构成部分,能否对志愿者进行有效管理与激励决定着非政府组织的生存和发展。本章主要探讨了非政府组织人力资源管理的特征和流程、非政府组织志愿者管理的流程,并对国内外非政府组织志愿者管理的实践经验进行了简单的对比分析,以对提高我国非政府组织人力资源管理特别是志愿者管理提供启示。

关于人力资本的相关理论和对于志愿精神及志愿者组织的学理分析是理解非政府组织人力资源管理的起点。在厘清了人力资源、人力资源管理、志愿者和志愿者管理者四个核心概念之后,本章详细阐述了非政府组织人力资源管理的流程。同时,由于志愿者已经成为当今中国非政府组织人力资源的重要构成部分,那么对非政府组织中志愿者管理的探讨也是应有之义。与非政府组织中的一般人力资源管理相比,志愿者管理有着诸多相同之处,也有着自身的特征。在国外,志愿者管理的机制比较成熟。通过比较分析,既突出了国内外志愿者管理的特点,也有助于借鉴先进的经验,加强我国非政府组织人力资源管理。

人力资源 Human Resource　　　　　人力资源管理 Human Resource Management
志愿者 Volunteers　　　　　　　　　志愿者管理 Volunteer Management

1. 非政府组织人力资源管理与其他类型组织的人力资源管理存在哪些相同和不同之处?
2. 请思考志愿者在非政府组织发展中的重要作用。

3. 根据本章内容，结合自身的体会，请谈谈完善非政府组织人力资源管理特别是志愿者管理的想法。

1. 丁元竹,江汛清,谭建光.中国志愿服务研究[M].北京：北京大学出版社,2007：40-222.
2. 沈杰.志愿行动：中国社会的探索与践行[M].北京：人民出版社,2009：1-78,235-320.
3. 谭建光,凌冲,朱莉玲.现代都市志愿者心态分析[J].中国青年研究,2005,(1).
4. 唐俊辉,唐重振.试析非营利组织人力资源管理[J].人才开发,2005,(4).
5. 徐中振,黄晓春.时代精神与精彩人生[M].上海：上海人民出版社,2011：32-43.

上海非政府组织人力资源管理的特点

调查研究发现，当前上海非政府组织人力资源存在总体数量发展滞后、人才结构不合理、人才流失率高的问题。

首先是总体数量发展滞后。具有社会工作专业训练和专业知识的人员是非政府组织人才队伍建设需要引进的对象，然而上海这方面的人才储备比较欠缺。自2003年上海首次社会工作者职业资格考试至今，上海取得各类社会工作职业资格的人员约8 000人，不到全市常住人口的0.5‰。有关资料显示，2005年美国专业社工总量已达到65万人，约占总人口的2‰～3‰；加拿大专业社工约占总人口的2.2‰。相比之下，上海专业社工数量明显偏少，社会工作人才总量严重滞后于社会工作任务日益繁重。

其次是结构不合理。从专业知识储备上看，现有的社会工作人员中，98%没有经过系统的专业教育，虽然有长期工作实践，但经验型居多，缺乏社会工作的专业理念、知识和技能，工作手段和方法相对落后。特别是能综合运用各类专业方法的"复合型"社工、在一线解决复杂问题的"临床"社工等严重不足，难以提供个性化、多样化、系统化的专业服务。从分布领域上看，老人护理、残疾人康复、特殊教育等服务领域的专业人才非常欠缺。从人才内部的层次上看，非政府组织领军人物稀缺。非政府组织领军人物是具有公益热情和强烈进取心的高素质人才，对于推进非政府组织健康发展的意义不可估量。然而现有的领军人物大都是靠自身的激情和投入，对非政府组织的协调和动员也是靠个人魅力，尚未形成培育和激励领军人物的机制，造成领军人物稀缺。从年龄构成上来看，非政府组织工作人员年龄趋于老龄化，缺乏年轻力量的补充。据上海市社会团体管理局基金会管理处2011年统计，本市基金会中，工作人员平均年龄在30～40岁的基金会占26%，平均年龄在40～50岁的基金会占33%，平均年龄在50～60岁的基金会占39%。

最后是人才流失率高。据上海市综治办统计,2004—2006年三大社团社工流失率分别为0.7%、5.7%和10.1%,尤其是骨干社工流失情况严重。目前上海高校每年培养的社会工作毕业生将近1000人,据有关调查显示,社工专业毕业生毕业后实际从事社工相关工作的不足10%。以上海浦东社会工作人力资源情况为例,作为中国内地社会工作发源地的浦东新区,尽管浦东"社工"人才队伍建设起步较早,也取得了一定成效,但总体而言,其"社工"人才队伍建设尚处于成长阶段,在人员结构、机构发育、能力建设等方面仍有待于进一步改善。2011年年底,浦东的专业社工1500多名,这个数字远低于《浦东社区社会工作人才队伍三年发展纲要》提出的"到2010年新区专业社工人才力争达到3000名"的目标。

资料来源:上海工程技术大学《上海社会组织建设与社会转型研究》课题研究报告,未刊稿,节选。

请结合材料,谈谈专业人才对于非政府组织发展的重要性,并分析当前非政府组织人力资源面临的机遇和困境。

第 5 章

非政府组织的绩效管理

【学习目标和要求】

通过本章的学习,要求学生了解我国非政府组织绩效管理的一般理论,识记非政府组织绩效管理的概念和特点,熟悉我国非政府组织绩效管理的主要流程和工具,并掌握平衡计分卡的内涵及其在我国非政府组织绩效管理中的应用。

案例1:辽宁省开展绩效评估工作推动社科类社团健康发展

2006年7月到9月,辽宁省民政厅组织由省民间组织服务中心、省社科联及有关专家学者组成两个评估小组,上门对首批49家省级社科类社团进行了标准化评估。

整个评估工作呈现出以下几个显著特点:

1. 高度重视,协调运作,社科类社团管理工作摆上日程。建立了由省委宣传部牵头,省民政厅、省民间组织管理局、省社科联等省直有关部门领导参加的社科类社团管理工作联席会议机制,每年定期研究社科类社团工作,并确定开展标准化社团评估工作的指导方针,即"区别对待、分类指导、细致稳妥、循序渐进",要求对不同类型的社团要具体情况、具体分析,使评估标准更加客观,评估尺度更加合理。

2. 量化指标,制定文件,标准化社团评估工作有章可循。省民间组织管理局和省社科联自去年上半年以来,围绕规范化管理与建设工作,出台了符合辽宁社科类社团实际的标准化社团评估方案。

3. 精心组织,交叉评估,积极推动标准化社团评估工作。从7月初开始,由省社科联牵头,成立了两个评估小组,分别按各自日程安排逐一上门对社科类社团开展评估工作。通过听取汇报,审阅材料,了解活动情况和基础设施建设情况,为每个社科类社团逐项打分。评估小组在评估过程中多次召开小型会议。上门评估结束后,评估小组专门召开了评估情况通报会,依据标准,逐个剖析,充分讨论,明确意见,最终评出标准化社团。

4. 务实创新,推动发展,标准化社团评估工作取得初步成效。通过开展标准化评估工作,发现和树立了一批值得学习与宣传的典型社科类社团,同时也暴露出一些"空壳社团"、"三无"社团、"经营型社团"、老龄化社团。

资料来源:周兆明.辽宁省开展绩效评估工作推动社科类社团健康发展[EB/OL]. http://www.chinanpo.gov.cn/1938/24530/index.html,2012-04-30.

案例2:中国的社会组织开始参与对政府绩效评价

2005年3月,甘肃省举行了一场大规模的非公有制企业评议政府绩效的活动,与传统的由政府自身进行评价的模式不同,这次评议的整个运作过程几乎由一个中立的社会组织完成。

作为这项活动组织者的政府更像是一个"助手"——除了进行必要的协调外,从不干预评议活动的具体操作。

从20世纪90年代初开始,中国不少地方政府为了提高办事效率和改进工作作风,开始参照国外的一些做法,对政府部门以及工作人员的行为进行评价,以此发现不足并作为决策参考。北京、福州、青岛以及近年来的温州、深圳等地的政府部门都开展了多种形式的评议活动。

但一个明显的不足是,这些评议活动都局限于政府自行组织、自行评价,在这种"运动员+裁判员"式的评价中,政府部门扮演了双重角色,影响了评价结果的客观性。

"评议政府的绩效有两种方式,一是政府部门内部的评议,即在同级政府部门之间、上级和下级之间进行;另一种就是由外部中立的社会组织实施的评议。前者当然必不可少,但后者显然更客观公正,因为它很少与政府部门有直接的利益关系,受到的干扰因素最少。"兰州大学中国地方政府绩效评价中心主任包国宪说。甘肃省的这次评议活动就是这个中心负责的。

甘肃省的这次评议结果是,非公有制企业对市、州的平均满意率为62.41%,其中最高平均满意率为77.82%,最低平均满意率为41.14%,对省直部门的平均满意率为59.20%。

资料来源:王衡,朱国亮.中国的社会组织开始参与对政府绩效评价[EB/OL]. http://www.chinanpo.gov.cn/1939/18585/index.html,2012-04-30.

非政府组织是以社会公共利益为目的的,从事公共服务和公共产品供给的社会组织。在西方发达国家,人们对非政府组织的组织运行效果普遍上是持肯定态度的,但在中国,非政府组织的影响力还比较有限。也因为有限,人们对非政府组织的认识有两种截然不同的态度:一是乐观主义态度。持这一态度的人认为,非政府组织是新兴的公民社会组织,它的成长与壮大,让计划经济时期国家与社会浑然一体的零距离状态开始逐步分开,生长在社会中的个体开始有了自己的组织,能够通过这些非政府组织在相当程度上解决政府和市场都不能解决的问题。随着市场经济的进一步发展,非政府组织也会得到更大的发展,国家的发展驱动力也将由原来的国家驱动变成社会驱动,由原来的国家引导市场开发的内在动力,变成通过社会来驱动市场开发的内在活力。持这些观点的人对非政府组织的作用和未来的发展持相当肯定乐观的态度;二是悲观主义态度。持这种态度的人则认为,当前非政府组织仅仅是冰山一角,和政府组织以及市场组织相比,力量太小,而且中国的传统就是政府至上,政府解决不好的资源配置问题非政府组织也不能解决。而且在今天的深层次价值观念中,功利主义已经成为当今时代背景的主流意识,非政府组织很难独善其身。人们对非政府组织还是会持质疑的态度。由此,他们对非政府组织的未来很悲观消极。

从科学主义的角度来分析,无论是悲观主义还是乐观主义,一个人的价值取向的形成基础是建立在科学的绩效评估之上。而绩效评估则是绩效管理的一个重要环节。如果把非政府组织内部运作看作是一个"黑箱"的话,绩效管理与绩效评价则是解剖组织"黑箱"的一种方式。通过对非政府组织绩效管理和绩效评估的研究,一方面有利于国家对非政府组织的成长与发展进行有效的监控和管理;另一方面有利于非政府组织通过绩效管理这一方法的应用提高自身的组织能力,从而更好地发挥非政府组织的社会功能。因此,非政府组织绩效管理和绩效评估的研究具有很重要的理论和现实意义。本章试图围绕非政府组织的绩效管理的内涵、绩效管理的流程、绩效评估的应用等问题做出分析和探讨。

1 非政府组织绩效管理概述

1.1 绩效的内涵

"绩效(Performance)"一词越来越广泛地应用到各类的管理实践和学术研究当中,但遗憾的是,在有些研究文献中,对于绩效这一概念,被视为无须界定或已经约定俗成的"前提"或"常识",人们通常不予讨论或是有意无意地忽略。但事实上,"绩效"是一个复杂的多维结构概念。当观察和测量的角度不同时,绩效的结果也是不同的。为此,必须对绩效的含义做出一个相对全面的界定。

"绩效"一词从中文的词义去分析的话,就是指组织活动的"绩"与"效"之和,其中"绩"意味着"做了什么样的事情","效"意味着"获得什么样的效用"。中文对绩效的二重含义的解读与欧美国家对绩效的理解是异曲同工的。在欧美国家的学者们看来,绩效通常存在三种观点:第一种观点认为绩效就是指一种结果,结果绩效可以用诸如产出、指标、任务、目标等词表示,如 Peter F. Drucker 认为,绩效意味着集中于实现结果的那些有用的资源,而不是对不可实践的东西作出承诺。第二种观点认为绩效就是主体的行为;第三种观点认为绩效包括行为和结果两个方面,行为是达到绩效结果的条件之一[1]。就以上

---

[1] 范柏乃.政府绩效评估与管理[M].上海:复旦大学出版社,2007:6.

三种观点而言,把绩效定义为产出的结果有它的优点,这一定义与人们日常的感受相符合,便于人们的理解和实际操作,在评价过程中采用一些具体的指标,如生产总量、次品率、销售量等等,这也容易保持客观性。但问题是,往往一项工作的结果并不一定由某种特定的行为直接产生,此外,如果单纯地追求结果的话,又很可能导致组织追求短期利益、不顾及组织整体利益等不当行为的出现,因此组织很难把单一的结果或者单一的行为作为衡量绩效的标准。而仅以主体的行为来界定绩效,虽然强调了过程的控制,但却忽略了结果目标的达致。所以,第三种观点应该在现实中更为贴切合理。

在管理学中,作为一个多维结构,绩效是组织期望的结果,是组织为实现其目标而展现在不同层面上的有效输出,它包括个人绩效和组织绩效两个方面。组织绩效是建立在个人绩效实现的基础上,但个人绩效的实现并不一定能保证组织绩效。当然,如果组织绩效按一定的逻辑关系被层层分解到每一个工作岗位以及每一个人的时候,只要每一个人都达到了组织的要求,组织的绩效就实现了。但是,组织战略的失误可能导致个人绩效目标实现而组织绩效却失败的后果。

1.2 绩效评估

1.2.1 绩效评估的内涵

对于什么是绩效评估,目前学界尚未形成一致的定义。比较有代表性的定义有:[①]美国学者朗格斯纳认为,"绩效评估是基于事实、有组织地、客观地评估组织内每个人的特征、资格、习惯和态度的相对价值,确定其能力、业务状态和工作适应性的过程"。美国学者费利波认为:"绩效评估是指对员工在目前任务中的表现情况以及担任更高一级职务的潜力进行有组织的、定期的,并且尽可能客观的评价。"英国学者罗斯勒认为,"绩效评估是为了明确员工的能力、工作状况和工作适应性,以及对组织的相对价值进行有组织的、实事求是的评价,绩效评估的概念包括评价的程序、规范和方法的总和"。

从以上三个定义可以看出,绩效评估是评估主体运用科学的标准、方法和程序对评估对象的业绩、成就和实际行为作出的尽可能准确的评价。其中,评估主体有内部和外部之分,分别称为内部评估和外部评估。内部评估是由被评估对象内部人员对其绩效进行的评估,外部评估是由评估对象以外的评估者所完成的评估。评估对象有个体和组织之分,分别称之为个体绩效评估和组织绩效评估。个体绩效评估是对组织雇员的工作成绩、贡献的评估;组织绩效评估是对组织的经济、效率和效益等进行的评估。此外,根据不同的标准,可以将评估分成多种类型。根据评估者的工作内容,可以分为累积性评估和形成性评估;根据被评估项目所处的阶段,可以分为过程评估和结果评估;根据评估相对于项

---

① 范柏乃.政府绩效评估与管理[M].上海:复旦大学出版社,2007:7.

目的时间,可以分为前评估、中评估和后评估;根据评估者的组成情况,又可以分为自我评估和外部专家评估;根据被评估者的参与程度,评估还可以分为独立评估和参与性或合作性评估等等。

1.2.2 绩效指标

通常来讲,绩效评估是建立在一系列绩效指标的基础之上的。所谓绩效指标,就是指关于组织与项目绩效各方面的客观的、高质量的标志。各种绩效指标都是用于衡量具体的绩效水平的,比如效益、操作效率、生产力、服务质量、客户满意度和成本。从这个角度上来说,绩效评估也就是定义、衡量和运用绩效指标的过程。

1.2.3 绩效评估系统

绩效评估是一个完整的系统。绩效评估系统主要包括三个组成部分:涉及数据选择和处理、数据的分析和数据分析后的活动或决策制定。美国罗格斯大学纽瓦克分校的国家生产力中心主张,一个良好的绩效评估系统应该包括下列七个步骤:鉴别要测评的系统;陈述目的并确定所需结果;选择衡量标准或指标;设立业绩和后果(成就目标)的标准;监督结果;绩效报告;使用后果的业绩信息。① 要使绩效评估系统的运行获得改善整个绩效的目标,管理者不仅要界定指标和进行系统的设计,而且还要用那些数据来提供绩效。

1.3 绩效管理

1.3.1 绩效管理的内涵

从词源上看,"绩效管理"一词源自西方的管理理念,其在英文中是"Performance Management",意指"管理者确保员工的行为和输出同组织目标一致,形成核心竞争力的管理过程"。美国绩效评估中心的绩效衡量小组为绩效管理下了一个经典性定义:所谓绩效管理,是指"利用绩效信息协助设定统一的绩效目标,进行资源配置与优先顺序的安排,以告知管理者维持或改变既定目标计划,并且报告成功符合目标的管理过程"。从美国绩效评估中心对绩效管理含义的界定中可以看出绩效管理具有以下三个特性:第一,系统性。绩效管理是一个完整的系统,不是一个简单的步骤;第二,目标性。绩效管理需要有目标设定,只有目标设定明确,考核才会有针对性;第三,沟通性。制定绩效要沟通,协同考核对象实现目标要沟通,年终评估要沟通,因此,绩效管理的过程就是持续不断的

---

① [美]阿里·哈拉契米.政府业绩与质量测评——问题与经验[M].张梦中,丁煌译.广州:中山大学出版社,2003:36-39.

沟通过程。总体来说,绩效管理是指利用绩效信息协助设定统一的绩效目标,通过激励和帮助员工取得优异绩效,以实现既定目标计划的管理过程。

1.3.2 绩效管理与绩效评估的区别

绩效管理与绩效评估二者虽然密不可分,它们互为先行或者互为后续,但二者有着本质性的区别,其区别大体表现在以下几个方面:(参见表1)

(1) 过程上的区别

绩效管理体现的是管理的整个过程,它注重的是过程,通过过程来控制结果;绩效评估强调的是考核,关注的更多是结果,更加强调结果而忽视过程。

(2) 流程上的区别

绩效管理的流程包括四个方面:绩效目标体系的设置,绩效实施的跟踪和辅导,绩效评估结果的汇报,绩效状况的反馈和改进;绩效评估的流程则主要有两个:绩效目标体系的设置,绩效评估结果的汇报。由此可见,绩效管理比绩效考核多了两个流程——绩效实施的跟踪和辅导、绩效状况的反馈和改进。

(3) 部分和整体的区别

绩效评估只是绩效管理的一部分。美国学者米歇尔·J. 勒贝斯认为,绩效评估是绩效管理的一个中心环节,绩效评估的结果表明组织选择的战略或者行动的结果是什么,它是一种管理手段。

(4) 侧重点不同

绩效管理侧重于信息沟通与绩效提高,而绩效评估侧重于判断和评估。另外,绩效管理还注重事先的沟通与承诺,而绩效评估则注重事后的评估。

表 1　绩效评估与绩效管理的区别

绩 效 管 理	绩 效 评 估
一个完整的管理过程	管理过程中的局部环节和手段
侧重于信息沟通与绩效提高	侧重于判断和评估
伴随管理活动的全过程	只出现在特定的时期
事先的沟通与承诺	事后的评估

资料来源:范柏乃. 政府绩效评估与管理[M]. 上海:复旦大学出版社,2007:14.

1.4　非政府组织绩效管理与企业绩效管理的区别

绩效管理最早应用于企业管理领域。20世纪中叶以来,绩效管理作为一种工具,开始逐步应用到公共部门中。非政府组织是公共组织的重要组织形式,它具有公益性、非营利性的特征,相比较于以营利为目的的企业组织而言,非政府组织绩效管理与企业绩效管理有着很大的区别。

1.4.1 目标上的区别

管理目标是组织为自己确定的、在特定时间范围内,利用各种可利用的资源要求取得的成效。企业是天然的、以逐利赢利为目标的组织形式,营利的性质决定了企业绩效管理的目标总是围绕经济效益设定。当然,不是说企业不顾社会责任、不讲社会效益,在特定的情境下,比如为了追求可持续性的发展,企业也会关注社会效益目标,但总体上社会效益目标是服从于经济效益的;非政府组织的非营利、公益性特性则决定了它们在绩效管理目标设定上更加重视追求社会效益目标。虽然在特定条件下,非政府组织也会有经济效益目标,但经济效益目标是服从于社会效益目标的。

1.4.2 价值取向上的区别

非政府组织绩效管理以公共价值为首要目标。价值取向是指行为主体在价值选择和决策过程中的一定倾向性。企业管理的价值取向一直是很明确的,就是追求企业利益的最大化。虽然企业不同历史时期会有不同经营理念、策略的调整,但企业根本的价值取向是不会发生改变的。而非政府组织的公共性和公益性特点,则决定了非政府组织不能将追求自身利益的最大化作为自己的价值取向,它必须把公众的整体利益和组织成员的共同利益放在首位。

2 非政府组织绩效评估的有关理论

有关非政府组织绩效评估的理论主要有四种[①]:

2.1 "3E"评估理论

"3E"评估理论中的"3E"通常是指经济(economy)、效率(efficiency)与效果(effectiveness)。所谓经济,是指以最低的成本供应与采购维持既定服务品质的公共服务。它关心的是投入的数量,而不关注其产出品质与服务品质。所谓效率,是指投入与产出之比例。效率指标通常包括服务水准的提供、活动的执行、每项服务的单位成本等。所谓效果,则是指公共服务实现目标的程度。

应该说,从"3E"的角度出发对非政府组织进行评估有助于非政府组织绩效的提高。然而,这种评估方式也存在一定的局限性。这个局限性表现为,由于过分关注组织的经济、效率与效果,而忽略了非政府组织自身的建设和问责的要求等问题。

---

① 邓国胜.非营利组织的"APC"评估理论[J].中国行政管理,2004,(10).

2.2 "3D"评估理论

"3D"是指诊断(diagnosis)、设计(design)与发展(development)。诊断是指非政府组织或项目的管理者能够正确识别组织或项目所面临的新问题,能够考虑到主要相关利益群体的需求与利益。设计是指组织或项目管理者能够通过适当的策略解决这些问题,能够设计解决这些问题所需要的恰当的结构与战略。发展是指解决组织或项目实施过程中所遇到的问题,进而通过学习进行管理变革或创新的一种能力。

"3D"评估理论的优势在于它尤为注重通过评估提升非政府组织自身的能力建设,通过评估帮助非政府组织不断学习与完善。然而,这一评估理论也存在很大的局限性:首先,评估指标难以定量。"3D"评估理论更多的是定性评估,很难在不同组织之间进行数量上的比较,由于难以比较,因此也无法根据评估的结果实施奖罚。其次,在提升组织的效率和公信度方面有一定的局限。

2.3 "顾客满意度"理论

随着新公共管理的兴起,一些学者和实践工作者提出,公共组织的核心是为公众提供优质的服务,因此,评估的导向应当是自下而上的,面向被服务对象的,即以顾客满意度为焦点。一般来说,所谓顾客满意度是指顾客感受到的服务质量达到其期望值的程度。它包括了解顾客的需求,并能迅速、准确地回应服务对象的需要;充分具备提供服务所需的知识与技能;热心接受顾客的要求;服务态度谦虚、有礼;能够倾听顾客的不同意见;非政府组织及其工作人员(包括志愿者)值得信赖;能够尊重顾客的隐私;被服务对象有畅通的投诉渠道等等。

顾客满意度评估对于提升非政府组织的服务品质有一定的作用,但用顾客满意度来评估非政府组织的绩效时,它并不是一个很敏感的、理想的指标。因为非政府组织的服务对象对政府和非政府组织的要求和期望差异很大。

2.4 "APC"评估理论

在参考国外非政府组织评估理论和结合我国当前非政府组织面临的实际问题的基础上,我国学者邓国胜构建了一个涉及非政府组织问责、绩效和组织能力的全方位评估理论,简称为"APC"评估理论。"所谓问责是指非政府组织对其使用的公共资源的流向及其使用效果的社会交代。问责性评估则是对非政府组织或其他公共组织问责程度的评价。所谓绩效评估是对非政府组织的适当性、效率、效果、顾客满意度、社会影响及其持续性的评估。所谓组织能力是指组织开展活动和实现组织宗旨的技能和本领。非政府组织的问责、绩效与组织能力是密切相关、相互作用的。问责性评估是保证非政府组织公信度的制度体系,它有助于保证非政府组织做正确的事情,有助于提升非政府组织的责任、声望与合法性,而组织的声望与合法性是非政府组织成功的必要条件之一;绩效评估是保证非政府组织有效使用稀缺资源的制度安排,它有助于保证非政府组织正确地去做事;组织能力评估是保证非政府组织提升组织能力的管理工具,它是非政府组织持续提升组织的问责性与绩效的基础。"①

总地来说,"APC"评估方式是一套理想的、全面的、综合性评估框架。然而,"APC"评估理论框架也存在局限性,那就是在实际操作过程中,如果对所有非政府组织都开展"APC"评估,势必成本太高。②

3 非政府组织绩效管理的流程和意义

3.1 非政府组织绩效管理的流程

和一般组织的绩效管理流程一样,非政府组织的绩效管理流程通常也分为五个部分:

(1) 绩效计划

非政府组织绩效管理的第一个环节是绩效计划,绩效计划的内容包括设计非政府组织绩效管理的目标和标准。如在绩效周期开始时,非政府组织的管理者和被管理者在绩效周期内要做什么、为什么做、需做到什么程度、何时做完等问题进行探讨,促进相互理解并达成绩效协议,这就是非政府组织绩效计划。

(2) 绩效计划实施

绩效计划实施是非政府组织绩效管理的中间环节。绩效计划实施包括从计划形成起到目标实现为止的全部活动,这个过程中主要包括三个方面:绩效指导、持续沟通、收集信息。首先是绩效指导,即制订了绩效计划以后,非政府组织的管理者要对被考核对象的工作进行指导监督,对发现的问题及时予以解决,并随时根据实际情况对绩效计划进行调整;其次,持续沟通。非政府组织的绩效计划制订之后并不是一成不变的,随着工作的开展而不断调整。在整个绩效期间,需要非政府组织的高层管理者不断地对考核对象进行指导和反馈,即进行持续的绩效沟通;最后,收集信息。非政府组织通过持续的绩效沟通可以在平等的交往中相互获取信息,通过收集信息来实现工作任务的调整,联络非政府组织工作人员的感情。

(3) 绩效评估

非政府组织可以通过预先设定的目标,用符合组织情况的方式进行评估,再根据绩效评估的结果,发现绩效管理实施过程中的问题,从而调整目标、整合资源或改进工作措施等。从这个意义上讲,非政府组织绩效评估是绩效管理系统的核心和持续运作的基石。

---

① 邓国胜.非营利组织的"APC"评估理论[J].中国行政管理,2004,(10).
② 黄波,吴乐珍,古小华.非营利组织管理[M].北京:中国经济出版社,2008:185-186.

(4) 绩效反馈

非政府组织绩效管理并不是得到一个绩效评估的数字就结束了,还需要绩效反馈。通过绩效反馈,非政府组织的各个相关行动者可以得到有效的信息,为以后工作的改进提供了基础。事实上,从理论上讲,绩效反馈有两个目标:一是使被评估对象明确自身能力与不足,从而明确努力方向;二是通过反馈过程提升被评估对象对绩效结果的感知,强化对绩效管理系统的认可程度。[1]

(5) 绩效评估结果的应用

非政府组织绩效评估后,还要对评估结果进行应用,这也是组织绩效管理的一个很重要的过程。这是因为绩效评估的结果为非政府组织后续的绩效管理和行为提供了重要的信息和启示。非政府组织在绩效评估结果应用过程之后,又开始下一轮由绩效计划开始的循环。

3.2 非政府组织绩效管理的意义

绩效管理的方法和手段最早是应用在企业管理和政府管理中的。在企业管理中,20世纪初期泰勒《科学管理原理》中的时间研究、动作研究与差别工资制可以说是绩效管理的滥觞。而绩效管理运用到政府行政管理中,则始于 20 世纪 50 年代美国的绩效预算制度。20 世纪 80 年代以来西方国家普遍开展的新公共管理和新公共服务使绩效管理在政府管理中得到广泛应用。相比之下,非政府组织绩效管理的应用要明显晚于企业绩效管理和政府绩效管理。但是,绩效管理的应用,对非政府组织而言,不管在实践上还是理论上都具有重要的意义。

(1) 有利于提高非政府组织的绩效

非政府组织的绩效也是体现在非政府组织的个体绩效和组织绩效的联合上。采用绩效管理的机制,非政府组织首先确定组织战略;其次以组织战略为依据,把战略目标层层分解、逐步落实到各个部门和每个岗位的员工身上,在此基础上可以确定部门和个人的绩效目标。然后,在确定绩效目标的基础上,对非政府组织的个人和组织自身进行绩效考核,绩效考核变成一种外在的激励机制,促使非政府组织内部的工作人员和整个组织自身都为实现绩效目标和行为而努力。因此,在以上的整个流程中,比起没有绩效管理的做法,绩效管理更有利于非政府组织绩效的改善与提高。

(2) 有利于开发非政府组织内部员工的能力

非政府组织在绩效管理的过程中,要不断地把实际的绩效成果与预期的绩效目标进行比较,通过这种比较可以看到员工身上的缺陷与不足、潜力与优点。有了优劣情势的分析,非政府组织管理者就可以对员工采取针对性的措施,从而可能有效地改进员工的素

---

[1] 范柏乃.政府绩效评估与管理[M].上海:复旦大学出版社,2007:13.

质,提高他们的知识和技能,促进他们的个人发展,增强员工获取更高水平绩效的能力。在当前中国,非政府组织的自身能力是其发展的瓶颈,如果能够有效地利用绩效管理的工具和系统,就能够实现对非政府组织内部员工能力开发的目的。

(3) 有利于赢得社会公众的理解、支持和信任

在绩效管理过程中运用绩效评估的方法,把非政府组织的成就、业绩和不足向公众展示,如此一来,展示的成果可以增强社会公众对非政府组织的信任,而公开的展示不足也能够争取到社会公众对非政府组织的理解。一旦有了信任和理解,人们就更容易对非政府组织采取支持性的措施。

(4) 有利于增强非政府组织的使命感和责任感

非政府组织的使命和责任就是要对其顾客服务好,对其顾客负责。换句话说,非政府组织要促进公共利益的实现。通过绩效管理,可以评估非政府组织的社会效益,人们也可以通过评估结果对非政府组织进行监督,这样,在监督的作用下,非政府组织的使命感和责任感可以得到增强。

4 平衡计分卡:非政府组织绩效管理的重要工具

4.1 平衡计分卡的内涵

平衡计分卡是一种在抛弃传统的以财务为单一衡量指标的测评方法基础上建立的、能够反映多方面内容的绩效指标,以及对这些指标进行检查考评的制度。将平衡计分卡应用于组织当中,建立一套用于管理组织和员工绩效的系统,这称为平衡计分卡绩效管理系统。

平衡计分卡产生于20世纪80年代末90年代初,而对平衡计分卡做出全面深入研究的是美国哈佛大学教授罗伯特·卡普兰和诺顿研究院的大卫·诺顿,自1992年起,他们发表了一系列的著述,如《平衡计分卡:良好的绩效评估系统》、《平衡计分卡的应用》、《将平衡计分卡用于战略管理系统》等论文,还有《平衡计分卡:一种革命性的评估和管理系统》、《战略地图——化无形资产为有形成果》等专著。在这些著述之中,他们提出不能只是从企业的财务指标上来判断它的绩效好坏,他们认为,用单一财务考核指标考核企业经营绩效的方法是阻碍企业进步的主要原因之一,具体表现在:偏重有形资产的评估和管理,对无形资产和智力资产的评估与管理显得无力;传统财务衡量仅满足以投资促成长的工业时代,而不能有效满足信息时代;传统财务作为对以往绩效的衡量方法,在衡量企业未来绩效的驱动因素方面显得力不从心,从而忽略甚至牺牲了企业的长期和整体效果。[1] 为了克服传统绩效衡量方法的弊端,卡普兰和诺顿认为,解决思路应当是采取平衡

---

[1] 朱春奎.公共部门绩效评估方法与应用[M].北京:中国财政经济出版社,2007:38.

计分卡。平衡计分卡采用顾客、财务、内部业务流程、学习与成长为维度的综合绩效系统来评估企业的绩效。平衡计分卡四个维度的具体指标内容如下：

(1) 顾客维度

这一维度回答的是"顾客如何看待我们"的问题。平衡计分卡要求从顾客的观点来确认与顾客相关的目标与评价要素，因此，市场占有率、顾客获得率以及顾客的满意度是衡量该层面绩效的重要评价要素，它们反映了企业在市场中为顾客提供价值的大小。

(2) 财务维度

该维度是解决"股东如何看待我们"这一类问题的。财务角度涵盖了传统的绩效评价要素，评价目的在于能够有效掌握企业的短期盈利状况。财务指标尽管具有局限性，但能显示已经采取的行动的可量化的结果。平衡计分卡保留了财务方面的指标，是为了显示企业的战略及其实施和执行是否能为最终经营结果的改善做出贡献。

(3) 内部业务流程维度

该维度着眼于企业的核心竞争力，回答的是"我们的优势是什么"的问题。平衡计分卡要求企业必须从它的整体经营战略出发对其业务流程进行分析，找出其核心环节并使之转化为能够为顾客提供较高战略价值的能力。

(4) 创新和学习维度

该维度目标是解决"我们是否继续提高并创造价值"这一类问题的。该维度强调企业为保持其竞争能力与未来发展，企业管理层和员工应不断探求学习与成长的机会。学习和创新能力是企业在财务层面、顾客层面以及内部层面取得较高绩效水平的驱动因素，评价其目的在于反映企业是否具有能够继续改进和创造未来价值的能力。

由此可见，平衡计分卡不仅提供了过去成果的财务性指标，同时从顾客、内部业务流程、创新和学习三方面弥补传统方法的不足，更值得肯定的是，平衡计分卡把绩效考核与战略目标联系起来，将绩效考核作为战略实施的工具，寓战略于绩效考核之中，使之不仅成为一项绩效考核工具，更是一项战略实施工具。

4.2 非政府组织的平衡计分卡

2004年，尼文的《政府及非营利组织的平衡计分卡》一书中提出了非政府组织的平衡计分卡，其主要内容包括如下(参见图1)：

(1) 使命

使命被置于平衡计分卡的最顶层，以强调努力实现的重要社会目标。营利组织的最终目标是提高股东价值，但对于非政府组织和政府组织而言，它们服务于更高的社会目标，如保证社会公平、培养公民精神等，这些作为压倒一切的目标被置于平衡计分卡的最高位置。

(2) 战略

战略在为实现组织使命而制定的各项活动中具有显著优先权,策略服务于战略,因此不论是企业还是政府机关,抑或是非政府组织,战略依然是平衡计分卡的核心。一旦制定了战略,平衡计分卡就成为有效的战略转化和执行的工具。

(3) 顾客维度

在非政府组织设计平衡计分卡时,顾客维度得到有效提升。从使命出发,非政府组织的平衡计分卡更为关注的是组织的顾客,而不是财务利益相关者。提升顾客维度,意味着组织所做的任何与财务、收入有关的事情都是为了支持组织的顾客。

(4) 财务维度

财务资源是任何组织成功经营并满足顾客需求的必要条件。因此,在公共部门和非政府组织的平衡计分卡模型中,没有财务维度,平衡计分卡就不完整。财务指标可以被视为顾客维度成功的强化剂或组织经营的限制条件。

(5) 内部业务流程维度

如果组织的内部业务流程失范,长此以往,这个组织肯定会走向衰败。因此,政府组织和非政府组织的内部业务流程维度是保持它们绩效的关键。

(6) 学习与成长维度

随着全球化、信息化的发展,政府和非政府组织必须具备更强的学习能力和应对危机的能力,从而最终实现自我的革新与发展。

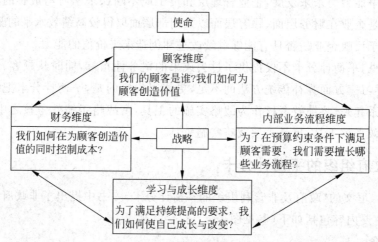

图 1　政府与非营利组织的平衡计分卡

资料来源：[美]保罗·R.尼文.政府及非营利组织平衡计分卡[M].胡玉明译.北京：中国财政经济出版社,2004.

5 平衡计分卡在我国非政府组织绩效管理中的应用

5.1 非政府组织平衡计分卡的使命、战略与维度：以上海黄浦区红十字会为例

5.1.1 中国红十字会的演变

红十字会最早滥觞于欧洲，战争是催生红十字会的直接原因。为了救治战争中的伤员，1863年在瑞士成立了"救护伤兵国际委员会"组织，成为了红十字会的前身。作为国际红十字运动的重要成员，中国红十字会是从事人道主义的社会救助团体。其宗旨是发扬人道、博爱、奉献的红十字精神，保护人的生命和健康，促进人类进步事业。1904年中国红十字会在上海诞生。1911年上海市红十字会成立，初名为中国红十字会沪城分会，现名为中国红十字会上海分会（上海市红十字会）。新中国成立初期，中国红十字会的体制和模式逐渐形成。1956年，中国红十字会再次进行整顿，建立了省、市、县红十字会组织，重构管理体制与运行机制，类科层化的层级结构及"双重管理"体制初步建立。由先前的卫生部领导的中国红十字总会、总会直接领导的各地分会，转变为总会、省、市、县红十字会逐级领导，省红十字会统一管理市、县及基层红十字会，每年由省红十字会向总会报告全省红十字会工作开展情况；同时，包括省红十字会在内的各级分会，均接受当地党政机关及卫生部门的领导。[①] 上海市黄浦区红十字会也是随着新中国的发展而发展的。"文革"期间，中国红十字会事业面临着前所未有的困境。改革开放之后，中国红十字会事业进入全面发展的春天，上海市黄浦区红十字会亦在改革开放的背景下获得了长足的发展。

5.1.2 上海黄浦区红十字会的使命

国际红十字与红新月运动的使命是：防止和减轻人类在任何地方遭受的痛苦，保护生命和健康，并确保对人类的尊重，尤其是在武装冲突和其他紧急情况期间，为预防疾病和促进健康和社会福利而工作，鼓励该运动成员提供志愿服务并随时准备提供帮助，并对需要其保护和帮助的人表示一种普遍的团结精神。国际红十字运动以弘扬人道主义为宗旨，以改善最易受损害群体境况为目标，以人道、公正、中立、独立、志愿服务、统一、普遍七项基本原则为行为准则。根据《中国红十字会章程》，"中国红十字会以发扬人道、博爱、奉献的红十字精神，保护人的生命和健康，促进人类和平进步事业为宗旨。各级红十字会协助人民政府开展与自己职责有关的活动，接受同级人民政府对红十字会的支持、资助和监

---

① 徐国普，池子花. 新中国成立后中国红十字会发展的历史轨迹——以《中国红十字会章程》为路径的考察[J]. 江西社会科学, 2009, (9).

督."因此,上海市黄浦区红十字的使命是:在上级红十字会指导下,协助政府发扬人道主义精神,保护人的生命和健康,促进人类和平进步事业。

5.1.3 上海市黄浦区红十字会的战略目标

2009年10月29日中国红十字会第九次全国会员代表大会审议通过了《关于中国红十字事业2010—2014年发展规划的决议》,在该发展规划中指出今后五年中国红十字事业发展的主要目标:红十字精神广泛传播,红十字会知晓率和公信力进一步提高;红十字人道救助体系不断完善,应急能力进一步提高,救助实力进一步增强;红十字会组织建设进一步加强,事业发展的基础进一步夯实;按专业、分领域的红十字志愿服务体系基本形成,红十字志愿服务水平进一步提高;中国红十字会在国际红十字与红新月运动中的影响和作用进一步增强。作为中国红十字会的下属机构,中国红十字会的战略目标也即是上海市黄浦区红十字会的战略目标。

5.1.4 上海市黄浦区红十字会平衡计分卡的维度

(1) 顾客维度

根据中国红十字会的官方介绍,中国红十字会主要从事的工作有:备灾与救灾、卫生救护、社区服务、宣传和传播、推动无偿献血工作、红十字青少年、台湾事务、对外交往。而上海红十字会网站介绍,目前上海市红十字会主要开展如下工作:备灾救灾,帮困救助,救护培训,造血干细胞、遗体捐献与无偿献血,上海市中小学生、婴幼儿住院医疗互助基金,红十字运动知识传播。[①] 此外,也有学者指出,21世纪伊始,中国红十字会自20世纪90年代积极创建的"三大工程"(救援工程、生命工程和爱心工程)中的生命工程,其服务领域有了新的拓展,其中有艾滋病预防和控制领域、遗体(器官)捐献工作、社区红十字服务工作。[②] 由此可以看出,上海市黄浦区红十字会的顾客对象主要包括:社区居民、青少年、受灾群众、参与救护的志愿人员、港澳台同胞、无偿献血者、艾滋病患者、各国红十字会和红新月会等。这些人有些属于弱势的、需要救助的对象,如受灾群众、生病的病人等。有些属于合作对象,如志愿者、各国的红十字会和红新月会等。根据平衡计分卡的思路,顾客应该放在最高的位置,因此,黄浦区红十字会的工作主要是要让它服务的对象满意。但如何衡量顾客的满意度,这是一个带有主观性的评测指标,对此,要对满意度进行分解,比如服务的及时性、服务的针对性、服务的数量质量等等,这都有待于通过科学的指标分

---

① 上海市红十字会. 上海市红十字会简介[EB/OL]. http://www.redcross-sha.org/view.aspx?id=647&cid=1&sid=1, 2012-04-30.

② 徐国普,池子花. 新中国成立后中国红十字会发展的历史轨迹——以《中国红十字会章程》为路径的考察[J]. 江西社会科学,2009,(9).

解,然后运用现代的统计分析工具和方法进行测量,才能有效可信地评估顾客的满意程度。

(2) 财务维度

财务并不是最高级,但财务方面的管理却是达成上海市黄浦区红十字会使命和战略目标的促进因素。财务维度的评估,并不是对黄浦区红十字会进行营利性的评估,经济效益不是第一位,而对红十字会的财务监管和评估有两个意义。一方面,对于黄浦区红十字会的内部管理来说,通过对财务的有效管理,可以降低组织成本,提高资金利用率;另一方面,财务上的透明是让黄浦区红十字会获得可持续性的社会捐赠的前提。通常来讲,黄浦区红十字会的财务来源主要有以下几个途径:会费、募集款物、政府拨款、动产/不动产收入,以及经营收入。但不管哪种收入,都必须要有财务上的透明。尤其就募集款物而言,社会捐赠的捐赠者希望看到自己的捐赠到底用到何处,是否真正被红十字会用于到需要帮助的人和组织身上,如果不透明,就不能产生社会的信任感。信任感一旦缺失,公众很可能会减少或终止对红十字会组织的捐赠,并停止提供志愿服务。近些年来,相关由于公众对非政府组织不信任而导致的捐赠减少事件频频发生,直接影响了许多非政府组织的财务收支状况。这说明了从财务角度对红十字会进行评估和监管是很重要的。总之,从评估的内容上说,对上海市黄浦区红十字会进行财务维度的评估主要应该从两个方面入手:一是黄浦区红十字会所得财物在内部管理过程中的使用效率情况;二是黄浦区红十字会所得财物对外对内的公开透明的情况。

(3) 内部业务流程维度

该维度指的是应该主要关注那些对受助对象的满意程度有最大反应的内部业务流程,并根据需求对现有的程序进行完善,如有必要可以创新业务流程。就黄浦区红十字会而言,其内部流程的设计、完善和运作是与其组织结构、功能职责联系在一起的。黄浦区红十字会的工作职能结构分为五部分:综合办公室:负责制定有关章程规则、年度工作计划及总结,综合协调上海市红十字会机关行政事务等工作;信息传播部:开展红十字宣传工作及国际人道法的传播工作,协助筹备、策划纪念活动,参与精神文明建设活动;赈济救护部:负责救灾的准备和募捐工作的规划、实施及管理等;青少年工作部:负责对学校红十字工作的组织、指导、管理,负责组织、策划全区性红十字青少年活动等;志愿服务部:负责发展会员和团体会员单位,配合上海市红十字志愿工作者的组织、管理并开展活动等。以上这些机构设置都有相配套的业务流程。但这些业务流程还存在明显的不足。以实施救助程序为例:一个本市特困群众的求助信到真正实施救助,须经过为时 2 周的具体程序:①寄给上海市红十字会的求助信由综合办公室转到具体的职能部门赈济救护部;②赈济救护部填写情况处理单后将求助信转至来信人居住地所属区(县)红十字会要求进行情况调查;③区(县)红十字会进行实地调查,并将调查结果反馈市红十字会赈济救护部;④赈济救护部根据反馈结果决定是否实施救助;如实施救助,则填写救助申请表报分管副会长审批；⑤发放救助款。显然，对于一个等待雪中送炭的特困群众而言，这样的求助办理程序显然过于漫长。对内部业务流程的评估和管理的效果会直接影响一个组织的战略目标的实现。因此，应当对非政府组织内部业务流程进行评估，通过评估后，对好的流程要继续保留，不完善的则要进一步优化。

最后，学习与成长维度。这一方面，是对黄浦区红十字会的学习借鉴能力、适应环境实现组织成长的内容进行评估。具体的考量角度和指标比如人才培养、职工合理化建议及建议被采纳数量、合理的福利等激励制度、工作氛围等等。目前非政府组织在自我学习、组织革新上能力需要随着信息化、全球化进程的加速而进一步的加强。

5.2 平衡计分卡在非政府组织绩效管理应用中的问题

通过对上海市黄浦区红十字会平衡计分卡应用的研究，以及其他学者在理论上对平衡计分卡应用中的困难的分析，我们认为，在我国非政府组织绩效管理过程中应用平衡计分卡存在不可避免的困难。这些困难具体表现为：

（1）绩效评估的评价指标体系和绩效指标难以分解和构建

从理论上讲，由于人们对绩效评估的内涵和外延的理解有差异，导致设置绩效评估指标时没有统一标准，因此使绩效评估的评价体系缺乏权威性，没有标准的评估模式。从实践上讲，无论是在中国还是外国，非政府组织中的职员面临的最普遍的问题就是工作无法精确量化，例如，"顾客满意度"、"让所有吸毒者告别毒品"、"降低患病率"、"保证儿童健康成长"、"使矛盾家庭重新变得和睦"等等，这些成果因为受到其他因素的影响，都难以衡量。即使能够做出绩效指标的分解，但因理解角度不同，其指标也很难统一。所以，我国非政府组织应用平衡计分卡的重要难题就是绩效评估的评价指标难以分解和绩效评估体系难以构建。

（2）组织与协调上的障碍

运用平衡计分卡来对非政府组织进行评估时，它要求管理部门负责实施，各个部门全力配合，涉及部门较为宽泛，要求每个环节必须协调。然而在现实中，我国非政府组织内部治理结构并不尽合理，而且我国的非政府组织和政府的关系过于紧密，不少就是准行政机构，在这种背景下，非政府组织与政府组织之间、非政府组织内部各个部门之间沟通上、非政府组织和人员协调上难免存在障碍，这些问题的存在很容易导致绩效评估流于形式。

（3）平衡计分卡的实施成本较高

非政府组织平衡计分卡要求从组织的使命和战略维度、顾客维度、财务维度、内部业务流程维度、学习与成长维度等各个方面立体化、全方位地评估组织绩效，但要有效做到这一点，需要把非政府组织的全体人员组织起来共同参与。全体人员的参加、各个维度的实施，必然需要投入较多人力、物力、财力，从而导致实施成本的增加。实施成本较高的话，对于在财务上还缺乏资金来源的中国非政府组织来说，将会是雪上加霜，很难保证非政府组织会采用平衡计分卡这一工具来进行绩效管理。

（4）平衡计分卡自身也不是全能的管理评估系统

相比于传统的绩效评估方法而言，平衡计分卡应该是较为先进的绩效评估工具，但这并不意味着平衡计分卡就是全能的绩效评估和绩效管理工具。其局限在于两个方面。一方面，平衡计分卡并未包含所有可能的指标。虽然平衡计分卡在非政府组织中被设计了六个维度的指标，但不是说这六个维度就包含了所有指标。相反，还有很多指标并未被囊括在内，比如责任维度等；另一方面，评估的维度还要与时俱进。一般来说，每个时代都有可强调的内容，因此，随着社会环境的变化，平衡计分卡也要不断改进。

（5）应用技术上和人员技能上的约束

相比较于政府组织和企业组织来说，非政府组织在技术方面明显落后。中国的非政府组织在应用平衡计分卡时往往会遇到技术上的麻烦，尤其当它选用高端的软件工具时，很多负责业绩评价的关键主管人员由于没有经过培训和学习，并不能很好地应用各类电脑软件和分析工具。所以应用技术要求高、而人员技能比较低，这双向的因素会导致绩效评估时人们在汇集数据和讨论结果上的困难。

（6）缺乏物质激励

从平衡计分卡的设计者卡普兰和诺顿，到全球非政府组织平衡计分卡的实践者，他们都得出一个相同的结论：要保证组织文化变革的成功，平衡计分卡应该在某些方面以某些形式与物质补充相联系。但遗憾的是，紧张的预算、长期稳固的劳动合同形式等等，这些因素导致物质激励这一重要的调节杠杆并没有为全球大多数的非政府组织所接受。在中国，由于历史和文化传统的影响，人们习惯于重视精神鼓励，轻视物质补偿，加之非政府组织的公益性和非营利性的本质属性，要用物质激励这一调节杠杆更是难上加难。事实上，平衡计分卡的评价结果与物质奖励挂钩是可行的，利益终归是人们行动的重要推动因素，只要在利益分配的过程中保证合理公平，就可以使物质激励成为非政府组织的重要调节杠杆。

5.3 非政府组织绩效管理中有效应用平衡计分卡的基本对策

平衡计分卡在我国各类组织的应用过程中若想取得成功，需要有相应的保障条件。毕意文、孙永玲在咨询的基础上总结了我国企业组织实施平衡计分卡必须注重的一些关键因素：高层管理层的承诺和支持；管理层克服困难的决心；运用平衡计分卡消除职能壁垒；链接能力发展和浮动薪酬；运用信息系统沟通战略、跟踪绩效和作出及时调整；提升人力资源成为企业管理者的战略伙伴。[①] 邹伶也分析了影响平衡计分卡成功实施的五大因素，即高级管理层的理性支持；战略准备度评估；组织结构问题及横向壁垒；链接能

---

① ［美］毕意文，孙永玲.平衡计分卡中国战略实施[M].北京：机械工业出版社，2003：278.

力发展和浮动薪酬；信息系统的运用。[①] 潘焕喜认为，完善平衡计分卡应用在非营利组织绩效评估的基本对策有：需要提高全体人员的参与性；不断完善平衡计分卡的绩效评估体系；完善信息管理系统建设，开发利用新技术；定期加强人员的培训与教育。[②] 结合学者的理论研究，以及平衡计分卡在我国非政府组织绩效管理和绩效评估中的应用情况，我们认为，可以采取以下的策略来完善平衡计分卡在非政府组织绩效评估中的效果。

（1）积极宣传平衡计分卡的知识

目前平衡计分卡在中国还没有广泛有效地应用到非政府组织中。对于那些采用平衡计分卡的非政府组织来说，其应用的基本前提就是需要非政府组织的全体成员对平衡计分卡的目标、使命、制度等有所了解，没有全体的支持和对平衡计分卡的了解，平衡计分卡是不可能有效实施的。

（2）不断完善平衡计分卡的绩效评估体系

绩效评估体系的科学合理，是完成绩效评估的前提条件。然而，诚如有学者指出的，目前国内非政府组织绩效评估的指标体系并不科学，考核标准也不统一，这主要表现在：指标体系设计主观性强；指标体系主要是定性的描述而没有进一步指标化和定量化；指标体系主要侧重于经济指标，非货币性指标缺乏；指标体系实际操作性和系统性不足。[③] 因此，应当根据时代发展，以及不同组织、不同行业的特点对非政府组织平衡计分卡的几个维度进行适当变更，合理设置评估维度、相关指标及权重，从而不断完善平衡计分卡的绩效评估体系。

（3）更新绩效管理的观念

平衡计分卡是一种先进的管理工具，这一管理工具的使用意味着先进管理理念的引入。如采用平衡计分卡的绩效管理是以战略为核心的，强调了一种战略的实施与执行，这就要求非政府组织首先要有较强的使命感和战略意识；再如平衡计分卡的实施要求非政府组织也形成一种新型的组织文化，比如对学习型组织的强调、对顾客满意度指标的重视、对内部业务流程的重新设计等，这些都是非政府组织传统的绩效管理文化中所没有的。总而言之，要有效地应用平衡计分卡，还必须及时更新绩效管理的观念。

（4）完善信息管理系统建设，开发利用新技术和提高人员素质

完善的信息系统，能够使信息及时有效的传递，加强上下级之间的交流和沟通，有助于发现问题、解决问题。因此，非政府组织在应用平衡计分卡时要建立一个完善的信息管理系统，这对于平衡计分卡的实施具有重要意义。同时，还要开发利用新技术。平衡计分卡是一个完整的系统，如何有效的设计绩效指标，如果对绩效指标进行有效的测量，应用

[①] 邹伶.影响中国企业实施平衡计分卡(BSC)的要素探析[J].湘潭师范学院学报（社会科学版），2005，(9).

[②] 潘焕喜.平衡计分卡在非营利组织绩效评估中的应用[J].经济导报，2010，(12).

[③] 张丽清，张江海.中国非营利组织绩效评估研究述评[J].经济与社会发展，2007，(12).

技术上的开发相当重要。当然,与技术开发相对应的就是,通过各类的培训和加强学习来要提高非政府组织内部人员的素质,从而使非政府组织内部人员能够掌握好新技术并有效应用新技术。

(5) 健全激励制度

平衡计分卡绩效管理的有效实施必须获得激励体系的良好支持才能发挥作用,因此,非政府组织还要建立和健全配套的激励机制,采用不同的激励策略,强化优秀业绩和促进不良业绩的改善,才能激发非政府组织及其员工的工作积极性,促使非政府组织的目标和使命的实现。

绩效管理不等同于绩效考核,绩效考核只是绩效管理的一个环节。绩效管理是涵盖目标、过程和体系于一体的过程。非政府组织绩效管理的目标在于通过激发工作人员的工作热情和积极性、提高工作人员的工作能力和素质,达到改善组织绩效的效果。从产生时间上看,非政府组织绩效管理出现于企业绩效管理和政府绩效管理之后。与企业绩效管理、政府绩效管理相同,非政府组织绩效管理也会形成共识性的目标;强调以沟通、辅导的方式提升工作人员能力,而并非是简单的任务管理过程;在强调目标导向的同时,注重达成目标的过程。但与企业绩效管理不同,非政府组织在目标设定上更加强调社会效益目标,在价值取向上更强调公共价值和公共利益。与政府绩效管理相比,非政府组织更强调沟通、辅导等双向性的互动方式。从管理流程上看,非政府组织的绩效管理通常分为绩效计划、绩效计划实施、绩效评估、绩效反馈、绩效评估结果应用等五个组成部分。

平衡计分卡是非政府组织绩效管理的重要工具。平衡计分卡包括使命、战略、顾客维度、财务维度、内部业务流程维度、学习与成长维度六个方面的内容。虽然平衡计分卡在非政府组织绩效管理应用过程中也存在一些问题,但它对于改善非政府组织绩效管理的成效是十分明显的。

绩效 Performance

绩效评估 Performance Evaluation

绩效管理 Performance Management

"3E"评估理论 "three E" Evaluation theory:Economy,Efficiency,Effectiveness

"3D"评估理论 "three D" Evaluation theory:Diagnosis Design,Development

"顾客满意度"理论 "Customer Satisfaction" Theory
"APC"评估理论 "APC" Evaluation Theory
平衡计分卡 Balanced Scorecard Card

1. 试述绩效管理与绩效评估的区别。
2. 试述非政府组织绩效管理与企业绩效管理的联系与区别。
3. 简要介绍非政府组织绩效评估的四种理论。
4. 为什么非政府组织需要进行绩效管理？
5. 平衡计分卡在非政府组织绩效管理应用中出现了哪些问题，应当如何加以解决？

1. 范柏乃.政府绩效评估与管理[M].上海：复旦大学出版社,2007.
2. 朱春奎.公共部门绩效评估方法与应用[M].北京：中国财政经济出版社,2007.
3. 邓国胜.非营利组织的"APC"评估理论[J].中国行政管理,2004,(10).
4. [美]保罗·R.尼文.政府及非营利组织平衡计分卡[M].胡玉明译.北京：中国财政经济出版社,2004.
5. 王锐兰,谭振亚,刘思峰.我国非营利组织绩效评价与发展走向研究[J].江海学刊,2005,(6).
6. 邓国胜.公益项目评估——以"幸福工程"为案例[M].北京：社会科学文献出版社,2003.

《南都公益基金会绩效考核办法》

第一条　为建立与现代基金会制度相适应的人力资源管理制度，客观、准确评价员工绩效，充分调动员工的积极性，促进员工的全面发展，提高工作成效，根据《南都公益基金会薪酬管理制度》，特制定本办法。

第二条　本办法旨在达到以下目标：客观、公正评价员工工作表现，进一步提高员工的工作绩效；为人力资源管理提供依据；加强沟通，建立良好的工作氛围。

第三条　绩效考核的基本准则：

（一）绩效考核办法得到员工的普遍理解和认同，坚持公开、公正和公平的原则。

（二）绩效考核以工作业绩考核为导向，把绩效考核作为提高基金会各部门和个人工作业绩的工具。

（三）上级按照管理权限和管理职责对下属做出正确的考核与评价,将绩效考核工作贯穿于日常管理工作中。

（四）依靠考核者与被考核者之间的有效沟通,确保绩效考核制度取得预期效果。

（五）考核结束后,各级主管必须与每一位下属进行考核面谈,肯定业绩,指出不足,为员工职业能力和工作业绩的不断提高指明方向。

（六）考核结果经人力资源部报上级管理者核准,并按核准后的考核结果执行。

第四条 考核流程

（一）发布考核通知和相关表单。

（二）各部门总结工作,并根据本部门重点工作、基础工作的任务和指标,将分解到各员工的各项任务再次与员工明确。

（三）员工自我评估:员工根据明确的任务以及年度工作执行情况填写《年度绩效计划完成情况表》。同时,员工撰写述职报告。

（四）进行全员述职和同事民主测评、上级考核。

（五）绩效考核结果与员工本人见面。

第五条 考核方法

（一）考核由上级考核、同事民主测评和自我评估3部分组成,实行360度考核。其中上级考核占50%;同事民主测评占30%;自我评估占20%。

（二）考核内容:

1. 重点工作业绩,指列入基金会工作计划的各项任务的执行结果。

2. 基础工作业绩,指根据机构各部门所描述职能职责要求完成的基础工作的执行结果。

3. 内部沟通协作,指在部门内部合作,跨部门合作中的态度和表现,以及在沟通协作方面所采取的具体措施、所建立的制度机制。

4. 创新成果,指通过采用新思路、新方法、新技术在工作中所取得的创新性成果,以及新的项目设计和制度设计被采纳,并为机构发展做出的贡献。

5. 胜任能力,指公益理念和价值观、职业素养、专业能力、执行或管理能力、个人发展潜力。

（三）考核次数:每年考核两次,即半年考核及年终考核。

第六条 绩效考核等级及标准

（一）绩效考核总分100分,划分为四个等级:

表一:考核结果等级

等级	优秀	良好	称职	不称职
总分	91～100	81～90	60～80	60以下

（二）绩效考核评分标准

表二：考核标准

等级	重点工作	基础工作	沟通协作	创新成果	胜任能力
优秀	各项考核内容超过良好等级标准，或前三项有重大突破和进展。				
良好	基本完成，效率高，质量好，成效明显	工作扎实，工作量大，质量好，档案完备，信息收集、整理工作好，能满足各层面的需求	服从大局，积极支持、配合其他部门工作，完成领导交办的其他工作数量多，成效明显	能对机构事业发展提出建议和意见，对提高工作效率和质量、改进工作有积极作用	很强的公益理念和较强的专业知识和专业能力；具有较高的执行能力和管理的综合能力；在工作和个人学习发展方面有新进展
称职	各项评估内容虽未达到良好标准，但达到基本工作标准				
不称职	各项评估内容低于基本工作标准				

第七条 绩效考核结果的应用

（一）考核结果将运用于以下方面：绩效工资的确认；工资晋级资格的确认；晋职资格的确认；培训资格的确认；其他资格的确认。

（二）绩效工资根据半年考核与年终考核平均分决定，对应关系如下：

表三：考核结果与绩效工资的关系：

等　级	优　秀	良　好	称　职	不称职
绩效工资	1.5个月基本薪酬	1个月基本薪酬	0.6个月基本薪酬	无

注：基本薪酬＝职务工资＋住房补贴。

（三）考核结果与工资晋级的关系：

表四：考核结果与工资晋级的关系

等　级	优秀	良好	称职	不称职
工资晋级	2	1	0	0

注：不管哪种晋级情况，如果在本职务内没有晋级空间，则不能晋级。

（四）考核成绩与职务晋升的关系，由人力资源部根据具体情况拟订，呈报秘书长核准后执行。

（五）考核结果与培训资格的确认：

1. 员工需要培训，由各主管根据考核结果提出，报人力资源部统一安排。
2. 机构根据员工考核结果，决定报销员工培训费用额度及比例。

（六）一次考核不称职者，予以辞退。

（七）凡出现涉及劳动合同规定的严重违纪、违规行为，予以辞退。

第八条　个人绩效考核的申诉与监督

（一）绩效考核评价结束后，上级主管有向被考核者通知和说明的义务，被考核者有权了解自己的考核结果。

（二）被考核者如对考核结果存有异议，应首先通过沟通方式解决。在解决不了时，员工有权利向人力资源部提出申诉，申诉时需提交相关说明材料。

（三）人力资源部在一周内，会同申诉人所在部门的负责人进行复议，对员工的申诉做出答复。复议决定之成绩即为最后考核结果。

（四）整个绩效考核过程由人力资源部进行监督，对借考核之机对被考核者进行打击报复的行为将给予严肃处理。

第九条　绩效改进与反馈：上级主管与员工共同针对考核中的不足分析原因，制订相应的改进措施计划。上级主管有责任为员工实施绩效改进计划提供帮助，并予以跟踪检查改进效果。

第十条　此办法由秘书处制定、解释和执行。

南都公益基金会秘书处
2010 年 3 月

资料来源：南都公益基金会网站：http://www.naradafoundation.org/sys/html/lm_298/2010-05-26/143411.htm

阅读以上材料，思考非政府组织在进行绩效管理制度建设时应当考虑哪些因素？

第 6 章

非政府组织的筹款管理

【学习目标和要求】

通过本章的学习,要求学生了解我国非政府组织筹款管理的基本知识,熟悉我国非政府组织筹款的主要过程,掌握非政府组织筹款管理的主要市场,并对我国非政府组织筹款管理中存在的问题及其完善路径有一个总体的把握。

案例 1:明星捐款门

2010 年 2 月 9 日晚,央视新闻频道的 3 档重头新闻节目《东方时空》、《新闻 1+1》、《24 小时》都重点关注了国际影星章某"诈捐门"的新闻。报道回顾了章某"捐款门"的始末,并称其补交 16 万人民币的行为是"避重就轻""弃卒保车",提出"希望章某尽快给观众一个交代"。此事起源于 2010 年 1 月 22 日某著名社区网站发帖称,章某在 2008 年汶川大地震期间,宣布募集的善款只捐出一部分。随后此事引发了网民的大规模网络搜索。据核实,2008 年汶川大地震时章某承诺个人捐款 100 万元人民币,但实际上捐出了 84 万元。

《新闻 1+1》在事件回顾中提出,尽管章某已经补交 16 万元捐款,但仍有不少质疑存在:其经纪人称 16 万的差错与章某无关,是因为两个会计"在各自汇出金额上出现了纰漏,都以为对方汇出了差额",但"只要当过会计的人都知道,每个月底对账,一分钱都不能少,难道这 16 万让会计马虎了一年多?"此外,报道指出,更多网友发现,章某的地震善款不止一笔不清,其在戛纳募捐的善款金额从 500 万美金、200 万美金到 100 万美金不等,"网友的质疑情有可原",并称章某的"正式账目仍没有公布"。《新闻 1+1》主持人更是特别指出,在这个捐款行为背后,章某和红基会双方是最知情的人,但最早发现问题的却是网友。

事件发生后,有媒体以"慎言'诈捐',慈善事业的发展需要包容和支持"为题发表了时评。时评认为,"一个缘起美好的开始,虽然并没有朝着它预想的方向发展,这一切不一定得由美好的缘起负全责。因为,事件最终的结果受到过程中的众多因素影响。"

案例 2：逾 10% 基金会受捐额为零

2012年1月8日,民政部中民慈善信息中心发布《2011年中国慈善捐助报告》,报告针对 2010 年的慈善捐赠整体情况进行了全面分析。报告显示,我国基金会接受捐赠收入呈现两极分化,超过一成基金会没有捐赠收入。

报告显示,2010年,中国慈善款物捐助总额达到1032亿元,其中政府部门接受捐赠占到捐赠总额的 37.6%,各类基金会、慈善会系统和红十字会系统也是接受捐赠的主体。据了解,截至 2010 年年底,全国共有基金会 2200 个,当年接受的捐赠收入占全国捐赠总量的 33%。

报告指出,尽管 2010 年全国基金会捐赠总收入比上一年大大增长,但随着竞争的加强,各地基金会的发展很不平衡,呈现两极分化的趋势,超大型基金会接受的捐赠大量增长,但大量基金会则处于冬眠状态。约有 41 个大型基金会如中国扶贫基金会等接受的捐赠收入过亿,但超过一成以上的基金会没有捐赠收入。

资料来源：陈荞.2011年中国慈善捐助报告：逾10%基金会受捐额为零[EB/OL]. http://www.chinadevelopmentbrief.org.cn/newsview.php?id=4589,2012-04-30.

稳定的经济收入是实现非政府组织可持续发展的重要条件。为了具备稳定的经济收入,非政府组织需要掌握正确的筹款理念,面向市场,以顾客为导向,加强筹款力度和提高筹款水平,以最大的可能吸收意向捐款人和潜在捐款人的捐款。

1 筹款的概念

筹款是指组织或者个人为了实现一定目标,而发动的募集资金、物资、劳务等资源的活动。筹款活动可见于政治、经济和社会领域。在政治领域,筹款是指组织或者个人为了一定政治目标,而发动的募集资金和物资的活动,如为总统选举而进行的筹款；在经济领域,筹款是指市场主体为了扩展业务,创造更多的利润而进行的资金募集,主要表现为商业性的集资活动；在社会领域,筹款活动主要表现为为了实现一定的公益慈善目标而进行资金、物资、劳务等资源的募集活动。

非政府组织筹款是社会领域筹款的一种表现形式,它是指非政府组织基于组织的宗旨和目标,向政府、企业、社会大众或基金会等,发动的募集资金、物资、劳务等资源的活动。[1]

非政府组织筹款包括以下几方面特点：

---

① 王名.非营利组织管理概论[M].北京：中国人民大学出版社,2002.

首先，非政府组织筹款是基于公益慈善目标，非为实现特定主体利益。这是非政府组织筹款有别于政治领域和经济领域筹款的根本所在。

其次，非政府组织筹款必须紧扣其组织宗旨和目标。非政府组织应当立足于组织宗旨和目标进行有针对性的筹款。若有逾越，即使基于公益慈善目标，也不应支持。

再次，非政府组织筹款的对象可以是政府、企业、社会大众或基金会等。非政府组织的筹款对象十分广泛，它可以向各类组织或个人募集资金、物资或劳务等资源，且在额度上没有限制。

最后，非政府组织筹款的内容可以是资金、物资、劳务等资源。虽然资金是非政府组织筹款中最受关注的内容，但物资和劳务也是非政府组织筹款的重要内容。作为广义上的一种人力资源，劳务募集是非政府组织筹款中最具特点的内容，它在一定程度上也可以帮助非政府组织培养潜在捐款人。

筹款与捐款是一对相对的范畴。筹款的目的是要得到捐款人的捐款，而捐款则需要找到合适的筹款人。没有捐款人，筹款人就不可能实现筹款目标；而没有筹款人，捐款人的捐款就会失去方向。[①]

2 筹款理念和筹款原则

2.1 筹款理念的发展

非政府组织筹款理念的发展，主要经历了三个阶段，即产品导向阶段、推销导向阶段和顾客导向阶段。

2.1.1 产品导向阶段

在产品导向阶段，非政府组织筹款主要依赖于其所提供的项目。此时，非政府组织坚持的是"酒香不怕巷子深"的理念，认为只要作出好的项目，推出好的理念，就能被市场所接受，并立于不败之地。

2.1.2 推销导向阶段

在推销导向阶段，非政府组织认识到只有好的项目并不能占领市场，因此需要走向市场，去发现有捐款意向的人们，并说服他们进行捐赠。在这一阶段，非政府组织会通过一些关系网络或者一些可能的途径进行有针对性地筹款，但此时筹款人的目标只是推销项目，并不考虑对组织政策的调整。

---

① 王名.非营利组织管理概论[M].北京：中国人民大学出版社，2002.

2.1.3 顾客导向阶段

顾客导向阶段的非政府组织直接面向市场，面向意向捐款人和潜在捐款人。在顾客导向阶段，非政府组织筹款的理念是：分析市场定位，关注并挖掘有兴趣的潜在捐赠人，设计并制订有针对性的筹款计划。处于这一阶段的非政府组织，将筹款作为组织战略加以考虑，并制订了详细筹款计划，设立了专业筹款人，它们目标在于以顾客为导向开发市场。

2.2 筹款原则

非政府组织在筹款过程中必须坚持三个原则：一是合法性原则；二是诚实守信原则；三是紧扣宗旨原则。

合法性原则是非政府组织筹款活动的基本原则，这是指非政府组织在发动筹款过程中必须严格遵守法律规定、遵循法律程序、履行法律义务，对于违反法律规范的行为必须承担相应的法律责任。作为合法性原则的重要内容之一，非政府组织在筹款过程中必须严格履行法律规定的义务，如在筹款过程中，必须及时向社会公众公布募集的资金额度、拟开展的公益活动以及资金的详细使用计划等。

诚实守信原则既是一项基本道德准则，也是一个基本法律原则。其基本含义是指言行一致，遵守诺言。诚实守信原则要求非政府组织在筹款过程中必须讲求信用，诚实不欺，恪守对筹款对象和社会公众的诺言，在追求利益时不得损害他人利益和公共利益。对筹款对象而言，诚实守信主要是指非政府组织要遵守筹款时作出的承诺；对社会公众而言，诚实守信是指非政府组织不得违背其向社会公众公开的组织宗旨。实践中，有些非政府组织为了一定的利益而接受有瑕疵捐赠的行为应当视为对诚实守信原则的违背，因为这些组织事实上违背了当时对社会公众作出的宗旨承诺。

紧扣宗旨原则是指非政府组织在发动筹款的全过程必须始终坚持组织宗旨和价值目标。紧扣宗旨原则首先要求非政府组织有明确的组织宗旨和价值目标；其次要求非政府组织在发动筹款的全过程都要始终坚持该宗旨和目标，从设定筹款目标到制订筹款计划，从执行筹款计划到评估筹款活动，各个环节都必须秉持和遵守该原则，不因眼前利益而放弃组织宗旨和价值目标。

3 筹款的市场分析

以筹款对象为标准，非政府组织的筹款市场可分为个人市场、企业市场、基金会市场和政府市场。

3.1 个人市场

个人市场有时也被称为大众市场。个人市场一直被认为是非政府组织筹款的最好渠道,因为个人市场中的个人捐赠一般都较符合非政府组织的宗旨,且捐款人都不设定捐赠的用途,所以可以比较自由地用于组织所开展的活动。相比之下,企业、政府、基金会所提供的资金支持一般都会要求实现特定目标,且会明确使用用途和方式。在我国,众所周知的"希望工程"、"春蕾计划"、"幸福工程"等项目,以及九八抗洪、汶川大地震等抗洪救灾活动都从个人捐赠市场上募集到了大量资金。

从个人市场捐赠主体的角度分析,不同年龄段主体具有明显不同的捐赠特点。青年人更易于进行劳务捐赠或者小额度捐赠,这一群体中的学生已经成为我国志愿服务的主要提供者;中年人更易于进行持续性的资金捐赠,捐赠额度与其经济收入密切相关;而相比之下,老年人更可能进行一次性的遗产捐赠。

数据显示,在我国非政府组织的收入来源中,国内个人的捐款所占比例仍然较低。在2008年之前,我国个人捐赠所占国内捐赠总额的比重常年低于20%;2008年因为汶川大地震等重特大灾害事件的发生,使得个人捐赠总额首次超过了机构捐赠,当年的国内个人捐赠比例占境内捐赠总额的54%。到了2009年,个人捐赠总额回落到了68.27亿元,占境内捐赠总额的23.4%[①]。考虑到2008年的特殊因素,这个数额仍然是比较高的。但在2011年一系列社会信任事件的影响下,我国个人捐赠总额又有明显下降的趋势。

造成我国个人捐赠总额偏低的原因主要如下:首先,虽然我国经济有了较快的发展,但我国公民的可支配收入水平还比较低,公民参与社会公益事业的积极性还不高;其次,我国公益捐赠的税收优惠政策未能起到充分的激励作用。虽然我国对公民捐赠有一定的税收优惠政策,但优惠幅度并不充分;最后,非政府组织在内部治理结构和自身形象塑造方面存在一些亟需完善之处,社会公众对非政府组织的信任还有待增强。

尽管如此,个人市场仍然是非政府组织进行筹款的主要市场之一。总体上,个人市场具有成本较低的优势,同时,当非政府组织运用个性化的筹款策略进行个人市场筹资时,其成功概率是非常高的。当然,个人市场筹款也有明显的不足,一方面,在竞争激烈的筹款市场上,非政府组织的筹款请求经常会得不到公众的回应;另一方面,个人市场所提供的资金可能会较少。

3.2 企业市场

企业市场是非政府组织筹款的最重要渠道。非政府组织通过与企业的合作,可以充分利用两方的优势,实现双赢。非政府组织通过企业获得自身发展所需的资金和援助,扩

---

① 2009年国内企业捐赠131亿元,个人捐68亿元。http://politics.people.com.cn

大自己的影响力,提升公众对非政府组织的关注;企业则可以将参与非政府组织活动作为自己的营销手段,向公众展示出一个富有社会责任的企业形象,增加知名度,从而占领更多的潜在市场。中国"希望工程"和农夫山泉集团,以及中国红十字基金会和珈侬生化科技(中国)有限公司"丁家宜"产品的合作都是适例。

数据显示,企业捐赠是国内日常捐赠的最主要捐赠主体。国内各类企业的捐赠总额占境内捐赠总额的比例一般在50%以上。以2009年为例,国内各类企业捐赠总额为131.27亿元,占境内捐出款物总额的58.45%,其中民营企业为中国慈善市场提供的资源最多,其捐出款物总额超过54.27亿元,占境内企业捐出总额的41.35%,占境内捐赠总额的20.39%。[1]

研究显示,我国90%以上企业自成立以来有过捐赠。而从参与捐赠的广度(企业的比例)和深度(捐赠的水平)衡量,民族企业捐赠优于跨国公司。从捐赠范式看,跨国公司更倾向于互利性捐赠,其捐赠方向主要是紧扣企业和品牌核心价值的商业领域,对与企业生存无关的其他领域,跨国公司的捐赠兴趣并不大;而民族企业则主要是他利性捐赠,其捐赠方向则主要指向救灾、扶贫、支边、助学等传统慈善领域。虽然如此,但企业的捐赠并没有得到社会的公正认识和尊重。[2]

随着市场竞争的日益加剧,为了占领更多的市场领域,越来越多的企业开始摒弃单纯的商业化运作模式,关注自身形象的全方面塑造,从而采取了更加社会化的发展思路。而慈善捐赠就成为企业市场拓展与社会渗透的重要策略。

当然,作为市场主体,获取利润是企业的核心价值。企业在进行慈善捐赠时也非常关注捐赠为企业所带来的利益。因此,非政府组织与企业合作必须会产生利益交换的问题。一般而言,企业进行慈善捐助的目的主要有以下几种:一是获得税收减免;二是承担社会责任;三是树立企业形象;四是改善内部关系,通过增加情感互动来润滑企业内部关系。但其最终目的在于增加企业利益。因此,在对企业市场进行筹款时,非政府组织应当在坚持自己的宗旨和市场定位的前提下,考虑与企业合作的可能性和可行性。在组织使命不受影响的情况下,非政府组织应当积极与企业市场进行合作,一方面扩展自己的影响力;另一方面帮助企业实现社会责任。

非政府组织对企业市场的筹款具有明显的优点,一是基于企业承担社会责任,树立企业形象的需要,非政府组织对企业市场的筹款比较容易得到企业的青睐;二是企业对其关注的领域可能提供比较充分的资金或者其他资源的支持。但企业市场筹款也存在相当的风险。非政府组织在面对企业捐赠的利益交换时,能否坚持组织宗旨和使命,是非政府组织亟需处理的问题。若处理不当,会直接影响及非政府组织的公信力。

---

[1] 2009年国内企业捐赠131亿元,个人捐68亿元. http://politics.people.com.cn
[2] 葛道顺.我国企业捐赠的现状和政策选择[J].学习与实践,2007,(3).

3.3 基金会市场

与个人市场和企业市场不同，基金会市场一般都只关注特定的领域，大部分基金会都不进行普惠式资助。因此，非政府组织在筹款时必须符合基金会关注的领域，并切合基金会目标，才能募集到款项。作为专业性的资产管理人，基金会对非政府组织的投资具有风险投资的特点。为了控制投资风险，基金会一般会要求非政府组织按照程序提出申请，并完成一定手续，才提供所需款项。

作为非政府组织的组成部分之一，基金会市场在非政府组织筹款中发挥着重要的作用。基金会由于其资助目标和资助领域十分具体明确，有时基金会甚至提供内容明确的项目资助，因此，非政府组织向基金会获得筹款时，可以充分利用基金会丰富而易于获取的信息，有针对性地提出筹款请求，这样获得资助的可能性就大大增加，从而达到成本效益的最佳状态。同时，由于基金会投资具有风险投资的特点，因此，基金会投资鼓励非政府组织进行创新，并愿意承受因此所产生的风险。当然，由于大多数基金会都只关注特定领域或者特定主题，因此，不是所有的非政府组织都可能从基金会市场上得到所需的资助。

3.4 政府市场

从政府市场获得所需资金，是我国一些非政府组织的主要筹款渠道。非政府组织从政府市场筹集资金的方式主要有两种：一种是直接拨款方式，即政府以直接财政拨款或者补助的方式为非政府组织提供资助；另一种是间接资助方式，即政府以间接提供款项的方式给予非政府组织资助。后者又包括两类：第一类是政府为非政府组织提供税收优惠，通过税收减免来相对增加非政府组织的收入；第二类是政府以公办民营、委托办理、政府采购等方式与非政府组织达成协议，由非政府组织提供一定的服务，而由政府提供资助。

政府直接拨款方式曾经是政府资助非政府组织的主要渠道。但直接拨款方式造成了非政府组织与政府之间形成不同程度地依附关系，也使政府有机会直接干涉非政府组织的运营，从而削弱了非政府组织的自主性，使其不能独立实现组织宗旨。因此，为了保证非政府组织的自治性，同时，也由于政府预算监督的加强，政府直接拨款资助非政府组织的方式将逐渐为政府间接资助方式所取代。政府将更加关注以项目为导向的间接资助方式，通过引导非政府组织进行竞争，实现其规范发展。

从政府市场获取所需资金是我国许多非政府组织维持其运行的主要手段。政府提供资金的优势在于政府有能力提供稳定且可靠的经费来源，即使是在间接资助方式日益普遍的情况下，政府所提供的项目仍然是比较多且金额比较稳定且充足的。但政府市场的劣势在于，为了规范政府财政的运行，政府提供资助时一般会要求进行非常复杂的文书作业,从而会耗费大量的人力、物力和财力;同时,为了将政府财政运行的风险降到最低,政府倾向于选择那些实力较强的非政府组织进行资助,一定程度上使实力较弱的非政府组织难以得到政府支持。

4 筹款的主要流程和主要方式

4.1 筹款的主要流程

非政府组织筹款主要流程包括四个环节:即设定筹款目标、制订筹款计划、执行筹款计划和评估筹款活动。

4.1.1 设定筹款目标

非政府组织在进行筹款时必须先设定明确的筹款目标。筹款目标明确包括筹款目的明确和筹款额度明确。首先,筹款目的明确。筹款为了实现什么目的?是为了维持组织的运行,还是为了开展新的项目;是为了举办一次重大的慈善活动,还是为了拓展组织的市场领域?其次,筹款额度明确。非政府组织必须明确本次筹款要募集到多少额度的资金、物资或者劳务。非政府组织的筹款必须有明确地指向性,否则会使将来制订的筹款计划失去针对性。

同时,筹款目标必须切合实际。切合实际包括两个内容:一是切合项目实际;二是符合市场实际。一方面,非政府组织的筹款目标必须能够满足筹款的实际需要,能够解决非政府组织项目筹款所需的资金;另一方面,非政府组织设定的筹款目标必须有准确的市场定位,在所定位的市场中必须可能募集到所需资金。脱离项目实际的筹款目标将使非政府组织筹集到的资金和项目与实际需要不相匹配,导致资金浪费或者项目运行失败;脱离市场实际的筹款目标则会使非政府组织的筹款目标难以实现。

4.1.2 制订筹款计划

设定筹款目标后,非政府组织应当制订详细的筹款计划。筹款计划至少应当包括谁来筹款、到哪里筹款、怎么筹款等几个方面的内容。

(1) 谁来筹款

筹款计划实施需要明确的主体。非政府组织的筹款主体包括内部筹款人和外部筹款人两种。

所谓内部筹款人,是指设置于非政府组织内部的、负责开展筹款活动的部门或者人员。发展比较成熟的非政府组织一般会设置专业的筹款部门或者筹款人,专门负责并管理筹款事务;其他非政府组织则会根据筹款的需要从组织内部安排人员开展筹款。由内部筹款人实施筹款计划是非政府组织筹款的基本形态。

所谓外部筹款人,是指设置于非政府组织外部的、负责开展筹款活动的部门或者人员。外部筹款人主要包括两种情形:一种是受非政府组织委托开展筹款活动的组织或者人员。委托筹款的优势在于受托组织或者人员都有专业筹款人,有丰富的筹款经验,可能在较短的时间里募集到所需的资源;但其劣势在于非政府组织需要额外支付委托筹款的成本,且受托组织或者人员不熟悉组织内部情况,所募集到的资源可能不完全符合筹款的需要。另一种是由联合劝募组织作为筹款人的外部筹款人。联合劝募组织是一种在市场上统一进行筹款,并根据一定规则在非政府组织之间进行资源分配的组织。联合劝募组织的优势在于节约筹款成本,提高筹款效率,使非政府组织可能集中精力进行公益活动;但其劣势在于联合劝募组织在进行资源分配时容易产生分歧。

(2) 到哪里筹款

筹款计划设计时必须明确筹款市场定位。非政府组织筹款市场定位的过程包括以下三个步骤:一是细分市场。通过对市场的全面分析,发现目标市场;二是确认竞争优势。分析目标市场现状,通过与竞争对手的比较,确认组织的竞争优势;三是明确市场定位。通过对目标捐款人与潜在捐款人的分析,发现捐款人的需求,并结合组织竞争优势进行准确定位。市场定位的关键在于寻找并发现非政府组织的竞争优势,从而在竞争激烈的筹款市场中获取所需资金,实现筹款目标。

(3) 怎么筹款

筹款计划还必须明确筹款方式,即通过什么方式进行筹款。在筹款方式选择上,非政府组织应当遵循节约、效益、安全等原则。具体而言,非政府组织应当考虑以下几个因素:一是筹款额度。筹款额度直接决定着筹款方式的选择。小规模的筹款可以采取一些简单易行的筹款方式;而大规模的筹款则必须有全面周详的筹款计划,可以并行采取若干种筹款方式。二是筹款成本。筹款活动的开展需要非政府组织支付一定的成本。基于公益活动的性质,非政府组织应当采取能够实现筹款目标的、最有效益的筹款方式。三是筹款风险。筹款过程存在着一定的风险,非政府组织在选择筹款方式时必须妥善地控制和处理风险,应当尽可能避免因筹款方式不当而给组织带来的影响。四是筹款时效。对于时效性比较强的筹款,非政府组织应当避免采取文书作业比较烦琐、运作手续比较复杂的筹款方式;而对于时效性比较弱的筹款,非政府组织则应当避免采取风险较大、运行成本较高的筹款方式。

在具体形式上,非政府组织的筹款方式主要有私人请求、电话劝募、直接信函、网上筹款、电视认捐、公益主题活动、遗产捐赠等。

除此之外,筹款计划中涉及的内容还可能包括:筹款项目策划、筹款时间安排、筹款成本预算、筹款风险分析、筹款监督评估等。

4.1.3 执行筹款计划

制订好筹款计划后,非政府组织应当保证筹款计划能够得到有效地执行。如果筹款计划得不到有效执行,再好的计划也形同具文。

在筹款计划的执行过程中,非政府组织应当重点关注三个方面的问题:

一是筹款进度。非政府组织应当保障筹款计划按照预期进度执行。非政府组织应当充分发挥筹款部门或人员的积极性和主动性,加强协调沟通,并对筹款计划的执行进展状况进行监督,对执行中的问题进行评估,确保筹款目标按时保质保量地完成。

二是筹款成本。在筹款过程中,非政府组织应当加强成本控制,避免执行过程中产生过多未列入筹款计划的不必要成本。

三是筹款风险。非政府组织还应当妥善应对筹款中可能出现的风险。对筹款计划制订时已经预测到的风险,应当按照筹款计划进行安排和应对;对于筹款计划制订时没有预计的,或者由于组织内外部环境变化而引起的新风险,非政府组织应当根据风险的严重程度有区别地进行处理。若风险未能得到有效处理,则筹款目标可能将难以实现。

4.1.4 评估筹款活动

筹款活动评估贯穿于非政府组织筹款过程的始终,它包括筹款过程评估和筹款结果评估。筹款过程评估是指对筹款计划执行情况的评估,这一评估一定程度上属于执行筹款计划的内容,它是为了保障筹款目标的实现,控制筹款进度、成本和风险而进行监督。这里所介绍的筹款活动评估是指筹款结果评估,即在筹款计划执行完毕后对筹款过程所进行的回顾、总结和评价。它包括筹款目标实现情况评估、筹款人员工作绩效评估以及筹款过程成本效益评估等内容。

筹款目标实现情况评估是指对筹款目标实现情况的回顾、总结和评价。筹款目标实现情况评估的内容包括:筹款目的实现程度,是否已经达到筹款目的,筹款目的实现过程中是否存在与组织宗旨相违背的情况等;筹款额度实现程度,是否募集到了预期的资金、物资或者劳务。如果超额完成,其经验何在?如果未达到,其原因何在?

筹款人员工作绩效评估是指对筹款过程中筹款人员工作状况的回顾、总结和评价。非政府组织应当根据组织绩效考核制度和考核指标,依据考核程序,对筹款部门及人员的工作情况、工作效果进行评价。一方面,可以发现筹款人员工作中存在的问题,及时进行完善和优化;另一方面,可以总结筹款工作中一些行之有效的方法,并作为实施激励的依据。非政府组织还必须建立、健全与筹款活动评估机制相配套的激励制度。筹款活动评估结束后,应当依据评估结果对不同筹款人员采取不同效果的激励方式。

筹款过程成本效益评估是对筹款过程的投入成本和效益获得的评估,以寻求以最小的成本获得最大的效益。非政府组织在进行成本效益评估时必须将所有成本和效益综合进行考量。既要考虑到直接成本,也要考虑间接成本;既要考量物质效益,也要考量精神效益;既要考虑成本投入是否合理,也要考虑效益获得是否符合组织宗旨等。

通过筹款活动评估,一方面为将来筹款活动的开展积累经验和教训;另一方面也可以为非政府组织内部机制完善提供借鉴和参考。

4.2 筹款的主要方式

非政府组织的主要筹款方式有私人请求、电话劝募、直接信函、网上筹款、电视认捐、公益主题活动、遗产捐赠等。

(1) 私人请求

私人请求是在非政府组织发展早期经常使用的筹款方式,指筹款人通过个别访谈的方式向意向捐款人或者潜在捐款人进行筹款。在私人请求中,筹款人与捐款人一般较为熟悉,或者有比较特殊的关系,如同属一个俱乐部、校友等。

(2) 电话劝募

电话劝募是指筹款人以电话方式向意向捐款人或者潜在捐款人进行筹款。在电话劝募时,筹款人要收集好明确的捐款对象名单,并需要在事前进行电话劝募训练。

(3) 直接信函

直接信函是指筹款人直接以信函方式将筹款需求寄给意向捐款人或者潜在捐款人的筹款方式。在直接信函筹款中,筹款人需要针对不同捐款人的特点设计富有个性的筹款需求,千篇一律的信函会大大降低筹款成功率。

(4) 网络筹款

随着互联网发展和网络管理的逐步规范,网络筹款已经成为一种重要的筹款方式。网络筹款是指筹款人通过宣传引导意向捐款人或者潜在捐款人以网络手段进行捐款的筹款方式。网络筹款更多的是一种技术方式上的革新,其重要意义在于创新了一种简单便捷、及时迅速、成本较低的筹款手段,但由于信息建设、网络规范以及网络使用群体限制等方面的原因,网络筹款尚未得到筹款人和捐款人的广泛认同。

(5) 电视认捐

电视认捐是指筹款人通过电视台,以电视节目方式向意向捐款人或者潜在捐款人进行筹款。电视认捐一般是制作一定时间的筹款节目,然后由意向捐款人或者潜在捐款人进行现场捐款或者电话捐款。有些国家有 24 小时的电视筹款节目。电视认捐的关键在于确认捐款者的款项能确实收到。

(6) 公益主题活动

公益主题活动是当前使用较多的一种筹款方式,它是指筹款人通过举办一定公益主题活动进行的筹款。公益主题活动内容十分广泛,有小型项目活动,也有大型公益活动;既可以是义演义卖活动,也可以演唱会等形式。公益主题活动的优点在于可以引起社会公众的关注,并激励他们参与其中;但缺点在于成本很高,且有时捐款者未能兑现捐款。

(7) 遗产捐赠

遗产捐赠是指意向捐款人通过一定方式明确将其遗产赠与非政府组织进行处分的一种筹款方式。遗产捐赠一般会涉及比较可观的资金或者物资,但由于社会文化等方面原因,以及涉及较多法律问题,因此其复杂程度较高,一般需要大量的文书作业。

5 非政府组织筹款中存在的主要问题

5.1 制度环境尚待完善,筹款过程亟需规制

域外国家基于推进公益慈善事业发展的考虑,大都会有一些扶持或支持非政府组织发展的政策,如税收优惠、遗产税征收等。我国非政府组织发展较晚,政府对非政府组织发展的目的和功能缺乏明确定位,在政策制定时缺少清晰理念。如在税收优惠政策上,域外国家十分重视通过税收优惠来引导社会进行公益捐赠,但我国公益捐赠的税收优惠明显不够,难以充分引导社会公众的捐赠热情,从而导致社会捐赠意愿不足,公众慈善参与热情不高。

此外,我国目前尚没有专门规范非政府组织筹款的法律规范,虽然有一些总体的规定,但对于筹款过程、筹款方式的规制都缺少依据。这就使一些非政府组织在筹款过程中有机可乘,如违反法律规定,或者超越业务范围开展营利性活动;以牟利为目的进行各种类型的评比、认证活动;利用筹款所得满足组织或者个人的私利;甚至进行非法集资、违法筹款等活动。这类严重违反法律规范,违背职业道德的行为失范现象,在实践中并不乏见。

5.2 筹款观念有待更新,筹款误区需要改变

我国一些非政府组织的筹款观念还有待更新,这主要体现在:筹款主动性不足,面向市场意识较差,将筹款等同于求人;不主动去开拓资金渠道,而是消极等待政府或者其他组织的支持;筹款手段单一,没有以顾客为导向的观念,不会运用现代市场营销的策略,在产品、价格、渠道、促销等营销方式上缺少有效的手段。

此外,非政府组织在筹款过程中存在着一些误区,主要包括:

(1) "高知名度＝高公信力＝高捐款"

通过提高知名度来增强组织影响力,提升组织公信力,从而可以募集到更多的款项,这是一些非政府组织筹款过程中存在的误区之一。不可否认,树立组织品牌或者项目品牌,通过对典型人物或者事件的宣传,唤起人们参与社会公益事业的意识,激发公众回馈社会的责任心,对非政府组织增强影响力,提升公信力具有明显的成效,一定程度上也可

以提高筹款的效果。如"希望工程"、"春蕾计划"、"母亲水窖"等项目都是比较成功的案例,"希望工程"在中国可谓是家喻户晓。但如果非政府组织的高知名度来自于一些哗众取宠的宣传,或者来自于一些毁誉参半的报告,则即使该组织有高知名度,也不会取得高公信度,更不可能因此获得高额的捐款。因此,高知名度可能产生高公信力,会带来高捐款,但三者之间并没有必然的逻辑关系。

(2)"公益活动＝筹款活动"

有些非政府组织只有在需要筹款时才会开展公益活动,而开展公益活动的主要目的就在于筹款。非政府组织这种混淆公益活动和筹款活动界限的做法使许多社会公众也简单地将公益活动和募款活动等同起来。但事实上,尽管非政府组织的资源非常有限,但开展公益活动应当是其日常性的活动内容之一。进行公益活动的目的既可以是筹款,也可以是塑造组织形象,扩大组织影响力,或者是激发社会公众对于慈善公益活动的参与热情等。

(3)"非政府组织筹款＝企业商品促销"

混淆非政府组织筹款活动与企业商品促销的界限,是非政府组织在面向企业市场筹款过程中存在的一个显著问题。企业市场是非政府组织筹款的重要渠道。由于利润最大化的驱动,企业在与非政府组织合作时会使用一些共同营销的手段,如开展与企业产品交易相关的公益活动、共同主题营销、或者组织名称或商标许可营销等。当这类活动被企业过度渲染而过于商业化时,就会显得公益慈善性质不足,从而使社会公众感到疑惑,这是非政府组织在筹款还是企业在商品促销?因此,非政府组织在与企业合作开展筹款活动时,必须明确自己的组织地位和需求,避免为企业过度牵制而使慈善公益活动变味。

5.3 筹款结构不尽合理,社会公信力还需提高

一般而言,非政府组织的资金来源都是由政府资助、社会捐款、经营性收入、会费收入等部分组成的。多元化筹款结构使非政府组织可能具备相对独立性,避免过度依赖于某一组织。但在我国非政府组织的筹款结构中,政府提供的财政资金比例过高,而经营性收入、社会捐款比例较低。有学者在2007年的调查中发现,"在主要资金来源中,政府提供的财政拨款和补贴占49.97%,会费收入占21.18%,营业性收入占6%,企业提供的赞助和项目经费为5.63%,其他收入比例均低于5%,个人捐赠仅占总资金的2.18%。"[1]有一些非政府组织的资金基本上都来自于政府资助,社会捐款几乎为零。这样的资金来源使得非政府组织的筹款结构变得十分不合理,也使非政府组织独立于政府的愿望变得完全不现实。

---

[1] 黄昏.论我国非政府组织的资金筹集[J].湖北行政学院学报,2007,(5).

社会捐款不足的原因之一是我国非政府组织在公信力方面的瑕疵。公信力是非政府组织筹款的核心因素,它表征的是社会公众对于非政府组织的认可度和信任度。公信力高的非政府组织,具有良好的社会声誉和组织形象,筹款时更容易得到意向捐款人和潜在捐款人的青睐和认可,也更可能获得政府和基金会的支持;而公信力低的非政府组织,由于社会公众的认可度和信任度较差,因此很难在筹款市场上占有一席之地。如何培养组织公信力,已经成为我国非政府组织面临的共同问题。

5.4 筹款能力尚有欠缺,筹款数量仍可增加

造成非政府组织筹款结构不合理的另一个原因是筹款能力不足。非政府组织筹款能力不足表现在:一方面,我国许多非政府组织没有形成专业化的筹款理念和筹款意识,也没有建立专业筹款部门或者人员;另一方面,许多非政府组织的筹款主要依赖于大规模的社会动员方式,突发性的筹款多,制度化的筹款少,缺乏长效的筹款机制。

筹款能力的不足,使得我国非政府组织所获得的捐赠收入明显偏少。以2010年为例,我国公募基金会中获得捐赠收入最多的是河南省宋庆龄基金会,为10.11亿元;而非公募基金会中捐赠收入最多的则是清华大学教育基金会,为6.88亿元。[①] 虽然近几年我国非政府组织获得的捐赠收入已经有了明显地增长,但与美国基金会的筹款能力相比还有不小的差距。数据显示,美国捐赠收入排名前50名的基金会都超过了1.06亿美元,其中超过2亿美元的有17家,盖茨基金会更是超过33亿美元。[②] 由此可见,我国非政府组织在筹款数量上仍有增长的空间。

6 完善非政府组织筹款制度的对策

6.1 加强筹款制度化建设,完善相关法律制度

为了推进非政府组织的发展,营造良好的慈善参与社会氛围,政府应当加强制度化建设,完善相关法律制度。

一方面,政府要明确非政府组织筹款的条件、程序、筹款过程中的权利和义务以及监督管理等方面的内容,加强筹款管理的制度建设。针对非政府组织筹款过程中出现的财务管理问题、组织自利或者个人腐败问题,要严格进行处理,以实现非政府组织筹款的制度化、规范化和法治化。

另一方面,政府要加大非政府组织扶持力度,出台鼓励和推进社会捐赠的政策。近年来,政府已经加大了公益捐赠方面的税收优惠,但税收政策方面的优惠仍可以进一步扩

---

① 基金会中心网. http://www.foundationcenter.org.cn/,2012-04-30.
② 王劲颖. 美国基金会发展现状及管理制度的考察与借鉴[J]. 中国行政管理,2011,(3).

大。同时，政府可以在土地、金融信贷等领域加大对非政府组织的政策支持，在政策采购项目委托时也可以采取一定的倾斜政策。

6.2 更新筹款理念，改变筹款误区

非政府组织应当更新筹款理念，树立为顾客为导向的观念，面向市场，利用现代市场营销在产品、价格、渠道、促销方面的经营手段，确立品牌战略意识，增强组织的核心竞争力，使组织在筹款市场上处于领先地位。

非政府组织必须改变筹款过程中的一些错误观念及误区。在筹款时，应当紧扣组织宗旨，在法律框架下、以社会认可的方式进行组织或者项目宣传，通过唤起公益意识，激发社会责任心的方式来提高知名度，提升公信力。社会公信力是影响非政府组织筹款水平的重要因素。公信力良好可以使非政府组织获得更多的社会公众资助，迅速实现筹款目标；而公信力不足则会影响非政府组织实现其筹款目标。在2011年"郭美美"等一系列社会事件发生后，非政府组织应当通过健全其内部治理结构，完善组织运行公开透明化机制来提高社会公众的信任度，塑造非政府组织的良好形象，才能够获得更多的捐款。但非政府组织也必须认识到，知名度提高、公信力提升与筹款目标实现之间并没有必须联系。许多公益活动可以推动公众对公益慈善事业的关注，提高非政府组织的社会影响力，但未必能够立竿见影地保证非政府组织的筹款效果。

6.3 提升筹款专业化水平，实现筹款结构多元化

为了提高筹款能力，增加筹款数量，实现稳定发展，非政府组织应当致力于提升筹款专业化水平，实现筹款结构多元化。

在筹款专业化方面，非政府组织应当建立专业筹款部门，培养专职筹款人员。专业筹款部门负责对筹款全过程的管理，包括进行筹款规划、制订和实施筹款计划、监督和评估筹款过程，并负责筹款人员的培训和管理；而筹款人员则必须由经过专业训练的人员担任，必须具有较好的业务水平和一定的筹款经验。

非政府组织还应当改变筹款结构过于单一的问题，通过建立多元化筹款结构来保证组织运行和发展所需的资金，避免单一筹款结构所带来的风险，并维持自身内部治理的相对独立性。实现筹款结构多元化应当注意做好以下两个方面的工作：

第一，拓宽外部筹款渠道。外部筹款是非政府组织筹款的主要渠道，除政府直接拨款支持外，非政府组织还应当通过积极争取扩展政府采购、企业合作、个人市场等渠道的筹款。

参与政府采购项目。政府采购是各级国家机关、事业单位和团体组织，使用财政性资

金采购依法制定的集中采购目录以内的或者采购限额标准以上的货物、工程和服务的行为。① 政府基于自身管理能力的局限,逐渐将文化、教育、卫生、环境保护、社会管理等领域的一些工作以政府采购形式委托给社会,非政府组织应当在紧扣组织宗旨的情况下,积极参与政府采购项目,争取资金及其他政策支持,扩大组织的影响,以获得社会公众的认同。在争取政府支持的同时,非政府组织应当保持组织的独立性,创造条件成为政府的合作伙伴,而不是成为政府的附庸或者代言人。当非政府组织与政府建立合作关系后,就可能获得持续的资金来源。

加强与企业的合作。企业展示其社会责任的需求,为非政府组织与企业合作创造了机会和条件。非政府组织在与企业合作时,应当在与组织宗旨匹配的情况下,选择有良好声誉的企业,利用组织或项目品牌进行合作,并注意创造双赢的效果。通过与企业的合作,非政府组织可以达到筹款目标,并培养出一批潜在捐款人;而企业则可以实现营销的效果,树立良好的社会形象,增强社会知名度。

加大个人市场筹款。随着我国经济的发展和人民生活水平的提高,个人市场已经有比较充盈的资金。加大对个人市场的筹款,可以使非政府组织获取大量的资源。而要保证个人市场的筹款效果,非政府组织一方面要注意健全内部治理机制,塑造组织形象,增强社会公信力;另一方面要推出一些能得到社会公众认可和支持的公益项目,并进行精心策划。

第二,创造条件增加自营收入。不以营利为目的是非政府组织的基本特点,但不以营利为目的,并不等于不能营利,因此,非政府组织应当创造条件增加自营收入。非政府组织的自营收入主要有收取会员或服务费用、从事经营活动以及进行商业投资等。

收取会员或服务费用。非政府组织在为其会员或顾客提供服务时,可以收取一定的费用。非政府组织收取的会员或服务费用主要是为了弥补开支,维持运营的,因此,其收费应当是免费或者费用较低的,这与按市场规律收取费用不同。在美国,收取会员或服务费用收入占非政府组织总收入的比重是相当可观的。

从事经营活动,以及进行商业投资。虽然非政府组织的经营性活动是被严格限制的,但并没有被完全禁止。许多国家都允许非政府组织从事一些与其业务范围相近,具有一定社会公益性的经营性活动,以帮助非政府组织运行和发展,并更好地为社会提供服务。在商业投资方面,非政府组织投资与纯粹商业投资不尽相同,非政府组织投资一般涉及风险比较低、回报比较稳定的领域,如购买国债等,通过投资来实现非政府组织资金的保值与增值,从而可能获得更多的资金用于社会公益服务。

---

① 《中华人民共和国政府采购法》第 2 条。

本章小结

筹款是非政府组织实现其稳定运行、保持其良性发展的基础。筹款的内容可以是资金、物资、劳务等资源。从筹款理念上看,非政府组织主要经历了产品导向、推销导向和顾客导向三个发展阶段。在筹款过程中,非政府组织需要坚持合法性、诚实守信和紧扣宗旨三个原则。从筹款对象的角度分析,筹款可以面向个人市场、企业市场、基金会市场和政府市场。为了实现筹款任务,非政府组织必须设定筹款目标、制订和执行筹款计划、选择适当的筹款方式、评估筹款活动,由于我国非政府组织发展较晚,政府对于非政府组织发展的目的和功能缺乏明确定位,因此非政府组织在筹款的制度环境和社会环境方面还存在许多问题。这主要体现在筹款观念比较陈旧,筹款误区较多;筹款结构不合理,社会公信力不高;筹款能力不强,筹款数量仍可增加等。为了解决这些问题,政府应当加强非政府组织的筹款制度化建设,完善相关法律制度;更新筹款理念,改变筹款误区;提升筹款能力,实现筹款结构多元化。建立多元化筹款结构对非政府组织实现自治性和独立性有特别重要的意义,它有助于改变非政府组织过度依赖于政府的局面。

核心概念

筹款 Fund Raising　　　　　　　　捐款 Donation
个人市场 the Individual Market　　　企业市场 the Enterprise Market
基金会市场 the Foundation Market　　政府市场 the Government Market
内部筹款人 The Internal Fund-raiser　外部筹款 the External Fund-raising
筹款过程评估 the Evaluation of Fund-raising Process
筹款结果评估 the Assessment of Fund-raising Results

1. 试述非政府组织筹款的特点。
2. 试述非政府组织的筹款原则。
3. 简要介绍非政府组织筹款的主要市场,并分析其优缺点。
4. 简要叙述非政府组织筹款的主要流程。
5. 试述非政府组织筹款中存在的主要问题及其完善对策。

1. 金锦萍.论我国非营利组织所得税优惠政策及其法理基础[J].求是学刊,2009,(1).
2. 张祖平.中国慈善组织资金筹集问题研究[J].社团管理研究,2011,(1).
3. 沈新华.社会组织筹资流程分析[J].中国民政,2010,(10).
4. 牛秋业.破解非营利组织资金困境的成功范式[J].湖北社会科学,2010,(11).
5. 温洛克民间组织能力开发项目.国际非营利组织筹资策略[EB/OL]. http://www.chain.net.cn/document/20070608134955656474.pdf,2012-04-30.
6. 王劲颖.美国基金会发展现状及管理制度的考察与借鉴[J].中国行政管理,2011,(3).

"微公益"仅13天即募款成功

"微公益"展示"微速度"首个项目募款成功

一款基于新浪2亿微博用户开发的公益类救助平台"微公益"(gongyi.weibo.com)于2012年2月21日正式上线公测,上线首日已有15个公益项目入驻,共募集善款超10万元,在线参与人数截至记者发稿时已近8 000人。首个通过"微公益"平台上完成的项目为"为80人的彝族学校募2013年第一学期8 000份免费午餐",项目目标资金为2.4万元,最终仅耗时13天即告募款成功。

整合碎片化求助信息

以全新频道、独立域名存在的"微公益"募集平台,集纳了目前所有新浪微博功能,并独立开发了"支教助学、儿童成长、医疗救助、动物保护和环境保护"五大板块,公益组织和个人只需登录该平台详细填写"项目介绍、发起人、捐助对象、目标金额、救助时间"等相关信息,发布后就能即时显示进入募集状态。

这款公益类产品如何诞生?平台上线当天《公益时报》记者采访了新浪网集团市场部毛涛涛。毛涛涛告诉记者,"过去我们在网络上发现有很多以微博为载体的求助帖,主题包括:'顺风车'、'打拐'、'农产品滞销'等等。我们认为这些帖子都具有共同的特性,就是'求助',所以我们认为制作一个整合碎片化求助信息、集纳各方救助声音的平台尤为重要,而这种平台是一定能帮助到求助者和救助者的,同时我们又觉得这种特性符合公益的性质,在这种背景之下,我们推出了'微公益'平台。新浪微博目前拥有约2亿用户,庞大的用户群会成为'微公益'发展的最好支撑。"

记者于"微公益"平台上线次日登录发现,"微公益"平台上官方合作机构为15家,这15家机构募集项目已涉及"微公益"平台五大板块中的四大块,分别为支教助学、儿童成长、医疗救助和动物保护,但"微公益"平台上的环境保护板块当时还未有机构涉及。

信用如何保障

任何事物运作初期都会出现"麻烦"问题,公益项目在这方面尤其需要谨慎面对,关键点是如何保证大家的爱心能够确实到达每一个受助者的身边。

毛涛涛告诉记者,"微公益"之所以选择官方合作机构先上线,就是看中了官方合作机构在公益行业内的权威性和公信力。同时"微公益"平台在后台成立了一个"微博爱心团"的组织来对募集项目真实性、可操作性进行评估。该"爱心团"由新浪微博公益行业人士和官方机构组成,评估内容包括从项目起止时间、目标金额、救助金额、救助对象等全方面进行评估,评估通过才让其上线运行。

毛涛涛称,"微公益"平台现正处于公测时期,还有很多地方需要改进和完善,先期只允许官方合作机构进驻,"微公益"在随后的开发和逐步完善过程中,会逐步开放个人求助,允许个人单独上线进行运作。

据悉,目前"微公益"募捐支付方式采用网络支付形式,并与第三方支付企业支付宝公司合作,对收款方的捐赠款项给予手续费免除,公益机构在"微公益"平台上募集多少善款,款项将会一分不少地出现在公益机构中。

此外,"微公益"平台能够及时公布募集款项捐赠信息,每笔捐赠数额和姓名都能及时显现,这在一定程度上保证了募集款项的公开透明性易于社会公众监督。

捐助方式的一大革新

"微公益"平台试图通过微博使求助者、救助者与公益机构进行有机串联,旨在打造"一站式"救助服务。那么,已经使用过这个平台的机构用户的感受和评价如何?《公益时报》记者采访了中国社会福利教育基金会"免费午餐"项目管委会主任肖龙军。

肖龙军称,"微公益"平台上线是互联网媒体在公益领域渗透的一次全新尝试,代表着公益募集的一种发展方向。"免费午餐项目"是2011年最受瞩目的通过微博产生巨大影响力的项目之一。肖龙军说:"去年我们从4月2日至12月31日共8个月时间,共募集善款1806万,我们将这一笔笔善款运用到被救助项目上产生了很好的社会效应,这充分显示了社会公众对公益事业的支持。"

资料来源:张明敏."微公益"仅13天即募款成功[EB/OL]. http://www.chinadevelopmentbrief. org.cn/newsview.php? id=4756,2012-04-30.

阅读以上材料,思考非政府组织在网络时代应当如何应对筹款市场的挑战?

第 7 章

非政府组织的信息公开

【学习目标和要求】

通过本章的学习,要求学生了解我国非政府组织信息公开的制度建设和发展状况,熟悉我国非政府组织信息公开中存在的主要问题及完善建议,掌握非政府组织信息公开的概念及主要特征,从而形成非政府组织信息公开的基本知识框架。

案例1:"郭美美事件"

2011年6月21日,微博昵称为"郭美美Baby"的网友在网上公然炫耀其奢华生活,这个自称住豪宅、开名车、用名包的20岁女孩,其认证身份居然是"中国红十字会商业总经理",由此引发很多网友对中国红十字会的非议。6月22日,中国红十字会发布声明,称"郭美美"与红十字会无关。尽管如此,"郭美美事件"的负面影响却继续扩展。自2011年6月下旬"郭美美"、"尚德诈捐门"、"中非希望工程"等一系列事件发生后,社会捐款数以及慈善组织捐赠数额均出现锐减。

民政部的统计数据显示,2011年6月全国社会捐款数为10.2亿元,而7月则为5亿元,减少了5.2亿元,降幅接近51%;而中国公益慈善网公布的信息显示,今年3~5月,我国慈善组织接受捐赠总额达62.6亿元,而6~8月陡降为8.4亿元,降幅为86.6%。引起这一变化的时间节点,正是发生于6月下旬的"郭美美事件"。

资料来源:微博炫富事件[EB/OL]. http://baike.baidu.com/view/5963871.htm,2012-04-30.

案例2:"中国最能筹款慈善组织的钱去哪了"

河南省宋庆龄基金会(以下简称"河南宋基会")隶属于河南省统战部,是一家成立于1992年的公募基金会,其注册业务范围是"募集发展资金,资助儿童文教、科技和福利事业"。

根据基金会中心网数据库的排名,河南宋基会在2010年年末时,资产已近30亿元,在全国两千多家慈善基金会里名列第一,位列第二的是私募基金北京大学教育基金会,资产只有12亿元,而中国红十字基金会只有7亿元,中国宋庆龄基金会不到3亿元。在这个榜单上,河南宋基会已是三连冠,且资产规模爬升速度极为惊人。2008年是15亿元、2009年是21亿元。

不仅如此,作为一个省级慈善机构的河南宋基会,获得的捐赠收入同样高得惊人。其2010年捐赠收入逾10亿元,全国第一,是中国红十字基金会、中国扶贫基金会的将近两倍——要知道,2008年适逢汶川大地震,红十字基金会获得民众海量募捐时,那年在国内募得的善款规模,也就不过是10亿元。

而河南宋基会的募捐能力,连年都是令人咋舌地强大:2009年和2008年,河南宋基会分别募得6亿元和8亿元的善款。

然而,与筹款能力的强大形成反差的是,在公益支出的榜单上,河南宋基会却名落孙山。

按照《基金会管理条例》规定,公募基金会每年用于从事公益事业支出不得低于上一年总收入的70%,也就意味着河南宋基会2010年和2009年的公益开支必须达到4.2亿元和4.8亿元,而实际情况却仅仅只是1.4亿元和8000万元,离规定金额相去甚远。

倘若能筹集很多的钱却没有花出去,基金会的账上应该有很多钱。但事实却恰恰相反——查阅这三年河南宋基会的资产负债表不难看出,基金会手头的货币资金并不多,2010年年末时只有1亿元,2009年年末和2008年年末时只有一两千万元。

大量的钱哪里去了?资产负债表的答案是,大量资金都在"应收款项"科目下面——简单来说,就是已被借出。

记者从多个渠道了解到,这些资金流入诸如宋基投资这样的,以河南宋基会下属员工们为股东的各种"宋基系"公司,除了进行各种投资业务,甚至还有大量资金被用于放贷。

在河南的一些企业圈子里,宋基投资方面可以"放贷",早已是个公开的秘密。

对照这些公司的年审报告里的明细记录,可以看到许多借进来的钱都直接或间接地来自河南宋基会,而最终资金的去向则是五花八门,仅记者所掌握的部分名单,就分布在房地产、钢铁、计算机网络、商品贸易等诸多领域。

资料来源:陈中小路.中国最能筹款慈善组织的钱去哪了[N].南方周末,2011-09-01,(1).

非政府组织信息公开是指非政府组织将其制作或者获取的,以一定形式记录、保存的信息予以公布的活动。我国非政府组织信息公开是在政府信息公开制度建设迅速推进、公民社会逐步觉醒的背景下建立和发展起来的。可以说,它与政府信息公开、透明政府建设密切相关;同时,又与公民精神普及、社会参与意识增强相辅相成。

1 非政府组织信息公开的概念和特征

1.1 非政府组织信息公开的概念

1.1.1 信息

信息是指包含着消息、指令、数据、符号、信号等内容的东西。信息可以从深度与广度两个维度进行理解。

从深度上说，信息包括三个层面的含义：

第一层面上的信息是指人类已知的信息。宇宙中包含了大量的信息，有些是人类已知的，有些是人类未知的。这一层面的信息一般是指与人类需求相关的信息；

第二层面上的信息是人类可利用的信息。人类已知的信息中，有一部分在当前生产力水平和研究水平下人类可以加以开发、组织和处理的，这一部分信息是可利用的信息；而此外的信息虽然已知但人类无法加以利用；

第三个层面上的信息是通过人类参与而获得的信息。人类的参与在信息形成过程中发挥着重要的作用。

从广度上说，信息主要有狭义和广义两种界定：

狭义的信息，仅指信息本身，主要是指以一定载体、媒介形式出现的消息、指令、数据、符号、信号等内容的集合。

广义的信息，则指信息活动中各种要素的总称，既包括信息本身，也包括与信息相关的人员、设备、技术和资金等各种要素。

就这两个维度而言，信息公开中的信息主要是指通过人类参与而获得的，以一定载体、媒体形式出现的包含消息、指令、数据、符号、信息等内容的信息。即指第三个层面上的狭义信息。

1.1.2 非政府组织信息公开

非政府组织信息公开是指非政府组织依法将其组织活动或者业务活动的有关信息通过一定的形式向社会公布的行为。

以公开主体为标准，我国非政府组织信息公开主要分为社会团体信息公开、民办非企业信息公开、基金会信息公开三类。

以公开的方式为标准，非政府组织信息公开可以分为主动信息公开和被动信息公开。所谓主动信息公开，是指非政府组织主动向社会公布其组织活动或者业务活动信息；所谓被动信息公开，一般是指非政府组织依有关主体的申请或者请求向社会公布其相关信息。

1.2 非政府组织信息公开的必要性

非政府组织之所以要进行信息公开,主要是基于以下理由。

(1) 非政府组织的经费来源决定非政府组织必须信息公开

非政府组织是不以营利为目的的,原则上其不得从事营利性经营活动。这一状况决定了非政府组织的经费主要来源于政府财政、社会捐赠或者成员会费。政府财政、社会捐赠与成员会费都具有的公共性特点决定了非政府组织必须将有关组织活动或者业务活动的信息公开。

(2) 非政府组织的活动性质要求非政府组织应当信息公开

非政府组织所进行的活动都具有公益性或互益性特点。无论是公益性还是互益性,这些活动都会涉及不特定的多数人。由此,非政府组织就必然要进行信息公开,以便于社会公众或者不特定多数人可能了解活动的情况并对活动进行监督,避免损害其利益。

(3) 非政府组织的制度完善需要要求非政府组织信息公开

当前,我国非政府组织的制度完善问题受到了广泛地关注,非政府组织的自利和腐败行为使非政府组织的运行受到了社会公众的强烈质疑。如何增强其公信力、保证其健康发展,已经成为非政府组织制度完善的重要课题。信息公开为非政府组织的制度完善提供了一个重要的路径。信息公开可以最大限度地避免非政府组织的自利和腐败,使非政府组织直接接受政府与公众的监督,从而增强其公信力。

1.3 非政府组织信息公开的特征

与政府信息公开和企业信息发布相比,非政府组织信息公开具有以下特征:

(1) 与政府信息公开相比,非政府组织信息公开具有一定的私隐性

虽然与政府信息公开密切相关,但非政府组织信息公开制度的建设并不能简单类比政府信息公开制度。与政府信息公开相比,非政府组织信息公开具有一定的私隐性。政府信息公开的对象是所有的社会群体或者个人;而非政府组织信息公开的影响范围则具有差异性。有些非政府组织信息公开的范围具有一定限度,如行业组织的行业内部信息等。一般而言,非政府组织涉及公共利益的信息应当公开,涉及组织内部的信息则鼓励公开;涉及政府财政、社会捐赠内容的信息应当公开,涉及成员会费使用的内容则可以有限度地公开。

(2) 与企业信息发布相比,非政府组织信息公开具有一定的社会性

与作为市场主体的企业信息发布相比,非政府组织信息公开具有一定的社会性。企业信息发布的范围仅涉及与企业活动相关的群体,若该企业信息不产生外部性问题,企业可以不向社会发布相关信息。非政府组织则不同。非政府组织的活动具有公益性或互益性,会产生一定的社会影响,因此非政府组织需要将信息向社会公众或者与非政府组织活

动相关的组织或者群体进行公开,其影响范围较广。

(3) 非政府组织信息公开具有一定的层次性

非政府组织包含了各种不同的类型主体,不同类型主体因影响范围及公益性程度不同,在实行信息公开时应当体现出一定的层次性。公益型非政府组织与互益型非政府组织在信息公开程度、公开范围上应当有所差异。公益型非政府组织是面向社会公众的,针对的是不特定的群体,因此其信息公开程度要求应当更高、公开范围应当更广;互益性非政府组织,如行业协会,是面向特定公众的,因此其信息公开程度要求可以较低,公开范围可以较窄。

2 非政府组织信息公开的理论研究状况

2.1 国外非政府组织信息公开的有关理论与实践

通过对美国、英国、日本等国的考察发现,这些国家的非政府组织信息公开理论与实践具有以下主要特点。

第一,强调政府所有或政府资助的非政府组织进行信息公开。以资金来源为标准,国外非政府组织大致可以分成两类:一类是主要依靠政府财政经费运作的;一类是主要依靠社会资本或者私人资本运作的。对主要依靠政府财政经费运作的非政府组织,包括政府所有的非政府组织或者接受政府资助的非政府组织,国外一般要求其信息公开适用或参照政府信息公开的原则和规范。如美国的《信息自由法》,政府公司、政府控股的公司也包括在内;日本的《独立行政法人信息公开法》也包括了一部分特殊法人。对依靠社会资本或者私人资本运作的非政府组织,各国在信息公开要求上则有所差异。一般而言,对于这类非政府组织信息中涉及公共利益或者税收优惠部分的内容,会强制其进行信息公开;而对于其他部分内容,则鼓励信息公开。

第二,要求非政府组织的一般信息进行公开。以信息内容为标准,非政府组织的信息可以区分为一般信息和特殊信息。一般信息是指涉及非政府组织基本情况、行政、业务、财务管理等制度和政策方面的信息,这一类信息一般会以各种形式进行公开,并使社会公众可以便利地获取;特殊信息则是指涉及非政府组织自治范畴或者商业竞争的信息,这类信息一般不要求公开,而由非政府组织根据情况予以公开。

第三,注重保护个人信息。国外在非政府组织信息公开的规范和管理中,十分注重个人信息尤其是个人隐私的保护。在非政府组织信息公开时,对涉及个人信息的内容,一般不要求公开,力求在个人隐私与公共利益之间取得平衡。

由于这些国家的公民社会发展均较为成熟,且新闻媒体和公共舆论较为发达,因此,实践中,尽管政府并没有对非政府组织信息公开范围作出十分具体的要求,但非政府组织为了加强其公信力,增强筹款能力,扩大影响,大多会主动根据社会需求进行信息公开。

2.2 我国关于非政府组织信息公开的理论研究

我国关于非政府组织信息公开的理论研究,总体上还比较薄弱。就目前的情况而言,主要有三种情况。

一是将非政府组织信息公开作为政府信息公开中的一部分进行介绍。2007 年公布的《政府信息公开条例》在第 37 条中对与人民群众利益密切相关的公共企事业单位的信息公开提出了要求,国内一些学者在介绍政府信息公开时,会根据这一规定对非政府组织、公共企事业单位的信息公开内容进行介绍,但一般不对其具体内容展开研究。

二是就特定类型非政府组织或者非政府组织特定领域的信息公开进行研究。考虑到非政府组织的主体类型十分多样,一些学者在涉及非政府组织信息公开时会选择就特定主体或特定领域进行研究。如对高等学校、医院等非政府组织的信息公开研究就较为集中;还有一些学者则关注非政府组织信息公开的制度完善问题。另外,也有一些学者对国外非政府组织的信息公开制度进行介绍。[①]

三是直接就非政府组织信息公开制度进行研究。这些学者一般就非政府组织信息公开的总体原则和一般制度进行研究。如有学者通过分析研究后提出非政府组织信息公开的标准,[②]也有学者对非政府组织信息公开的规制进行了研究等。

3 制度框架下我国非政府组织的信息公开

我国非政府组织的信息公开制度主要由《公益事业捐赠法》、《政府信息公开条例》、《社会团体登记管理条例》、《民办非企业单位登记管理暂行条例》、《基金会管理条例》、《事业单位登记管理暂行条例》、《基金会信息公布办法》、《民政部关于深入开展民办非企业单位信息公开和承诺服务活动工作的意见》等文件中的规定构成。

3.1 《公益事业捐赠法》关于非政府组织信息公开的规定

《中华人民共和国公益事业捐赠法》(1999)是专门规范慈善捐赠和受赠行为的法律。其中,有对作为受赠人的非政府组织的信息公开进行了规定。该法所规定的信息公开包括向社会公开和向特定人员公开。向社会公开主要体现在该法第 22 条:"受赠人应当公

---

① 徐敏.高校信息公开与现代大学制度建设[J].江苏高教,2011,(1);姚金菊.美国高校信息公开研究[J].行政法学研究,2010,(4);杨道波,尹兆君.国外非营利组织信息公开法律制度考评[J].聊城大学学报(社会科学版),2009,(3).

② 王丹红.论公共企事业单位的信息公开[J].法制与社会,2009,(10).

开接受捐赠的情况和受赠财产的使用、管理情况,接受社会监督。"向特定人员公开则主要体现在该法第 21 条:"捐赠人有权向受赠人查询捐赠财产的使用、管理情况,并提出意见和建议。对于捐赠人的查询,受赠人应当如实答复。"但是,若非政府组织未依法履行信息公开职责时,如何追究其法律责任,《公益事业捐赠法》并没有作出规定。

3.2 《政府信息公开条例》的规定

《政府信息公开条例》(2007)主要调整的是行政机关履行职责过程中制作或者获取的信息。但在该法第 37 条中对非政府组织的信息公开活动作出了授权性规定。《政府信息公开条例》第 37 条要求:"教育、医疗卫生、计划生育、供水、供电、供气、供热、环保、公共交通等与人民群众利益密切相关的公共企事业单位在提供社会公共服务过程中制作、获取的信息的公开,参照本条例执行,具体办法由国务院有关主管部门或者机构制定。"这一规定对非政府组织信息公开制度建设具有重要的促进作用。但该规定仅涉及部分与人民群众利益密切相关的非政府组织,而不及于全部非政府组织,因此,其他非政府组织是否参照并没有明确。另外,即便是《政府信息公开条例》规定的这些非政府组织,虽然条例要求国务院有关主管部门或者机构制定具体办法,但到目前为止,这一授权并未得到全面落实,因此,如何参照也是一个亟待解决的问题。

3.3 社会团体信息公开的规定

《社会团体登记管理条例》、《民办非企业单位登记管理暂行条例》、《基金会管理条例》、《事业单位登记管理暂行条例》可以称为我国非政府组织的"组织法"。在这四个管理条例中,除《事业单位登记管理暂行条例》对事业单位的信息公开未作出规定外,其余三个条例均有涉及信息公开的内容。这三个条例对非政府组织接受政府监督时的信息提交都比较重视,而对非政府组织之于社会的信息公开则着墨不多;同时,除《基金会管理条例》外,《社会团体登记管理条例》、《民办非企业单位登记管理暂行条例》都没有对非政府组织未依法公开信息的法律责任作出规定。

社会团体信息公开的规定主要见之于《社会团体登记管理条例》。该条例第 29 条规定,社会团体接受捐赠、资助,必须符合章程规定的宗旨和业务范围,并根据与捐赠人、资助人约定的期限、方式和合法用途使用。社会团体接受、使用捐赠、资助的有关情况应当以适当方式向社会公布。根据这一规定,社会团体应当信息公开的内容为"接受、使用捐赠、资助的有关情况",并不及于其余财务管理内容,而公开的方式则为"适当方式",至于何为适当,条例也没有具体规定。另外,《社会团体登记管理条例》对社会团体违反信息公开义务的行为并没有设定相应的法律责任。

3.4 民办非企业信息公开的规定

民办非企业信息公开的规定主要体现在《民办非企业单位登记管理暂行条例》和《关于深入开展民办非企业单位信息公开和承诺服务活动工作的意见》中。

《民办非企业单位登记管理暂行条例》的规定与《社会团体登记管理条例》完全相同。暂行条例第 21 条中规定,民办非企业单位接受捐赠、资助,必须符合章程规定的宗旨和业务范围,必须根据与捐赠人、资助人约定的期限、方式和合法用途使用。民办非企业单位接受、使用捐赠、资助的有关情况应当以适当方式向社会公布。同样,《民办非企业单位登记管理暂行条例》也没有对违反信息公开义务的行为设定相应的法律责任。

为了加强民办非企业单位的建设,提高民办非企业单位的社会公信力,民政部在 2007 年发布了《关于深入开展民办非企业单位信息公开和承诺服务活动工作的意见》,对民办非企业单位信息公开和承诺服务的内容进行规定,并要求登记管理机关积极推进民办非企业单位的信息公开工作。《意见》主要对民办非企业的信息公开内容与信息公开方式进行了规范。

根据《意见》的规定,民办非企业单位信息公开的内容主要包括:民办非企业单位的登记证书、税务登记证书、组织机构代码证书、收费许可证的有关信息;经登记管理机关核准(或备案)的章程(或章程摘要);接受、使用捐赠、资助的有关情况;年度工作报告等。同时,鼓励民办非企业单位在有关媒体上向社会公开其年度审计报告。

关于信息公开方式,《意见》要求民办非企业应当以上墙悬挂有关证书和展示有关信息的展板,在报刊、电视、网络等媒体上披露等方式,将有关信息和承诺服务的内容,向社会公布,公开接受服务对象、政府部门和社会公众的监督。同时,《意见》规定,民办非企业单位应当将本单位的登记证书、税务登记证书、组织机构代码证书、收费许可证(正本)等,以及民办非企业单位章程(或章程摘要)、服务项目和收费标准等有关信息的展板,在住所(或服务场所)的醒目位置,以上墙悬挂的方式,向社会公众公开。民办非企业单位的年度工作报告以及接受、使用捐赠、资助的有关情况,应当在登记管理机关指定的网站(媒体)上,向社会公开。鼓励民办非企业单位在电子屏幕、报刊、电视、网络等媒体上,向社会公开有关信息和承诺服务的内容。

为了规范民办非企业单位信息公开活动,《意见》还要求登记管理机关制定政策措施,建立指导、检查和监督机制,对信息公开的时间、程序作出规定;制定激励政策措施表彰在信息公开方面做得好的民办非企业;并加强对信息公开情况的年度检查。

3.5 基金会信息公开的规定

与社会团体、民办非企业信息公开的规定相比,国家对基金会信息公开的规定最为全面、内容最为系统,既有国务院《基金会管理条例》的总体要求,又有民政部《基金会信息公布办法》的具体规范；既有原则规定，又有具体措施；既有义务性规定，又设定了责任追究内容。

《基金会管理条例》较为全面地规定了基金会信息公开的总体原则和具体措施，并对违反信息公开义务的行为设定了法律责任追究内容。根据《基金会管理条例》第 5 条的规定："基金会依照章程从事公益活动，应当遵循公开、透明的原则。"该条为基金会的信息公开提供了总体原则。而在第 25 条、30 条、38 条、39 条中，条例将这一总体原则细化为具体措施，包括：第一，公募基金会组织募捐，应当向社会公布募得资金后拟开展的公益活动和资金的详细使用计划。第二，基金会开展公益资助项目，应当向社会公布所开展的公益资助项目种类以及申请、评审程序。第三，基金会在通过登记管理机关的年度检查后，应当将年度工作报告在登记管理机关指定的媒体上公布，接受社会公众的查询、监督。年度工作报告的内容包括财务会计报告、注册会计师审计报告，开展募捐、接受捐赠、提供资助等活动的情况以及人员和机构的变动情况等。第四，捐赠人有权向基金会查询捐赠财产的使用、管理情况，并提出意见和建议。对于捐赠人的查询，基金会应当及时如实答复。基金会违反捐赠协议使用捐赠财产的，捐赠人有权要求基金会遵守捐赠协议或者向人民法院申请撤销捐赠行为、解除捐赠协议。从使用计划、项目内容、年度工作报告到对捐赠人的义务，从公开的方式到公开的内容，《基金会管理条例》通过具体化规定，明确了基金会信息公开义务。此外，该条例第 42 条还明确了基金会违反信息公开义务所应承担的法律责任。基金会"不履行信息公开义务或者公布虚假信息的"，登记管理机关应当"给予警告、责令停止活动；情节严重的，可以撤销登记"。通过法律责任的设定，促使基金会将相关的信息予以公开。

考虑到基金会的募捐与项目运作能力较强，公众关注度较高，民政部在 2005 年还专门颁布了《基金会信息公布办法》，在《基金会管理条例》规定的基础上，对基金会信息公开内容进行了具体细化。

根据《基金会信息公布办法》的规定，基金会信息公布是指基金会、境外基金会代表机构依法将其内部信息与业务活动信息通过媒体向社会公布的活动。基金会公布的信息资料应当真实、准确、完整，不得有虚假记载、误导性陈述或者重大遗漏，并应当保证捐赠人和社会公众能够快捷、方便地查阅或者复制公布的信息资料。《基金会信息公布办法》从信息公开内容、方式、内部管理制度建设、监督管理等方面进行了规定。

（1）信息公开内容方面

基金会应当向社会公布的信息包括：年度工作报告、公募基金会组织募捐活动的信息、基金会开展公益资助项目的信息。基金会还可以自行决定公布其他信息。具体而言，基金会信息公开的内容主要包括：

第一，年度工作报告。年度工作报告包括：财务会计报告、注册会计师审计报告，开展募捐、接受捐赠、提供资助等活动的情况以及人员和机构的变动情况等。

第二，公募基金会组织募捐活动，应当公布募得资金后拟开展的公益活动和资金的详细使用计划。在募捐活动持续期间内,应当及时公布募捐活动所取得的收入和用于开展公益活动的成本支出情况。募捐活动结束后,应当公布募捐活动取得的总收入及其使用情况。

第三,基金会开展公益资助项目,应当公布所开展的公益项目种类以及申请、评审程序。评审结束后,应当公布评审结果并通知申请人。公益资助项目完成后,应当公布有关的资金使用情况。事后对项目进行评估的,应当同时公布评估结果。

第四,对于公共媒体上出现的对基金会造成或者可能造成不利影响的消息,基金会应当公开说明或者澄清。

第五,基金会自行决定公布的信息。从目前情况看,基金会自行公布的信息包括:内部管理制度文件、运行动态报道、调研报告等。

(2) 信息公开方式方面

除年度工作报告的全文和摘要应当公布在登记管理机关指定的媒体上外,基金会公布信息可以选择报刊、广播、电视或者互联网作为公布信息的媒体。但是,信息公布所使用的媒体应当能够覆盖信息基金会的活动地域,且公布的信息内容中应当注明基金会的基本情况和联系、咨询方式。

(3) 信息公开内部管理制度建设方面

《基金会信息公布办法》要求基金会建立、健全信息公布的内部管理制度。

第一,基金会应当指定专人负责处理信息公布活动的有关事务。对已经公布的信息,应当制作信息公布档案,妥善保管。

第二,基金会公布有关活动或者项目的信息,应当持续至活动结束或者项目完成。同时,信息一经公布,基金会即不得任意修改;确需修改的,应当严格履行内部管理制度的程序在修改后重新公布,并说明理由,声明原信息作废。

第三,基金会应当将信息公布活动的情况反映在年度工作报告中,接受登记管理机关的监督检查。

(4) 信息公开监督管理方面

《基金会信息公布办法》主要有两方面规定:一方面是建立诚信记录,登记管理机关根据对基金会信息公布活动监督管理的情况,建立基金会诚信记录;另一方面是追究法律责任,登记管理机关在基金会不履行信息公布义务或者公布虚假信息时责令改正,并依据《基金会管理条例》给予行政处罚。

全面而系统的信息公开规定,以及严格法律责任的设定,使得基金会在信息公开方面比社会团体、民办非企业等其他非政府组织都做得要好,也更加透明。[1]

---

[1] 中民慈善捐助信息中心的数据显示,"各类慈善组织中,基金会的信息披露相对而言做得较好,其透明指数最高"。中民慈善捐助信息中心.2010年度中国慈善透明报告[EB/OL]. http://www.charity.gov.cn/fsm/html/files/2011-12/30/20111230154408968444674.pdf,2012-04-30.

4 我国非政府组织信息公开中存在的主要问题

尽管制度框架下非政府组织信息公开已经有了许多规定,但这些规定在实践中并没有得到认真贯彻。[①] 正是由于信息公开义务履行不到位,致使非政府组织在2011年的一系列事件中陷入了深重的信任危机,[②]也使公益慈善捐助的流向受到了社会公众的广泛质疑。

通过对我国非政府组织信息公开制度与实践的考察,可以发现我国非政府组织在信息公开方面还存在着诸多问题。

4.1 核心问题在于"无法可依"和"有法不依"

"无法可依"领域大量存在。如事业单位的信息公开问题,《事业单位登记管理暂行条例》并没有作出规定;《政府信息公开条例》也仅对法律、法规授权的事业单位和与人民群众利益密切相关的事业单位提出了信息公开的要求,对于其他大量的事业单位,其信息公开缺乏法律依据。

"有法不依"情况十分严重。《社会团体登记管理条例》和《民办非企业单位登记管理暂行条例》对社会团体、民办非企业的信息公开都提出了要求,在教育、供水、供气、供热等领域也均有信息公开的制度和要求,但这些规定都形同虚设,并没有在实践中落实到位。

4.2 缺乏信息公开责任规定和责任追究程序

造成非政府组织有法不依的一个重要原因是非政府组织信息公开责任规定的缺失。《社会团体登记管理条例》和《民办非企业单位登记管理暂行条例》虽然对社会团体、民办非企业的信息公开都提出了要求,但是却没有明确违反信息公开义务的责任。当社会团体、民办非企业违反信息公开义务时,行政机关难以追究其法律责任。另一方面,虽然《基金会管理条例》明确了不履行信息公布义务或者公布虚假信息的基金会应当承担法律责任,但由于缺少信息公开责任追究程序,致使责任规定形同具文,难以实现。

数据显示,96%的非政府组织认为信息公开很重要,但仅有25%的非政府组织信息透明度较高,完全不披露信息和仅少量披露信息的非政府组织却高达75%。[③] 由此可见,

---

[①] 虽然《基金会信息公布办法》在2005年就已经颁布,但直到2011年,基金会的信息公开状况仍然不佳。庄庆鸿.多数公益基金会未主动公开年报[N].中国青年报,2011-02-11,(3).

[②] 这一系列事件包括郭美美事件、中非希望工程事件、河南省宋庆龄基金会事件等。其中最具代表性的是"郭美美事件",该事件在网络上引起轩然大波,一定程度上引发了社会公众对非政府组织的信任危机。

[③] 中民慈善捐助信息中心.2010年度中国慈善透明报告[EB/OL]. http://www.charity.gov.cn/fsm/html/files/2011-12/30/20111230154408968444674.pdf,2012-04-30.

制度中关于信息公开的规定尚有待落实。

4.3 缺少信息公开程序规定

信息公开程序是指非政府组织信息公开所依据的步骤、次序、方式和时限。非政府组织信息公开制度对信息公开的方式大多有所规定,但对信息公开的步骤、次序和时限大多缺少规定。这种缺失导致了非政府组织在信息公开时有完全的自由裁量权,法律规范难以有效约束。

4.4 缺乏多元化监督机制

对非政府组织信息公开状况的监督主要包括政府监督、社会监督和自我监督。我国的政府监督主要是由登记管理机关和业务主管单位来进行的,政府监督由于人力、财力等方面的原因并没充分发挥出作用;而自我监督由于非政府组织缺乏监督动力而差强人意。作为非政府组织监督重要一环的社会监督在我国当前环境下也并没有取得实效。网络、媒体及第三方独立组织对非政府组织信息公开状况虽也会进行监督,但这种监督由于没有法律依据而不产生强制力;社会公众监督则由于缺少制度化的正式路径,使其难以实现有效监督。因此,多元化监督机制的缺乏使非政府组织信息公开很难取得良好效果。

5 完善非政府组织信息公开制度的若干建议

尽管非政府组织主体各具特点且有一定差异,但在完善非政府组织信息公开制度时,政府仍然应当采取统一立法的路径。统一立法可以解决我国单行立法所产生的立法空白,也可以避免因社会团体、民办非企业、基金会、事业单位等各种类型非政府组织单独进行信息公开立法所带来的差异。对非政府组织之间存在的差异,统一立法可以考虑通过设定最低限度标准的技术予以解决,这样可以保留给非政府组织一定的自治管理空间。

在进行非政府组织信息公开统一立法时,至少应当考虑以下要素:信息公开的主体、对象、范围、内容、程序、形式等。

5.1 信息公开的主体和对象

信息公开主体方面,制度上应当对非政府组织的范围加以界定,将所有合法登记的社会团体、民办非企业、基金会及事业单位都纳入信息公开的范围。

信息公开对象方面,必须考虑非政府组织的差异及其信息的层次性。非政府组织相关信息是否公开,必须综合考量非政府组织的类型及其信息的性质。非政府组织有公益型组织与互益型组织;信息有一般信息与特殊信息。在行业协会等互益型组织中,一般信息还包括业内信息与组织内部管理信息等。统一立法在进行信息公开对象设计时，应当重点关注公益型组织与一般信息的公开问题。

5.2 信息公开的内容

信息公开内容方面，主要是指非政府组织的一般信息，尤其是组织内部信息和业务活动信息，具体包括：年度工作报告、组织募捐活动情况及开展公益资助项目情况等内容。网络调查数据显示，分别有79%和73%的公众希望了解非政府组织的业务活动信息、财务信息，而44%和36%的公众则关注非政府组织的基本信息、内部管理信息。[①] 但在实践中，许多非政府组织公布的信息内容空泛，不够周全，立法时应当加以具体化。如财务公开方面，应当充分具体化，使政府和公众足以有效监督。这一点可以借鉴美国的经验。财务收支状况是美国认定非政府组织是否具有公益性的标准，也是确定非政府组织可否得到税收优惠的核心条件。美国公众，无论是否进行捐款，都可以对非政府组织的财务状况进行查询。财务公开使得非政府组织易于取得公众的信任。

另外，非政府组织的其他一般信息，如行政管理信息等，也应当予以公开，以使公众了解非政府组织的内部治理结构，增强公众对非政府组织的信任。

5.3 信息公开的程序和形式

程序规范的缺失将影响到实体权利的行使，完备的程序规定将保障实体权利充分实现。因此，非政府组织信息公开的申请主体、申请程序、争议处理等都应有所体现。申请主体方面，除非政府组织主动公开外，还应当立法确认与非政府组织信息有利害关系的社会公众可以申请信息公开；申请程序方面，应当明确申请步骤、次序和时限，以保证非政府组织及时、准确地进行公开。对是否公开有争议的内容，应当设定将争议提交登记管理机关、业务主管单位或者司法机关进行裁决的程序。

在信息公开形式方面，应当推动非政府组织的信息化建设。非政府组织的信息化建设，一方面可以节省非政府组织的运行成本，使非政府组织将更多的经费投入公益慈善事业中；另一方面也可以提高非政府组织信息公开的效率，使社会公众能够更加迅速便捷地获取非政府组织信息，最大化信息公开的效果。网络调查数据显示，有近60%的公众经常通过网络来了解慈善信息，而采用纸质媒体和其他方式的只占到25%和20%。[②] 因此，非政府组织在进行信息公开时应当充分利用信息化手段。

[①] 中民慈善捐助信息中心. 2010年度中国慈善透明报告[EB/OL]. http://www.charity.gov.cn/fsm/html/files/2011-12/30/20111230154408968444674.pdf, 2012-04-30.

[②] 中民慈善捐助信息中心. 2010年度中国慈善透明报告[EB/OL]. http://www.charity.gov.cn/fsm/html/files/2011-12/30/20111230154408968444674.pdf, 2012-04-30.

5.4 信息公开的监督

鉴于我国实践中非政府组织信息公开有法不依情况严重,政府在立法时应当加强信息公开的监督制度建设。信息公开的监督包括以下几个方面:一是加强法律责任设定。在规定非政府组织信息公开义务的同时,应当明确非政府组织不履行或者怠于履行信息公开义务,以及公布虚假信息时所应承担的法律责任。二是完善责任追究程序设计。未依法履行信息公开义务的,应当明确其责任追究程序。责任追究程序应当包括追究程序的启动、主体、方式等内容。三是健全社会公众监督机制。立法应当明确社会公众对非政府组织信息公开进行监督的路径与方式,如通过登记管理机关、业务主管单位或者司法机关等方式启动监督。

6 非政府组织信息公开的发展趋势

为了缓解因信任危机而给非政府组织带来的负面影响,民政部于 2011 年 8 月公布了《公益慈善捐助信息披露指引(征求意见稿)》,就完善公益慈善捐助信息公示制度、规范捐赠款物的管理和使用、维护捐赠者和受赠者合法权益等内容公开征求意见,以规范公益慈善捐助信息披露,提高公益慈善组织公信力。虽然《公益慈善捐助信息披露指引(征求意见稿)》只是一份征求意见稿,目前还处于征求意见阶段,尚未生效,但该文件中的一些规定代表着我国非政府组织信息公开制度的将来发展趋势。

《公益慈善捐助信息披露指引(征求意见稿)》(以下简称《信息披露指引》)的主要内容包括:

6.1 直接规范公益慈善捐助信息,不区分主体

《信息披露指引》在主体类型上覆盖了全部非政府组织,不再区分不同主体。《信息披露指引》规定,公益慈善类的社会团体、基金会和民办非企业单位都是信息披露主体。另外,县级以上人民政府及其组成部门和直属机构、公益性群众团体、公益性非营利的事业单位参照实行。

6.2 对信息披露时限进行了明确规定

第一,捐赠款物接受信息的披露时限。《信息披露指引》区分了重大事件专项信息和日常性信息,并分别设定了披露时限。重大事件专项信息应在公益慈善组织收到捐赠后的 24 小时内披露捐赠款物接受信息或按有关重大事件处置部门要求的时限披露。所谓重大事件是指重大自然灾害、重大生产安全事故、重大治安灾害事故、举办重大社会活动,以及由政府部门或公益慈善组织开展的重大社会捐赠活动。日常性信息则指一般性公益

慈善项目及其活动信息。日常性捐助信息应在公益慈善组织收到捐赠后的7个工作日内披露捐赠款物接受信息。

第二，捐赠款物拨付和使用信息应采取动态方式及时披露。捐赠款物拨付和使用信息一般应在拨付后一个月内向社会披露，并视情况定期或不定期披露后续信息，信息披露间隔时间不应超过6个月，使捐赠人和社会公众及时了解捐赠款物使用的进展信息。

第三，公益慈善组织年度财务会计报告的披露时限。公益慈善组织的年度财务会计报告应当于次年4个月内对外披露或按公益慈善组织登记管理机关的要求披露。

6.3 对信息公开内容具体列举

《信息披露指引》规定公益慈善捐助信息包括有关捐赠款物的募集、接受和使用的信息。这些信息的具体内容，《信息披露指引》进行了专章规定。

第一，接受捐赠机构信息，包括机构名称、机构基本情况（年检情况、公募或非公募资质、评估结果、成立时间）、机构宗旨和业务范围、办公地址、工作电话、处理投诉的联系人及联系方式等。

第二，募捐活动信息，包括活动名称、活动地域、活动起止时间、募集款物数额及活动目标、募集款物的用途、募集款物的使用计划、募捐活动的合作伙伴、募捐活动的方式（义演、义卖或是其他）、募捐工作成本及开支情况等。

第三，接受捐赠信息，包括接受捐赠款物时间、捐赠来源、接受捐赠款物性质（定向捐赠或非定向捐赠）、接受捐赠款物内容（捐赠类型、捐赠数额）等。

第四，捐赠款物使用信息，包括受益对象、受益地区（应注明省、市、县及其具体受益地区）、捐赠款物拨付和使用的时间和数额、捐赠活动和项目成本、捐助效果（图片、数字、文字说明）等。

第五，机构财务信息，包括年度财务会计报告（会计报表、资产负债表、业务活动表、现金流量表、会计报表附注、财务情况说明书）、审计报告等。

6.4 对信息公开方式进行列举

《信息披露指引》规定，公益慈善组织可采取多种方式披露信息，包括机构出版物（如年报、通讯等）及其官方网站、大众媒体（电视、报纸、电台、杂志等）、现场披露（如披露周、新闻发布会等）、定期以邮寄或电子邮件等形式、公益慈善项目报告、专项基金的年度报告，以及其他可行方式。

从其名称上看，即使《信息披露指引》将来可以顺利出台并生效，也不过是一个指导性规定，其目的仅在于引导公益慈善资源进行有效分配，增强公益慈善组织的公信力，并不产生强制性问题。因此，其实施效果会如何，仍然不可测度。但《信息披露指引》所采取的不区分主体、规范披露时限和方式、细化披露内容等措施无疑代表着非政府组织信息公开的总体发展趋势。

另外，在推进非政府组织信息公开的同时，还应当考虑配套制度的变革。我国当下存在着大量未经登记的非政府组织，它们的活动基本上处于无监督的状态。为了规范非政府组织的管理，我国应当降低非政府组织登记的门槛，使政府对非政府组织的管理理念由控制转变为引导，将不符合设立条件但从事公益事业的"非法"非政府组织合法化，通过非政府组织信息公开制度的完善，使政府对"非法"非政府组织进行有效监督管理，避免"非法"非政府组织处于脱法状态。这样，非政府组织信息公开制度才可能取得最大效益。

推进非政府组织信息公开制度，可以实现国家和社会的良性互动。从国家的角度来看，非政府组织信息公开便于政府对非政府组织的管理和规范，推动非政府组织法律制度的完善；从非政府组织的角度来看，非政府组织信息公开可以规范其自身建设，通过吸引公众参与扩大其影响力；从社会公众的角度来看，非政府组织信息公开可以使其更加便捷地参与到非政府组织管理中，提高其参与积极性。

《中华人民共和国政府信息公开条例》第37条要求"教育、医疗卫生、计划生育、供水、供电、供气、供热、环保、公共交通等与人民群众利益密切相关的公共企事业单位"的信息公开活动参照条例规定执行，并要求国务院有关主管部门制定具体实施办法。这一规定对非政府组织信息公开制度的建设无疑具有促进作用。但是，考虑到非政府组织主体范围的极其宽泛，这一规定所覆盖的范围就显得过于单薄了。从制度建设的情况来看，政府在积极推进非政府组织的信息公开；从社会发展的角度来看，社会公众要求非政府组织进行信息公开；从自身建设的要求来看，非政府组织亟待加强信息公开。信息公开有利于社会对非政府组织进行监督，促使非政府组织完善其内部治理结构，规范组织运行；同时，信息公开也有利于非政府组织接受政府的规范管理，引导非政府组织发展，从而在政府管理与非政府组织发展之间形成一种良性互动。鉴于信息公开在非政府组织发展过程中的重要作用，政府与非政府组织应当致力于克服非政府组织信息公开中存在的问题，并通过各种途径加以完善。

  信息 Information   一般信息 General Information
  特殊信息 Special Information   信息公开 Information Disclosure
  非政府组织信息公开 the Information Disclosure of NGO
  主动信息公开 Active Information Disclosure
  被动信息公开 Passive Information Disclosure

1. 为什么非政府组织需要进行信息公开？
2. 简要叙述非政府组织信息公开的特征？
3. 我国非政府组织信息公开中存在的主要问题有哪些？
4. 试述我国非政府组织信息公开制度发展中的发展趋势。

1. 祝建兵,陈娟娟.非营利组织信息披露的政府规制[J].云南行政学院学报,2009,(4).
2. 金保德,宋静.信息公开视阈下对非营利组织财务管理的思考[J].前沿,2009,(1).
3. 周汉华.我国政务公开的实践与探索[M].北京：中国法制出版社,2003.
4. 沈岿.谁还在行使权力[M].北京：清华大学出版社,2003.
5. 高秦伟.对公众获取公用企业信息的法律分析[J].行政法学研究,2010,(4).
6. 王丹红.论公共企事业单位的信息公开[J].法制与社会,2009,(10).

"儿慈会当日捐款当日公布 管理费控制在5%"

2011年中国的公益事业在风云激荡中走过,公益组织的公信力面临空前挑战。2012年已经到来,在经过风雨洗礼之后,中国的公益事业将如何发展,成为很多公益组织领导人思考的问题。

新年伊始,《公益时报》就2012年中国公益事业发展的问题走访了中国第一家民间发起的公募基金会——中华少年儿童慈善救助基金会(以下简称"儿慈会"),在基金会理事长魏久明看来,2012年是中国公益事业的转折年。

未受冲击 2011年筹款增加69%

儿慈会成立于2010年1月,由魏久明、李启民、袁正光等多年从事青少年工作的老同志申办,是中国第一家民间发起的公募基金会,对我国的孤儿、流浪儿等有特殊困难的少年儿童提供救助。

在2011年,慈善事业经历了"郭美美"、"卢美美"等系列负面事件,募款环境受到很大影响,相当一部分公募基金会的募款量受到影响。

然而,在2011年公募基金会募款形势不利的情况下,儿慈会受到的影响并不大。与2010年相比,除去尚未到账的3 000万元,儿慈会2011年到账的全年募集资金为8 653万元,比 2010 年收到的善款增加了 69%。

在魏久明看来,儿慈会 2011 年全年的募款总量不降反升与基金会的公信力是分不开的。与绝大部分公募基金会以企业捐赠为主不同,儿慈会 2011 年的个人捐款达到 4 678 万元,占募款总量的 54%,所占比例超过半数,"这说明公众对我们基金会还是比较认可的",魏久明说。

在 2011 年的慈善风暴中,儿慈会受到的冲击不大。作为一家刚刚成立两年的基金会,儿慈会一直保持着轻装上阵、快捷高效的工作作风。

"儿慈会走民间性道路,基金会没有要国家编制,理事会是最高决策部门,也没有地方分支机构,基金会主要通过资助民间的公益组织开展救助工作;基金会目前只有 16 名工作人员,其中 7 人是离退干部,7 人是社会聘用的专业人才,还有 2 名兼职人员,工作人员非常精简,节省了办公开支。"魏久明说。

在魏久明看来,赢得公众信任首先要做实事。2011 年儿慈会全年的公益支出为 5 973 万元,相比 2010 年的 1 842 万元,增加了 2.2 倍;"童缘"项目在全国范围内资助了 140 多个公益组织开展活动,2011 年资助总额达到 2 000 万元;基金会由 2010 年的 7 个专项基金,发展到 2011 年的 13 个专项基金和 9 个正在筹办并运作的基金;开通儿童紧急救助热线"400-006-9958(救救我吧)",救助大病患儿 1 156 名;在江西共青城和青海玉树分别建设"儿童村",已如期开工建设,预计 2012 年建成,建筑费用达 6 000 万元,面积达 3 万多平方米。

当日捐款当日公布　重视透明和公开

魏久明认为,2011 年的慈善风暴让中国的公益组织经受了一次洗礼,促进了公益组织自身的基本建设,特别是在透明性上。

魏久明将儿慈会两年的工作经验总结为 12 个字:"民间性、资助型、合作办、全透明。"魏久明尤其强调透明建设的重要性。

儿慈会每一笔善款的进出都是透明的。儿慈会的资金进出款项都是在一个账户进行操作,受资助机构需要用钱的时候就写计划、申请,儿慈会经过讨论、批准之后便会划拨款项。

据了解,儿慈会收到每笔捐款,不论通过何种方式捐款,都能做到当日在网上公布,在五个工作日内,给有姓名和地址的捐赠人寄去收据、发票和感谢信;每个月公布救助资金账目。

"基金会做到把善款真正用在被救助者身上,坚持公平、公正、公开的原则,把讲究公信力,作为基金会和基金会工作人员的基本行为准则。"魏久明说。

此外,儿慈会的管理费一般都控制在 5% 左右,10% 的管理费中剩余出来的部分都会留在基金会的账上最终用于公益慈善。儿慈会对于资助的下属公益组织都不收管理费,不存在任何功利性质。

为了加强项目实施的透明度，儿慈会引入了第三方监督机制。儿慈会聘请了第三方机构，对项目进行跟踪监察考评，形成了"管理、运作、监督"相结合的工作模式。

"这样使救助工作做到及时性、群众性、广泛性和实效性，既能推动民间公益活动开展，普及慈善文化，又能简化基金会的工作程序，提高效率，真正做到'以助童之心、聚公益之力、为儿童造福'。"

在魏久明看来，公益组织在2011年经历的风雨洗礼为2012年打下了基础，2012年将成为中国公益事业的转折年。

"中华儿慈会在2012年继续走民间性的道路，把资助性的基金会办好，我们一定和全国的公益组织一道，把救助工作做到面对面的实施，使千百万名儿童特别是有困难的儿童受助受惠。"魏久明说。

资料来源：王烨.儿慈会当日捐款当日公布　管理费控制在5%[EB/OL]. http://www.charity.gov.cn/fsm/sites/newmain/preview1.jsp?ColumnID=460&TID=20120207133640109358425, 2012-04-30.

阅读以上材料，思考为什么非政府组织需要信息公开。

第 8 章

非政府组织的监督管理

【学习目标和要求】

通过本章的学习,要求学生了解我国非政府组织监督管理的基本理论和基本情况,熟悉我国非政府组织监督管理的主要类型,掌握非政府组织监督管理的实现手段,并对我国非政府组织监督管理中存在的问题及其完善路径有一个总体的把握。

案例 1:中国城市环境卫生协会挪用社团资产案

中国城市环境卫生协会于 2007 年 3 月、2008 年 4 月分别组团赴荷兰、巴西进行垃圾处理技术培训,在这两次出国活动中,均存在公款旅游的违规行为。赴荷兰培训团总出行天数 21 天,公款旅游天数 7.5 天;赴巴西培训团总出行天数 19 天,公款旅游天数 3 天。该会在组织出国培训过程中,由协会支付部分费用,用于出国人员公款旅游,在业务主管单位进行调查后,相关责任人将款项退回社团。该会在此事件中,违反了《社会团体登记管理条例》第 33 条的规定,构成挪用社团资产的违法行为。该会时任秘书长陶华作为这两次出国团组的负责人,擅自改变出访行程,参与公款旅游活动,对此事件负有直接责任。日前,民政部对该会作出警告的行政处罚,并责令该会撤换直接负责的主管人员。

资料来源:民政部.民政部对中国城市环境卫生协会、中国《玛纳斯》研究会作出行政处罚[EB/OL]. http://www.chinanpo.gov.cn/6042/52092/index.html,2012-04-30.

案例 2:中国足协取消陕西国力足球俱乐部 2005 年注册资格

中国足协 2005 年 4 月 2 日作出决定,取消陕西国力足球俱乐部 2005 年的注册资格,同时取消该俱乐部 2005 年中甲联赛和足协杯赛的参赛资格。国力也因此成为了中国职业联赛有史以来第一家被足协取消注册资格的俱乐部。

中国足球协会纪律委员会在下发的通知中说,国力俱乐部拖欠相关单位和教练员、运动员、工作人员款项,违反了中国足协有关规定,未能按时注册。在充分考虑各方面情况的基础上,中国足协曾将国力俱乐部的注册最后期限延至 4 月 1 日 24 时,但他们仍未能按时妥善处理问题。

根据相关规定,中国足协纪律委员会作出如下决定:一、取消国力俱乐部 2005 年注册资格;二、取消国力俱乐部 2005 年中甲联赛和足协杯赛参赛资格。国力俱乐部可在妥善解决上述问题后,于明年按中国足协有关规定办理注册手续,参加乙级联赛。

资料来源:国力俱乐部被足协"开除"取消 2005 年参赛资格[EB/OL]. http://www.cnhubei.com/200503/ca721739.htm,2012-04-30.

对非政府组织的监督管理包括自律与他律两个内容。从监督方式来看,包括自我监督与外部监督两种方式;从监督管理主体而言,包括政府监督、社会监督、非政府组织自律约束三个方面。政府监督方面,我国《公益事业捐赠法》、《社会团体登记管理条例》、《民办非企业单位登记管理暂行条例》、《基金会管理条例》等法律、行政法规都对非政府组织的政府监督进行了规定;社会监督方面,公众监督、媒体监督有逐步增强的趋势;非政府组织自律约束方面,非政府组织从财务、人员、治理结构三个方面进行自律约束,并通过惩戒手段将这种自律约束予以实现。总体而言,我国目前的非政府组织监督管理是以政府监督为主、社会监督和自律约束为辅的监督管理制度。虽然这一监督管理制度近年来有了迅速的发展,但从我国当前的非政府组织实践来看,很多的监督管理措施并没有落实到位,致使非政府组织的发展受到了相当的影响。

1　自律与他律

自律与他律是一对相互矛盾的范畴。自律是非政府组织进行自我约束的方式。从理论上说,基于非政府组织自治性的要求,其监督管理方式应当主要是自律性的。非政府组织应当建立一整套自律约束的规则体系,通过确立行为规则和伦理守则的方式约束组织和成员的行为。他律则与自律相对,指非政府组织之外的政府组织、社会组织或者公众对非政府组织所进行的约束。非政府组织的他律需要有制度性的约束,通过规定监督路径规范他律行为,以保证他律行为的有序。

非政府组织的自律有助于提高组织的运行效率和组织的社会公信力,增强组织的核心竞争力。大致而言,非政府组织的自律包括行业自律约束和组织内部自律。行业自律约束是指由同行业组织自愿组成的非政府组织,通过制定行规或者公约,协调行业事务,实行同行业组织间的自我约束。行业自律约束通过规范同行业组织的行为来实现行业的自我约束,一方面促使同行业组织遵守相关法律规范;另一方面保证同行业组织协同行动,提升行业公信力。

自律约束是非政府组织监督管理的理想状态。当非政府组织自律约束没有发挥作用或者难以完全发挥作用时,政府等外部组织就需要发挥其必要的外部监督管理作用。与自律不同,他律是非政府组织在受到国家强制力或者外部压力的情况下所进行的约束。

他律管理主要包括政府监督管理和社会监督管理。社会监督管理包括公众监督、媒体监督、第三方组织监督等。政府与社会在对非政府组织进行他律管理时,必须遵守以下两个基本原则。一是合法性原则。即政府与社会的他律管理必须依法进行,必须符合法律规范并依据法律程序。二是有限性原则。即政府与社会的他律管理必须不得干预非政府组织的自治事务。当然,什么是非政府组织自律管理与他律管理的边界仍然是一个有待解决的问题。

2 政府监督

政府监督是我国非政府组织监督管理的最主要途径。从登记注册到年检,再到注销或撤销,其审批与监督管理都是由政府部门来承担的。我国非政府组织的政府监督管理制度主要规定在《社会团体登记管理条例》、《民办非企业单位登记管理暂行条例》、《基金会管理条例》、《事业单位登记管理暂行条例》等行政法规中。具体而言,包括登记管理机关的监督管理、业务主管单位的监督管理、财税机关的监督管理和审计机关的监督管理。

2.1 登记管理机关的监督管理

根据我国法律的规定,非政府组织只有经过合法登记后才是合法的组织,才可以进行组织活动和运营项目。因此,登记管理机关的监督管理是政府监督的第一个环节,也是我国当前非政府组织政府监督的主要途径。登记管理机关对非政府组织主要履行如下的监督管理职责:一是登记监督,即负责非政府组织的成立、变更、注销登记或者备案管理;二是执法检查,即对非政府组织业务活动与运营活动的监督检查,主要包括年度检查与专项执法检查;三是对非政府组织的违法问题进行监督检查,并对非政府组织的违法行为予以处罚。

2.1.1 登记监督

登记监督是在非政府组织进行登记申请时,政府对其合法性所进行的监督。登记监督的范围包括设立登记、变更登记、注销登记以及分支机构、代表机构的登记。对于依照法律规定、自批准成立之日起即具有法人资格的非政府组织的备案管理,也属于广义上的登记监督范畴。

登记监督,其实质是行政机关对非政府组织所进行的行政许可监督。所谓行政许可是指行政机关根据公民、法人或者其他组织的申请,经依法审查,准予其从事特定活动的行为。非政府组织在申请设立时,根据我国法律的规定,需要申请行政机关对其主体资格进行确认,这种确认在一定程度上具有赋权的性质,从本质上说也是一种监督。

登记监督涉及非政府组织登记管理的全过程,包括登记前监督、登记中监督及登记后监督。登记前监督是指登记管理机关对管辖区域内非政府组织登记情况的监督,主要包括对管辖区域内,未经批准、擅自开展非政府组织筹备活动的,未经登记、擅自以非政府组织名义进行活动的,以及被撤销登记、注销登记、依法取缔后,继续以非政府组织名义进行活动的非政府组织的监督。登记中监督是指登记管理机关对正在申请筹备设立但尚未批准登记的非政府组织所进行的监督。登记中监督的对象是已经提出申请筹备,但登记管理机关尚未作出批准登记决定的非政府组织。这一阶段的监督管理主要包括几个方面。一是非政府组织的设立是否符合法律规定的基本条件。如成立宗旨、业务范围、会员数量、组织名称、组织机构、组织依据、工作人员要求、资产和经费来源、责任能力等方面。二是非政府组织申请筹备设立行为是否存在真实性和合法性的问题。如是否存在隐瞒真实情况、弄虚作假、骗取登记的情形。三是非政府组织在申请筹备设立阶段是否存在超越范围的活动。筹备设立的非政府组织,只能从事与筹备设立活动相关的活动,筹备期间不得开展筹备以外的活动,或者以正式登记组织的名义开展活动。四是对非政府组织负责人的资格审查。如非政府组织的发起人、拟任负责人是否正在或者曾经受到剥夺政治权利的刑事处罚,或者不具有完全民事行为能力。登记监督的最后一个环节是登记后监督,即登记管理机关对依法登记设立的非政府组织所进行的监督。登记后监督,其监督管理对象是合法登记设立的非政府组织,其监督管理内容包括:非政府组织遵守法律和国家政策的情况、履行登记的情况、人员和机构变动的情况以及财务管理的情况,依法开展活动的情况等。根据《社会团体登记管理条例》第32条的规定,非政府组织自批准登记之日起1年未开展活动的,登记机关管理机关应当予以撤销登记。从理论上说,登记后监督应当是登记管理机关监督工作的重心所在。

2.1.2 执法检查

登记管理机关对非政府组织的执法检查主要包括年度检查和专项执法检查两种。

(1) 年度检查

年度检查是指登记管理机关按年度依法对非政府组织进行检查和监督管理。目前我国登记管理机关对非政府组织的年度检查主要是对非政府组织年度工作报告的书面检查。非政府组织年度工作报告的内容主要包括非政府组织遵守法律法规和国家政策的情况、依法履行登记手续的情况、按照章程开展业务活动和经营活动的情况、人员和机构变动的情况以及财务管理和经费收支的情况等。

一般而言,非政府组织的年度检查包括以下几个程序:一是登记管理机关发出年检公告或通知;二是非政府组织在规定的时间里领取年检报告书,并按要求准备材料;三是非政府组织将年度检查材料提交给业务主管部门审查后,报送登记管理机关检查;四是登记管理机关对非政府组织报送的材料的完整性进行检查并审核其合法性和真实性;五是登记管理机关做出年检结论。

对于年度检查不合格的,登记管理机关将责令限期整改、停止活动、行政处罚甚至撤销登记。

(2) 专项执法检查

专项执法检查是指登记管理机关为了落实有关法律、法规,监督非政府组织的业务活动或者运营活动,依法对非政府组织所进行的监督检查。在实践中,为了加强对非政府组织的监督管理,登记管理机关可以单独或者联合其他政府部门对非政府组织的活动进行专项执法检查,从而发现并纠正非政府组织的违法或者不规范的行为。专项执法检查是登记管理机关对非政府组织进行监督管理的重要手段。

登记管理机关的专项执法检查可以单独进行,也可以联合其他政府部门进行。由登记管理机关单独进行的专项执法检查,如根据《取缔非法民间组织暂行办法》第 3 条的规定,登记管理机关负责对非法非政府组织进行调查,收集有关证据,依法作出取缔决定,没收其非法财产;登记管理机关联合其他政府部门进行的专项执法检查,如对非政府组织的财务管理状况、资金运行情况等进行监督时,业务主管部门、财税部门和审计部门往往会参与其中。

2.2 业务主管单位的监督管理

业务主管单位的监督管理是我国非政府组织"双重管理"制度的重要内容之一。我国对非政府组织实行双重管理原则,非政府组织需要接受登记管理机关和业务主管单位的双重审核、双重许可、双重监管。根据我国有关法律的规定,国务院有关部门和县级以上地方各级人民政府有关部门、国务院或者县级以上地方各级人民政府授权的组织,可以成为非政府组织的业务主管单位。非政府组织在报请登记管理机关进行登记申请、年度检查时,必须先经业务主管单位审查同意。

一般而言,业务主管单位主要履行以下监督管理职责:

在登记方面,业务主管单位主要履行非政府组织筹备申请、成立登记、变更登记、注销登记以及分支机构、代表机构设立申请的初审;在年度检查方面,主要负责年度检查的初审;在执法检查方面,业务主管单位负有监督、指导非政府组织遵守宪法、法律、法规和国家政策,依据组织章程开展活动的职责,同时,还承担协助登记管理机关和其他有关部门对非政府组织违法行为进行查处的职责。另外,在办理注销登记前,业务主管单位还履行与其他有关机关共同指导非政府组织成立清算组织、完成清算工作的职责。

2.3 财税机关和审计机关的监督管理

除登记管理机关和业务主管单位外,政府财税和审计机关也依法履行对非政府组织的监督管理职责。总体而言,财税机关和审计机关主要是对非政府组织的财务管理和资金运行情况进行监督管理。在美国,财税机关和审计机关的监督是非政府组织监督的重要途径,直接影响着非政府组织的性质认定,以及是否享受税收减免。

我国财税机关和审计机关对非政府组织的监督管理职责主要包括以下几个方面:其一,非政府组织必须执行国家规定的财务管理制度,接受财政部门的监督;对资产来源属于国家拨款或者社会捐赠、资助的,还应当接受审计机关的监督;其二,非政府组织在换届或者更换法定代表人之前,登记管理机关、业务主管单位应当组织对其进行财务审计;其三,对非政府组织日常财务管理和经营状况进行审查,对非政府组织的税收减免情况进行甄别和核实。

不可否认,政府监督是我国非政府组织的主要监督管理路径,但同时,政府监督也存在着一些缺陷。一方面,政府部门的监管能力有限。随着非政府组织的迅速发展,政府对于数量众多的非政府组织难以形成有效的监督管理,从而导致监督效率低下、监管效果不佳;另一方面,过于全面的政府监督管理会形成很大的寻租空间,致使违法和腐败行为滋生。有鉴于此,许多域外政府致力于发挥社会监督在非政府组织监督管理中的作用,通过引导社会公众、新闻媒体以及独立的第三方组织对非政府组织进行监督,规范与完善非政府组织的运行。

3 社会监督

社会监督是通过公民社会的力量对非政府组织所进行的监督,主要包括公众监督、媒体监督和第三方组织监督。与政府监督相比,社会监督具有成本低、效率高、效果明显等特点。因此,虽然社会监督不一定会形成正式的监督制度,也缺少程序化的路径,但却往往能发挥政府监督所无法替代的功效。一定程度上说,发挥公民社会的力量对非政府组织进行监督已经成为了域外非政府组织监督管理的基本经验。

大致而言,社会监督主要包括公众监督、媒体监督和第三方组织监督三类。

3.1 公众监督

公众监督是指公民、法人或者其他组织依法对非政府组织的业务活动和运营活动所进行的监督。我国对公众监督的规定集中体现在捐赠人对非政府组织的监督上。《社会团体登记管理条例》、《民办非企业单位登记管理暂行条例》、《事业单位登记管理暂行条例》都规定,非政府组织接受的捐赠和资助,必须符合组织章程规定的宗旨和业务范围,且必须根据捐赠人、资助人约定的期限、方式和用途合法使用。《社会团体登记管理条例》和《民办非企业单位登记管理暂行条例》还要求社会团体与民办非企业单位应当向业务主管单位报告接受、使用捐赠、资助的有关情况,并应当将有关情况以适当方式向社会公布。但均未规定须向捐赠人进行报告。

《公益事业捐赠法》也要求捐赠财产的使用应当尊重捐赠人的意愿,不得将捐赠财产挪作他用；捐赠人有权决定捐赠的数量、用途和方式。但对捐赠人捐赠财产兴建公益事业工程项目的，法律规定受赠单位在公益事业工程项目竣工后，必须承担将工程建设、建设资金的使用和工程质量验收情况向捐赠人通报的义务。

在捐赠人监督方面，《公益事业捐赠法》和《基金会管理条例》规定，捐赠人有权查询捐赠财产的使用、管理情况，并提出意见和建设。对于捐赠人的查询，受赠的非政府组织应当及时如实答复。

若非政府组织违反捐赠人的意愿使用捐赠财产的，《基金会管理条例》规定捐赠人有权要求基金会遵守捐赠协议或者向人民法院申请撤销捐赠行为、解除捐赠协议；《公益事业捐赠法》则规定，受赠人未征得捐赠人的许可，擅自改变捐赠财产的性质、用途的，由县级以上人民政府有关部门责令改正，给予警告。拒不改正的，经征求捐赠人的意见，由县级以上人民政府将捐赠财产交由与其宗旨相同或者相似的公益性社会团体或者公益性非营利的事业单位管理。

在实践中，非政府组织对捐赠人的信息反馈也是最为关注的。数据显示，有33%的非政府组织最为关注对捐赠人的信息反馈，而认为政府和社会公众的信息反馈最为重要的则仅分别占到25%和23%。[①]

但捐赠人仅是社会公众的一部分。除捐赠人外，对于其他社会公众，我国尚未建立有效的路径和程序保障其对非政府组织的监督。或者说，我国在公众监督上并没有形成常态化的机制。公众虽然可以通过行政机关、司法机关或者其他国家机关对非政府组织接受捐赠进行一些监督，但这些监督方式都因为缺少程序而在事实上难以有效实现。

为了加强公众监督，政府应当建立、健全公众监督机制，包括建立公益诉讼制度等。同时，应当建立一些便于公众进行监督的平台，如建立网络信息平台或者建立热线电话，使公众可以便利地通过这些方式对非政府组织进行监督，提出质疑，提供建议；另外，政府可以定期或者适时地举行非政府组织信息发布会，要求非政府组织回应公众的要求，公众可以列席旁听，现场提问，当面质询。

3.2 媒体监督

媒体监督也称舆论监督，是指新闻媒体依法对非政府组织的活动所进行的监督。媒体是公众获取信息的主要渠道，媒体监督具有及时、全面、影响大、覆盖面广等特点。一方面，媒体的正面报道会迅速提高非政府组织的社会公信力和社会影响力，吸引大量的潜在捐款人进行捐赠，使非政府组织获得丰富的社会资源；另一方面，媒体的负面报道则会使非政府组织的形象受损，失去公众信任，甚至身败名裂。如1992年，美国《纽约时报》等多

---

① 中民慈善捐助信息中心.2010年度中国慈善透明报告[EB/OL]. http://www.charity.gov.cn/fsm/html/files/2011-12/30/20111230154408968444674.pdf,2012-04-30.

家媒体持续揭露美国联合劝募协会主席挪用善款用于自己和年轻女友的度假、购买豪华别墅和其他奢侈物品上,使美国联合劝募协会的捐款数大幅下降,并使美国慈善事业陷入了相当长一段时间的公众募捐低潮。因此,媒体监督具有强大的威慑作用。

3.3 第三方组织监督

第三方组织监督是指独立于政府、企业和非政府组织的组织运用专业技术、技能或者体系对非政府组织的业务活动和运营活动所进行的监督。第三方组织监督的主体一般也是非政府组织。第三方组织基于其自身的宗旨,或者受政府、企业的委托,对非政府组织的业务活动和运营活动进行审查,并出具具有说服力的审查报告。当非政府组织的审查报告具备真实、准确的一贯品质时,其审查报告将具有一定的权威性,并产生持续的影响力,进而将对社会公众的捐赠行为产生导向作用。

第三方组织监督有三个特点:独立性、专业化和组织性。

(1) 独立性

与政府监督相比,第三方组织监督具有相对独立性。这种独立性体现为作为监督主体的第三方组织不属于政府系统或者市场体系,不以掌握权力和获得利益为目的,而是一个独立存在的自治体。这种独立性使第三方组织在进行监督时能够将各种不适当的影响减小到最低,从而更容易得到社会公众的信任。

(2) 专业化

与媒体监督相比,第三方组织监督具有专业化的特点。专业化特点是指第三方组织监督的主体在进行监督时所运用的是专业化的手段,包括专业技术、专业技能以及专业化的评价体系。专业化手段的使用有助于加强第三方组织监督的科学性和权威性,同时,有助于保障第三方组织监督的独立性。由于专业化的基础,第三方组织就可能独立进行评价和判断。

媒体监督与第三方组织监督都可能产生重大的影响力,但媒体监督的影响力来自受众群体范围广泛和传播手段多元;第三方组织监督的影响力则很大程度上来源于其内容的科学性和权威性。当然,第三方组织监督也可以通过新闻媒介来扩展其影响力。

(3) 组织性

与公众监督相比,第三方组织监督具有明显的组织性特点。从广义上说,第三方组织监督也是一种公众监督。但作为独立自治体,第三方组织监督主体在进行监督时可以形成权威性声音,并产生持续性影响。相较之下,公众监督有时会比较分散且易于变化。作为社会公众的组织与个人,其关注的问题容易因社会环境的影响而发生改变。

当然,专业化也是第三方组织监督与公众监督的不同点。第三方组织监督所使用的手段具有专业化的特点;而公众监督则不需要具备专业化知识或者技术,社会公众可以根据自己所掌握的信息比较自由地进行判断和评价。

域外非政府组织发展的经验表明，社会监督是保证非政府组织规范发展的重要途径。在我国公民社会逐步觉醒的当下，政府为了促进非政府组织的规范运作和健康发展，应当重视和引导社会公众、新闻媒体与第三方组织的力量，不断完善非政府组织的社会监督机制；同时，应当建立、健全与社会监督相关的，明确监督主体、程序、责任等内容的配套机制。

4 自律约束

根据约束范围的不同，非政府组织的自律约束可以分为行业自律约束与组织内部自律。行业自律约束是指同一或者同类行业领域的组织通过一定形式的行业组织实行同行业组织的自我约束，其约束范围及于同一或者同类的行业领域。组织内部自律则指非政府组织在组织内部实行的自我约束，其约束范围仅及于非政府组织内部。

4.1 行业自律约束

行业自律约束包括以下几层含义。

第一，行业自律约束的主体是同一或者同类行业领域内的组织。这些组织可能来自于同一行业，也可能来自与行业领域相近的同类行业。

第二，行业自律约束的目的在于协调行业事务，维护行业形象，提升行业地位，扩大行业影响力，扩展行业共同体利益。

第三，行业自律约束的主要形式是组成一定形式的行业组织。这种行业组织一般称为行业协会。行业组织是由行业领域内的组织自愿组成的，其权力来源于行业领域内组织的让渡，与行业领域内组织处于平等地位，并不凌驾于行业领域内组织之上。

第四，行业自律约束的主要手段是制定行业规则或者行业公约，使行业组织协同行动，实现同行业组织的自我约束。

第五，行业自律约束内容的实现有赖于组织的自我约束。虽然行业组织有权通过一定方式要求违反行业自律规范的组织履行其义务，但是是否实现仍然主要取决于行业领域内组织的自愿履行。

行业自律约束可以弥补政府监督和社会监督所存在的缺陷，通过行业规则和行业公约的制定，对行业领域内的组织行动进行协调，实现行业领域内的自我约束和自我发展。通过行业组织进行的自律约束，可以产生良好的社会效果。从行业领域的角度来看，可以通过建立行业领域的共同规则和行业公约，加强行业领域内组织的交流和沟通，减少或者避免摩擦和恶性竞争，维护行业共同体的利益，使行业共同体的影响力得到整体提升。从政府的角度来看，政府可以将主要资源集中于对行业组织本身及行业规则、行业公约的管理和监督上，从而可以节省大量的管理成本和监督成本。从社会公众的角度来看，可以获取更具权威性的信息，节省时间成本，从而更有针对性地监督和捐赠。因此，培育和发展行业组织应当成为我国政府完善非政府组织监督管理体制的主要措施之一。

4.2　组织内部自律

组织内部自律是非政府组织所进行的自我约束,即非政府组织为了实现组织宗旨、维护自身形象、扩大影响力,通过内部制度建设或者治理结构调整,实现组织的自我约束。当前我国非政府组织的组织内部自律更多的依赖于道德感和责任感,从制度上看尚缺乏刚性的约束机制。

非政府组织的组织内部自律主要包括以下几层含义。

第一,组织内部自律的主体是非政府组织本身。从一定意义上说,组织内部自律也即非政府组织的内部管理和自我监督。

第二,组织内部自律的目的在于实现组织宗旨,维护组织形象,扩大影响力,增强筹款能力和服务能力。

第三,组织内部自律的内容主要是财务、人员和治理结构三个方面。财务自律方面,非政府组织应当建立、健全财务制度,规范财务行为,明确财务预算、资金筹集、使用和管理、财务监督等规则;人员管理方面,非政府组织应当规范人力资源招聘、管理、评价、激励等机制,增强人员对组织宗旨和使命的认同感;治理结构上,非政府组织应当充分完善内部运行机制,如通过建立监事机构,以有效地进行自我约束和管理。

第四,组织内部自律的主要手段是内部制度建设或者内部治理结构调整。如通过设立监事或者监事机构以强化非政府组织的组织内部自律等。

第五,组织内部自律内容的实现有赖于工作人员自觉遵守和组织制度保障。一方面,非政府组织是志愿性组织,其工作人员大多具有较高的自觉性,可以主动履行组织制度,实现组织宗旨;另一方面,当非政府组织工作人员未能遵守自律要求时,作为组织体,非政府组织应当采取措施,保障组织制度与宗旨的实现。

作为志愿性组织,组织内部自律是非政府组织自治性的重要体现。通过组织内部自律,实现自我约束和自我管理,使非政府组织更好地获得社会公众的信任。当然,为了实现组织内部自律,非政府组织必须建立一些相关的配套制度。如组织内部决策、议事的民主化制度等。内部决策、议事的民主化可以充分调动工作人员的积极性,从而有助于其更好地自律。再如信息公开制度。当非政府组织及其工作人员在透明状态下工作时,组织内部自律也能更好地实现。

5　非政府组织监督管理的实现手段

为了规范非政府组织的管理秩序,保障非政府组织的有序发展,政府与非政府组织需要运用一些手段来实现其监督管理的目标,以控制和制止损害非政府组织利益、危害非政府组织管理秩序的行为。从政府监督的实现看,其手段主要是行政处罚;从社会监督的实现看,公众监督主要是通过启动政府监督,推动媒体监督或者第三方组织监督来实现的,媒体监督和第三方组织监督则主要是通过引导公共舆论来实现的;从自律约束的实现看,除了自我约束外,实现自律的手段主要是惩戒。

5.1 行政处罚

行政处罚是指具有行政处罚权的行政主体依照法定程序对违反行政法律规范但尚未构成犯罪的公民、法人或其他组织予以制裁的行政行为。对非政府组织实施行政处罚的目的在于对非政府组织违反行政法律规范的行为予以制裁,达到维护公共利益和社会秩序的目的。其实施主体主要是作为登记管理机关的民政部门。

在非政府组织管理中,政府的行政处罚种类主要包括:警告、罚款、责令停止活动、没收财物、撤销登记和取缔等。

(1) 警告

警告是指行政主体对非政府组织实施的、轻微违反行政法律规范的行为所采取的书面谴责和告诫。作为行政处罚的警告,其适用于非政府组织在业务活动和运营活动中实施的轻微违反行政法律规范的行为,如超过其业务活动范围开展活动等。

(2) 罚款

罚款是指行政主体为了制裁实施违反行政法律规范行为的非政府组织,而强制其缴纳一定数额货币的行政行为。由于非政府组织的资金一般来自政府拨款或者社会捐赠,具有公益性,因此行政机关一般仅在非政府组织产生违法所得或者非法所得时才会课以罚款的行政处罚。

(3) 责令停止活动

责令停止活动是指行政主体要求实施违反行政法律规范行为的非政府组织,在一定期限内停止组织活动或者业务活动的行政处罚。责令停止活动是对非政府组织行为能力的暂时限制。根据有关法律的规定,非政府组织在责令停止活动期间不得以非政府组织的名义开展活动,作为登记管理机关的行政机关应当封存其登记证书、印章和财务凭证。

(4) 没收财物

没收财物是指行政主体依法将非政府组织的违法所得或者非法财物收归国有的一种行政处罚。一般而言,只有在非政府组织进行违法经营或者非法活动,并获得不当利益时,行政机关才会对非政府组织课以没收财物的行政处罚。

(5) 撤销登记

撤销登记是指行政主体依法对作出严重违法行为的非政府组织,撤销其注册状态,并永久终止其开展活动资格的行政处罚。撤销登记是对非政府组织主体资格的剥夺,是对其行为能力的永久终止。作为行政处罚的撤销登记是政府对合法登记成立的非政府组织的最严厉制裁，仅适用于作出了严重违法行为的非政府组织。非政府组织被撤销登记后，不得继续以原组织名义进行活动。否则，将被视为非法组织予以取缔，并没收其财产。

与注销登记不同，撤销登记是对实施违法行为的非政府组织的制裁，是非政府组织活动的非正常终止；而注销登记则是非政府组织在符合法定条件时主动终止其主体资格的行为，是非政府组织活动的正常终止。如在完成章程规定的宗旨，或者出现非政府组织合并、分立等情形时，非政府组织可以依法申请注销登记。

（6）取缔

取缔是指行政机关对未经合法登记成立而开展活动的非政府组织，依法宣布该组织为非法，并没收其非法财物的行政处罚。作为行政处罚的取缔，针对的是未经合法登记成立而开展活动的非政府组织。这类非政府组织主要包括三种情形：一是未经批准，擅自开展筹备活动的；二是未经登记，擅自以非政府组织名义进行活动的；三是被撤销登记后继续以非政府组织名义进行活动的。这类非政府组织经调查认定后，将被宣布为非法，并没收其违法所得和非法财物，同时，行政机关将收缴其印章、标识、资料、财务凭证等物品与材料。

5.2 公共舆论引导

媒体监督和第三方组织监督主要是通过公共舆论引导来实现对非政府组织的监督。公共舆论是社会意识形态的表现形式之一，往往反映了一定阶层、一定群体的利益和要求。公共舆论引导是指通过一定形式使社会公众对某一问题的认识和看法受到影响，并使之形成倾向性的见解。

新闻媒体与第三方组织通过对非政府组织某一方面问题的公开评价，使具有利害关系的相关社会公众形成共同的倾向性见解，进而对非政府组织形成压力，以推动其进行回应。媒体监督与第三方组织监督所形成的公共舆论引导，可能是有目的的引导，也可能是无意中产生的。实践中，公共舆论引导也可能是两种因素共同作用的结果。如新闻媒体与第三方组织的无意公开评价引起社会公众的关注后，新闻媒体与第三方组织再加以有目的地引导。当社会公众对非政府组织的某一方面问题形成比较集中的见解时，非政府组织往往会主动或者被动进行回应，从而实现监督的目标。

5.3 惩戒

一般而言，非政府组织的有序运行依赖于其成员的自律约束。但当自律约束不起作用时，为了维持非政府组织的有序运行，实现组织宗旨，使非政府组织不因个别成员的不当行为而分崩离析，非政府组织需要享有一定的惩戒权。从组织成员的角度看，惩戒是一种他律；但从非政府组织自身的角度看，惩戒是维护非政府组织自治的必要手段，也可以说，是一种实现自律的手段。

所谓惩戒是指非政府组织对其成员违反组织章程、损害组织利益或组织形象的行为采取的制裁措施。有学者在研究非政府组织惩戒时也使用了"社团罚"、"社团处罚"等提法。①

5.3.1 非政府组织惩戒的特点

非政府组织惩戒具有以下特点。

首先，惩戒仅适用于非政府组织成员，不适用于成员以外的组织或个人。

非政府组织惩戒的适用对象是非政府组织成员。参与非政府组织与否是由有关组织或个人自主决定的，是行使宪法赋予的结社权的自由，任何人不得干预。非政府组织成员在参加非政府组织时，将自己享有的部分权利通过协议让渡给非政府组织，这其中包括了维持非政府组织有序运行的惩戒权。因此，非政府组织惩戒权仅能适用于将权利让渡给非政府组织的非政府组织成员。

对于没有参与到非政府组织的其他组织或个人，由于其没有向非政府组织让渡权利，因而非政府组织不能将自治权延伸至相关组织或个人，对其也不能享有惩戒权。因此，对于非政府组织成员之外的组织或个人不能成为本非政府组织惩戒权的适用对象。

若非政府组织成员以外的组织或个人作出了有损非政府组织利益或形象的行为，非政府组织可以通过法律途径予以解决。这些途径已经超过了非政府组织惩戒的适用范畴，涉及了国家公权力介入的问题。

其次，惩戒主要适用于违反非政府组织章程的行为。

非政府组织章程是非政府组织的"宪法"，章程所记载的内容均属非政府组织设立、组织和运行中的重大事项。非政府组织成员若违反了章程所记载的内容，则属严重损害非政府组织利益的行为，应当予以惩戒。如果非政府组织成员违反章程的行为同时触犯了法律规定，则非政府组织应当依法交由相关政府机关进行处理，不能用非政府组织的惩戒代替法律制裁。

最后，惩戒不适用于"强制入会"非政府组织。

非政府组织惩戒不适用于"强制入会"非政府组织。所谓"强制入会"非政府组织是指依照法律法规规定，所有领域的组织或个人都必须强制性地参与的非政府组织。这类非政府组织，如中国注册会计师协会、中国律师协会等。"强制入会"非政府组织一般与政府有比较紧密的联系。作为"强制入会"非政府组织的组织或个人，若要参与某些领域活动或者从事某些专业工作，就必须成为非政府组织成员，而无论自愿或者非自愿。在这类非政府组织中，非政府组织惩戒近似于实施行政权力。如果非政府组织实施了开除成员资格的惩戒，则该成员在该领域的活动或者工作资格即告丧失，相当于强制性地将有关组织

---

① 本部分内容曾以《行业协会惩戒权初探》为题发表于《上海企业》2009年第10期，在本书编著时略有修改。

或个人驱逐出相关领域。因此,"强制入会"非政府组织的惩戒与由组织或个人自愿组织或者参与的非政府组织的惩戒具有本质区别。

5.3.2 非政府组织惩戒与对非政府组织行政处罚的联系与区别

非政府组织惩戒与对非政府组织行政处罚的联系在于两者都是对一定对象实施不利益的行为,使该对象的利益受到影响。

两者的主要区别在于:第一,权力性质不同。非政府组织惩戒属于非政府组织自治权的范畴,而对非政府组织行政处罚属于国家行政权力范畴。第二,主体不同。非政府组织惩戒的主体是非政府组织,对非政府组织行政处罚的行使主体则是享有行政处罚权的行政机关及法律、法规授权组织。在某些情况下,非政府组织得到法律、法规授权,也可以行使行政处罚权。第三,对象不同。非政府组织惩戒的对象是非政府组织的成员,其行使的对象不能及于组织外的其他主体;而对非政府组织行政处罚的对象是作出违法行为的非政府组织。第四,依据不同。非政府组织惩戒的依据是非政府组织章程;而对非政府组织行政处罚的依据是有关行政处罚的法律、法规。第五,社会危害程度不同。非政府组织惩戒对象实施的行为危害程度较低,一般是损害非政府组织整体或者特定多数人利益,或者违反非政府组织章程的行为;而对非政府组织行政处罚的行为则是损害了社会公共利益。

5.3.3 非政府组织惩戒的设定原则

(1) 惩戒不得违反法律的强行性规范

非政府组织惩戒的设定不得违反法律的强行性规范,违反强行性规范的惩戒无效。强行性规范是指法律规范的内容具有强制性,任何人无权进行选择或者协商,而只能进行直接加以适用的规范。对于强行性规范,非政府组织应当予以遵循,在设定惩戒时不得违反。

(2) 惩戒必须符合非政府组织宗旨

非政府组织的成立要有明确的宗旨。《社会团体登记管理条例》等都要求非政府组织发起人在申请筹备成立非政府组织时,应当向登记管理机关提交章程草案,章程中必须包括组织成立的宗旨[①]。非政府组织的宗旨是非政府组织存在的根本理由,是非政府组织的行动纲领,代表着非政府组织成员的共同意愿。非政府组织设定的惩戒必须符合非政府组织的宗旨,必须是维护非政府组织自治的必要手段。若非政府组织惩戒的设立违背了非政府组织宗旨,则行政机关应当予以处理,直至撤销登记。

(3) 惩戒必须明确规定于非政府组织章程

非政府组织惩戒是对非政府组织成员的制裁,惩戒的使用将对组织成员造成不利,因此,惩戒的设定必须有明确的依据,并予以公布。由于惩戒是非政府组织对其成员采取的

---

① 《社会团体登记管理条例》第11条、第15条。

最严厉制裁措施,因此,惩戒的设定必须明文规定于非政府组织章程。如果非政府组织章程中没有设定相应的惩戒,则非政府组织不得行使惩戒权。

为了保障受惩戒者的合法利益,非政府组织还应明确惩戒的适用程序,以及受惩戒者的救济程序,通过设定程序权利充分保障受惩戒者的合法利益。

5.3.4 非政府组织惩戒的种类

非政府组织惩戒的种类目前并没有统一的规定,从实践情况来看,主要包括警告、通报批评、罚款、开除等。

(1) 警告

警告是指非政府组织对作出了损害非政府组织利益或形象行为的成员采取的谴责和告诫。警告针对的是轻微影响非政府组织利益或形象的行为。与作为行政处罚的警告不同,作为惩戒种类之一的警告是由非政府组织实施的,而作为行政处罚的警告则由行政机关实施。

(2) 通报批评

通报批评是指非政府组织将作出了损害非政府组织利益或形象行为的成员及其行为以公开公布的方式在一定的范围内公告周知。通报批评包括内部通报和公开批评。内部通报的范围仅限于非政府组织内部的有关组织或个人;公开批评的范围则是面向全社会不特定的人群。在网络社会条件下,非政府组织的通报批评有可能给受惩戒者造成严重影响,因此,非政府组织在发布通报批评,尤其是公开批评时一定要注意控制其影响范围。

(3) 罚款

罚款是指非政府组织强制作出损害组织利益或形象行为的成员缴纳一定数额货币的惩戒形式。我国大部分非政府组织没有设定罚款这一种类的惩戒,因为罚款更多地被视为行政处罚。为了体现自愿性和非政府性,非政府组织往往不使用罚款这一手段,以免被视为变相行政处罚。但如果从非政府组织惩戒来源于其成员协议让渡的角度来看,那么非政府组织设定罚款这一惩戒行为并无不可。一定额度的金钱属于经济利益,对于经济利益,有关组织或个人享有这种处分权。因此,宜认可非政府组织有权设定罚款,但对数额上限应进行规范,避免出现组织制裁比国家制裁严厉的情况。

(4) 开除

开除是指非政府组织对严重损害组织利益或形象的成员采取的取消其组织成员资格的制裁措施。与"强制入会"非政府组织不同,自愿入会非政府组织的开除并不直接取消该组织或者个人在该领域的活动或者工作资格,但开除可能会使受惩戒者面临非政府组织成员联合排斥而难以继续从事相关活动或者工作。另外,由于开除将使受惩戒者失去组织成员资格,这会直接影响其结社权的行使,因此,非政府组织在采取开除的惩戒行为时应当特别谨慎。只有在非政府组织成员的行为已经确实严重损害组织利益或形象时，才可以作出这种惩戒。在程序上应当经由非政府组织成员大会或成员代表大会讨论作出，并充分听取受惩戒者的申辩。

当非政府组织成员的行为已经触犯法律时，非政府组织应当提请有关国家机关进行处理，不得用非政府组织惩戒代替国家法律制裁。

5.3.5 非政府组织惩戒的救济

为了充分保障受惩戒者的利益，非政府组织在对有关组织或个人进行惩戒时，应当提供充分的救济途径。受惩戒者的救济途径包括组织内部救济和法律救济。

非政府组织应当建立完善的组织内部救济途径，通过内部争议处理机制将争议在组织内部加以解决，以保证非政府组织的自治性，促进组织内部的和谐。

但内部救济途径并不能取代法律救济途径。实践中，有些非政府组织在组织章程中以组织内部救济途径排斥法律救济程序。如中国足球协会在协会章程中规定，业内争议仅能由本会仲裁委员会进行裁决，而不能提交法院。[①] 这种以组织内部救济途径限制和剥夺组织成员法律救济权利的做法，其违法性是十分明显的。

对于可能严重影响非政府组织成员利益的惩戒行为，应当允许非政府组织成员通过法律程序进行救济，如向有关登记管理机关、业务主管单位或者人民法院提出救济申请。

6 我国非政府组织监督管理存在的主要问题

目前我国非政府组织监督管理体系建设方面还存在很多问题。政府监督、社会监督和非政府组织自律约束方面都还存在很多缺陷。这些问题主要表现在以下方面。

6.1 政府监督体系以点带面，缺乏整体设计

首先，政府在非政府组织监督理念上缺乏统一思路，既有规范管理的需要，又有扶持发展的要求；既要避免非政府组织发展过程中的无序状态，又要考虑推进非政府组织的持续发展。统一思路缺乏体现到具体监督规范时难免会发生抵牾。其次，政府监督以点带面倾向严重。所谓以点带面倾向是指政府将非政府组织监督的工作重点都集中在登记管理环节，十分重视登记监督，而忽视对日常运行环节的监督。这种以点带面的监督方式使非政府组织在登记成立后，就缺乏对组织规范进行完善的动力。最后，政府监督缺乏整体设计。一方面，立法层次与立法质量不高。我国非政府组织法律当前主要是以单行行

---

① 中国足球协会.《中国足球协会章程》第62条第一款[EB/OL]. http://baike.baidu.com/view/297886.htm, 2012-04-15. 中国足协协会网站上没有公布其章程，但这一规定被学者广泛引用。

政法规为主,法规之间衔接性较差,很多政府监督规范缺乏操作性程序;另一方面,立法工作滞后于非政府组织的发展,部分政府监督出现无法可依的困境。

6.2 社会监督体系尚显薄弱,缺少制度保障

首先,我国社会监督体系尚显薄弱,多元监督体系尚未形成。公众监督、媒体监督与第三方组织监督尚未与政府监督形成有效合力。其次,公众监督缺少监督意识与监督路径。一方面,我国公民社会尚未成型,大部分公众对非政府组织的监督意识还比较薄弱;另一方面,政府未为公众监督提供有效的监督路径。即使是捐赠人监督方面,制度规定也十分简陋,极可能对捐赠人及潜在捐赠人产生负面影响。最后,媒体监督和第三方组织监督有待规范发展。媒体监督和第三方组织监督在独立性、客观性及真实性方面都还有待加强。

6.3 非政府组织自律约束体系尚待完善,内部机制不尽合理

作为非政府组织自律约束的行业自律约束与组织内部约束也面临着内部治理机制不尽完善,难以实现自律约束的困境。当前我国许多非政府组织在管理理念与管理模式上仍有着明显的行政化倾向,管理机制上与行政机关极为相似,使命感缺乏、财务管理机制不明晰、人力资源激励机制缺失、治理结构不合理等问题普遍存在,因而在行业内部和组织内部难以形成有效的监督机制。

7 完善非政府组织监督管理制度的若干路径

7.1 完善非政府组织立法,确立多元主体共同监督制度

为了完善非政府组织监督管理,首先应当确立多元主体共同监督制度。在将来进行非政府组织统一立法时,应当明确这一制度。非政府组织统一立法可以解决立法层次低、立法质量有待提高等问题,也可以实现单行行政法规之间的衔接。在统一立法中明确多元主体共同监督制度,一方面可以形成非政府组织监督管理的总体原则和方向;另一方面可以为具体化非政府组织监督管理的制度内容奠定基础。

7.2 强化日常运行监督,健全非政府组织评估制度

现行政府监督设定了较为严格的登记监督模式,而对于非政府组织的日常运行监督则多流于形式,造成非政府组织一旦成立后,即易于脱离监督。有鉴于此,政府应当强化对非政府组织的日常运行监督,将政府监督的重心由登记监督转变为日常运行监督,加强对非政府组织日常业务活动和运营活动的监督,避免出现类似"牙防组事件"的非政府组

织监督管理"真空状态"。①

同时,应当建立、健全非政府组织评估体系。通过设置科学评价指标,建立、健全系统的评估体系,对非政府组织进行定期评价,并以配套的激励机制和处罚机制进行引导,从而使非政府组织得以有序发展。2007年,民政部开始着手建立"政府指导、社会参与、独立运作"的非政府组织综合评估制度,并提出了分级管理、分类评定、客观公正、循序渐进的总体原则,制定了由三级指标构成的评估指标体系,着力推进民间组织评估工作。从2008年起,民政部开始公布非政府组织的评估等级结果。之后,民政部不断推进非政府组织评估制度,并已经取得了一定成效,但到目前为止,这一评估制度尚未产生广泛的社会影响。

7.3 完善公众监督路径,规范媒体监督和第三方组织监督机制

域外非政府组织发展经验表明,社会监督应当成为非政府组织监督管理制度的重要组成部分。加强社会监督也反映了非政府组织监督管理制度未来的发展趋势。

具体而言,首先,应当加强社会公众的监督意识,完善公众监督路径,加强捐赠人对非政府组织的监督。一方面,政府要通过宣传培养社会公众的公民意识与主体意识,鼓励公众参与到非政府组织监督中;另一方面,应当畅通公众监督渠道,建立便捷、有效的监督路径,引导公众监督由被动监督转变为主动监督。在捐赠人监督方面,应当将捐赠人的知情权作为非政府组织的义务予以明确,非政府组织有义务使每个捐赠人了解捐款的使用情况。在具体路径方面,政府还可以考虑在非政府组织监督领域引入公益诉讼制度,使公众可能通过司法途径对非政府组织进行监督。

其次,应当规范媒体监督和第三方组织监督机制。媒体监督和第三方组织监督都可能产生强大的公共舆论导向作用,为了避免新闻媒体与第三方组织因故意或者过失而使非政府组织的利益受到损害,应当强化过错监督的法律责任,以规范媒体监督与第三方组织监督制度的发展。

7.4 强化非政府组织自律约束,完善其运行透明化机制

在加强政府监督与社会监督的同时,还应当强化非政府组织自律约束机制的建设。基于非政府组织的自治性特点,自律约束应当是非政府组织监督管理制度的应有之义。通过内部治理机制的自我完善,一方面,提高非政府组织成员,包括管理层和执行层,对组织和组织宗旨的认同感,使之更自觉地进行自我约束;另一方面,健全组织内部制约机制,如设立监事或者监事会,在非政府组织内部形成有效的监督。通过道德约束与制度约束达致非政府组织的自律约束。

---

① 有关"牙防组事件"的情况,参见本章最后的"阅读材料"。

为了实现非政府组织的自律约束,非政府组织还应当完善运行透明化机制,通过最大限度的信息公开,最大程度拆除非政府组织与社会公众之间的隔离墙,取信于民。在非政府组织之间竞争日趋激烈的当今社会,充分信息公开、完善组织运行透明化机制无疑是非政府组织强化公共责任、树立良好形象的有效手段。

7.5 严格对非政府组织的财务监督

稳定的财务收支是非政府组织赖以存在和发展的基础,基金会更是以财产聚集为其基础的非政府组织,因此财务监督应当是非政府组织监督的重点。财务监督包括对非政府组织财产获取渠道、使用去向、财务运行情况和营利状况等监督。财务监督有助于政府对非政府组织运作的监督管理,规范非政府组织财务收支制度;同时,也有助于保障非政府组织财务运行的安全,减少因不当财务运行而产生的风险。

加强非政府组织监督管理既有助于规范非政府组织的运行秩序,也有助于保障非政府组织的持续发展。为了解决当前我国非政府组织发展过程中出现的政府监督缺位、社会监督不足、自律约束失范的状况,应当健全和完善我国非政府组织监督管理制度,使非政府组织实现其组织宗旨,回归其公共责任,建立社会信任。

以监督管理方式为标准,非政府组织监督可分为他律与自律两个形式;以监督管理主体为标准,非政府组织包括政府监督、社会监督、非政府组织自律约束三种类型。我国目前以政府监督为主、社会监督和非政府组织自律约束为辅的非政府组织监督管理制度已经形成,政府监督、社会监督和非政府组织自律约束都取得了一定成效。但总体而言,政府监督缺位、社会监督不足、自律约束失范,多元监督未能有效形成合力等问题仍然普遍存在,并较为严重,这种状况的存在和持续直接造成了社会公众对非政府组织体系的不信任,危及了非政府组织的发展。有鉴于此,我国应当借鉴域外非政府组织发展的经验,尽快确立多元主体共同监督的非政府组织监督管理制度,强化非政府组织的日常运行监督,健全评估制度,完善公众监督路径,规范媒体监督和第三方组织监督机制,强化非政府组织自律约束,严格其财务监督,完善其运行透明化机制,从而保障他律管理和自律约束的有序化和常态化。

自律 Self-discipline　　　　　　　他律 Heteronomy
政府监督 Government Oversight　　社会监督 Social Supervision

第三方组织监督 Third-party Supervision
行业自律约束 Industry Self-regulation Constraints
组织内部自律 Self-discipline Within the Organization
惩戒 Discipline

1. 试述第三方组织监督的概念及特点。
2. 非政府组织行政处罚的主要种类有哪些？试简要加以说明。
3. 试述非政府组织惩戒的概念及特点。
4. 试述非政府组织惩戒与对非政府组织行政处罚的联系与区别。
5. 试述完善非政府组织监督管理制度的主要路径。

1. 苏力,葛云松,张守文,高丙中.规制与发展[M].杭州：浙江人民出版社,1999.
2. 方洁.社团处罚研究[M].北京：法律出版社,2009.
3. 刘太刚.非营利组织及其法律规制[M].北京：中国法制出版社,2009.
4. 袁曙宏,苏西刚.论社团罚[J].法学研究,2003,(5).
5. 方洁.社团罚则的设定与边界[J].法学,2005,(1).
6. 黎军.论司法对行业自治的介入[J].中国法学,2006,(4).

牙防组事件

2006年3月,上海律师的一场公益诉讼,使牙防组从1992年开始的违法认证行为被广泛关注,牙防组直接卷入一场信任危机,随即引来媒体及公众的全面质疑。

2006年11月14日,国家认监委和卫生部共同叫停牙防组的非法认证活动；2007年4月30日卫生部决定撤销牙防组；6月11日卫生部公布对牙防组1997—2006年财务收支情况的正式审计结果,认定牙防组存在三方面的违规问题,至此牙防组事件尘埃落定。

卫生部认定,牙防组违规收取"认证"收入为208.5万元,该数字与此前媒体公布的审计结果有一定出入。

卫生部的审计报告认为,牙防组存在三大违规问题。

违规收取"认证"收入208.5万元。2003年《中华人民共和国认证认可条例》颁布后,牙防组在没有取得认证许可情况下,继续开展牙膏功效技术评价活动,收取相关费用208.5万元。

违规领取补贴。牙防组的主要负责人两年中多领取职务补贴46 000元、违规一次性领取住房面积未达标补贴74 174.4元。截至目前,上述补贴已全部退回。

财务管理混乱。表现在六个方面:一是未经批准开设账户。1997年牙防组未经批准,开立银行基本账户,2006年11月被撤销;二是对外贷款问题。1994年,牙防组贷给广东省澄海县黑妹保健用品厂50万元,未及时收回,造成直接损失15.4万元;三是补记入账。牙防组1994—2006年收取赞助款等18.4万元,并直接支出7.6万元,未及时入账,至2006年7月才补记入账;四是奖金、补贴、劳务费发放名目繁多,支出随意;五是资产管理不规范。牙防组印制的牙防宣传书刊、图书资料等没有按照会计制度规定严格核算和管理;六是牙防组使用牙防基金会票据收取赞助等款项,使用基金会外汇账户提取外汇,用于牙防组人员出国参加国际学术会议等。

根据以上审计结果,卫生部决定,牙防组收取的"认证"收入全部上缴国库;鉴于牙防组已撤销,卫生部将责成有关单位尽快彻底清理牙防组的遗留问题,并对相关责任人进行处理。

卫生部新闻发言人指出,卫生部将举一反三,加强社团和非法人机构管理工作。针对牙防组在内部管理和业务监管方面所暴露的问题,卫生部将进一步建立、健全有关管理制度,加强对主管社会团体和非法人机构的业务指导和监督管理,尤其是财务收支的管理。同时,卫生部要求有关组织和团体严格遵守法律、法规和国家政策规定,依据章程开展业务活动。

牙防组撤销后,原承担的工作由卫生部统一安排,群众性牙病预防保健技术工作和有关事务性管理工作,将以委托形式交专业社团或机构承担。同时,卫生部在疾病预防控制局成立口腔卫生处,负责全国牙病防治管理工作。

据悉,全国牙病防治指导组是卫生部于1988年批准成立的。

一直关注牙防组事件的清华大学公共管理学院副教授贾西津认为,牙防组实质上是政府部门的非法人下设机构,其合法性来源于主管的卫生部,并承担卫生部赋予的部分政府职能,却又不占公务员编制、不涉及政府财政,可以不受政府系统内公务员条例、纪委等的监管,其权、责的错位正是引发公众质疑的主要原因。

资料来源:牙防组"黑洞"大白天下[N].人民日报,2007-06-12,(5).;牙防组事件还没完[N].人民日报,2007-05-23,(5).

阅读以上材料,思考为什么需要完善非政府组织的监督管理制度。

第 9 章

政府与非政府组织的委托代理合作关系

【学习目标和要求】

通过本章的学习,要求学生了解我国政府与非政府组织之间关系的四种基本模式,熟悉政府与非政府组织之间合作互动的理论基础,掌握委托代理关系理论分析的框架,并对政府与非政府组织之间委托代理合作机制的问题及完善建议有一个基本的把握。

案例1:专业管理运作 打造精神家园

从 2009 年 11 月 14 日算起,石门二路社区文化活动中心正式"开张"不过半年有余,人气却相当兴旺,各类活动都能看到社区居民活跃的身影。据了解,今年前 5 个月就有约 8 万人次来到该中心参与活动,平均一天 500 多人,而石门二路街道的居民总人数,其实仅 5 万人左右。

石门二路社区文化活动中心能办得红红火火,离不开专业化运作管理的支持。据街道党群工作负责人介绍,该中心委托非营利性社会组织——上海华爱社区服务管理中心管理运作,并成立由街道、居民代表(居民区代表)、华爱三方构成的管理委员会,对文化活动中心进行业务指导和工作布置。具体来说,专业化的运作管理体现在活动内容策划、项目推广的方方面面。以东方社区信息苑的项目运作为例。石门二路苑与街道联手,进行了资源的全方位整合。在前期宣传上,街道多次召开文教干部会及由书记、主任、社区老师、楼宇工作者为主题的现场推介会,进行项目宣传,并要求信息苑区域经理参加街道例会,利用街道自办的社区报、海报等宣传信息苑;在会员推广上,将信息苑与中心其他热门活动进行绑定。

如今,石门二路社区文化活动中心举办的各类活动已深受社区居民好评,中心正逐渐从"人多"、"课程多,项目多"向"精品化、特色化活动多"转变。

资料来源:静安区石门二路社区文化活动中心——专业管理运作 打造精神家园[J].上海社会组织,2011,(6).

案例 2：虹口区——首创社会组织代管住宅区综合事务

2011 年 5 月，上海市虹口区新家园建设与合作事务所正式成立。这家由政府资助 20 万元培育的社会组织，由老社区工作者、法律工作者、物业指导师和专业社工组成，将在全区各住宅小区承担业委会改选、组建、运作和物业服务等工作。据悉，通过政府购买服务方式，将住宅小区综合管理事务交由社会组织"代管"，这在上海尚属首例。

在近半年的试运行期间，"新家园"已帮助凉城街道 8 个售后公房小区进行了业委会环节、1 个小区业委会组建。街道办事处主任对此表示，这一举措有利于改变街道、居委会大包大揽的现象，提升社区综合管理的专业化水平和效能。

资料来源：虹口区——首创社会组织代管住宅区综合事务[J]. 上海社会组织，2011，(6).

在中国，政府作为社会的治理中心，其规模、影响和能力具有绝对的优势。但是，随着市场经济的发展、社会结构的复杂化和人们思想的多元化，出现了许多新问题，对政府的职能提出了新的要求。政府传统的治理方式面临重大的挑战，一方面，政府在解决一些新的社会问题时，面临能力不足、成本太高或者效率低下等问题；另一方面，政府的过度干预可能会限制社会的活力，造成社会功能发挥的不足。20 世纪 90 年代以来，在治理理论的影响下，许多西方国家逐步重视发挥非政府组织在解决社会问题方面的作用，并且已经取得了良好的社会效益。有鉴于此，许多国内学者提出一些有利于政府与非政府组织互动的模式。根据我国非政府组织的自我定位，政府与非政府组织进行合作对于双方都是一种有利的选择，但是这种合作是不是切实可行呢？具体应该采取哪种方式呢？围绕这一问题，本章从委托代理的理论出发，就中国政府与非政府组织之间的委托代理合作关系进行探讨和分析。

1 政府与非政府组织之间关系概述

1.1 政府职能转变的内在逻辑

政府职能是指政府在国家和社会中所扮演的角色以及所应起的作用。西方国家在不同的历史时期对政府职能的界定不同。在自由资本主义时期，政府只是充当"守夜人"的角色，人们认为最好的政府是管得最少的政府，因此把政府干预限制在最小范围之内。但经济危机的周期性发生使西方国家不得不伸出"看得见的手"进行强制干预。与此同时，随着科学技术的高速发展，工业社会更趋向于社会分工和专业化以及集权化，公民的各个方面更依赖于政府，出现了马尔库塞所谓的"一元社会"和片冈宽光所说的"行政国家"。但是现代社会越来越呈现出多元化特征，人们的兴趣、价值观、利益取向都高度多样化了，利益团体分化整合速度日益加快，政府越来越不能满足社会众多的公共需求。

公益物品和公共服务供给的低效率问题是世界性的难题，近年来发达国家在政府和市场之外尝试第三种解决办法,即区分不同性质的公益物品和公共服务,采用社会机制或政府、市场与社会的混合机制进行生产。由此,在政府与市场之外,可以发育出社会力量来供给市场,其间,最为活跃的即是非政府组织。非政府组织与政府组织、市场组织合作,造就地方社区的公共服务供给,从而走出了一条可供选择的新道路。

1.2 非政府组织的角色和地位

从事公益性活动的民间组织很早就开始萌芽,如早期的教会、商会、书院等,但当时的非政府组织与政府的互动并不充分。到了现代社会,非政府组织与政府在越来越宽泛的领域开展合作交流,而非彼此对立、互不相干,它们之间广泛的、深度的合作,为建设多元化的、丰富和民主的人类社会奠定了基础。

与政府机构相比,非政府组织是一种独立的社会组织,其组织形式不同于政府组织自上而下的官僚体系,组织的运作也不是按照行政指令机制,而是扎根于社区的、权力流动双向或多向的、独立运作的组织;与企业组织相比,它又具有非营利性;同时,与政府组织和企业组织的组建都不相同的是,非政府组织的构建具有较强的自愿性,是公民自发形成、自愿参与的。

非政府组织的特质决定了它在公共管理中与不同政府部门和企业部门的角色和地位。

一方面,非政府组织在提供公共物品中具有效率优势。

公共产品消费和收益的非排他性决定公共物品的生产具有较高甚至是无法估量的私人交易成本。鉴于公共物品的这一特征,在市场情况下就会出现两个问题,一是公共物品供给不足;二是"搭便车"现象。在某种程度上,可以说公共物品就是市场无法有效率地供给或市场根本就不能提供的物品。政府提供公共物品的决策是一种政治性的决策,倾向于反映代表社会大多数的"中间选民"的意愿。这些限制为非政府组织的发展提供了契机。

非政府组织具有政府部门的提供公共物品的部分功能,同时又以更类似于企业的方式运作;这种组织形态更加灵活、应变力强,能够及时到达社会生活方方面面的细节;它们有强烈的使命特性;开放的组织体制和扁平化的层级结构具有很大的弹性和适应性;不似政府科层组织的官僚化特点,运作成本较低;便于做政府不愿做的事情,多数非政府组织活跃在社会基层,能够经常与服务对象保持密切的联系。

另一方面,非政府组织在公共管理上具有某些特殊优势。

非政府组织在公共管理方面的特殊优势主要体现在:首先,非政府组织在制度建设方面具有倡导功能,可以反映社会各方的信息以及代表广大民众的需求,有利于政策制定的合理性;其次,在维护市场秩序、提供社会服务,满足社会需求等方面发挥的作用,是通过自律、志愿服务等机制实现的,反映了社会自治机制;再次,具有在政府与市场之间进行协调的中介功能；最后，可以通过增加透明性、社会公开度，发挥社会监督作用，有利于制约腐败的产生，增进公共利益。另外，非政府组织也在制度创新中扮演着重要角色。

当然，非政府组织在充当公共管理者角色时可能产生一些问题。比如，其行为具有局部性、难以完成一些需要达成社会一致的任务；组织内部没有政府部门严密的等级体系，也没有企业组织明确的经济标准作为评价依据，内涵不明确，边界模糊，没有一个公认的评估标准。因此非政府组织在调动社会自身生命力的同时，也隐藏着很多的社会问题。

1.3 非政府组织与政府之间关系的相关模式

吉德伦、克莱默和萨拉蒙等人以服务的资金筹措和授权、服务的实际配送两种要素为核心变量，提出政府与非政府组织关系的四种基本模式：政府支配模式、非政府组织支配模式、双重模式和合作模式。

1.3.1 政府支配模式

在政府支配模式中，政府在服务的资金筹措和服务提供中占据着支配性地位。政府既是主要的资金提供者，又是主要的服务提供者。这一模式下，非政府组织对于政府有很强的依赖性，政府对于非政府组织高度支配，阻碍了非政府组织自身的成长，抹杀了非政府组织独立开展各项工作的能力。非政府组织应该是帮助政府分担各项社会工作而产生的组织，但是，政府过多的支配干预使得它成为了政府工作的又一负担，完全没有发挥出非政府组织应有的功能。因此，政府支配模式易于造成资源浪费。仅仅依靠政府支持来完成非政府组织的发展，这是很难长久维系的。再则，政府支配模式也阻碍了非政府组织的正常发展。养育在温室里的花朵是经不起风雨的考验的。

1.3.2 非政府组织支配模式

非政府组织支配模式和政府支配模式分别处于政府—非政府组织关系模式的两极。在非政府组织支配模式下，非政府组织在资金筹措和服务配送方面占据支配地位。产生这种模式的原因较为复杂，可能是由于意识形态或宗教的原因，对政府提供社会服务有一种强烈的反对情绪；也可能是因为对社会服务还没有形成普遍需求。非政府组织支配模式，顾名思义就是都是靠非政府组织来支配。在这种模式中，非政府组织占有完全的主导性作用，非政府组织成为一个完全独立于政府之外的组织，与政府没有形成有效的合作。然而，由于缺乏政府的支持，非政府组织的发展比较缓慢。这样极端的关系模式对于非政府组织发展的局限是很明显的。

1.3.3 双重模式

双重模式是介于政府支配模式和非政府组织支配模式之间的一种模式。在这种混合模式中,政府和非政府组织共同提供公共物品,但是在各自的领域独立地负责资金筹措和服务配送。该模式采用两种不同的形式:一是非政府组织通过服务于政府无法服务的顾客来补充政府提供的服务;二是非政府组织通过提供政府没有提供的服务来补充政府的服务职能。在这种模式中,因为任何一个领域都有政府与非政府组织同时参加,所以政府与非政府组织的关系易于混淆。但不可否认的是,这样的互为补充使政府与非政府组织之间的关系处于一种相辅相成的状态。对于政府来说,双重模式可以弥补政府工作中存在的不足;对于非政府组织来说,双重模式则可以充分体现出非政府组织存在的价值和意义。因此,双重模式对政府与非政府组织都具有十分有益的作用。

1.3.4 合作模式

在合作模式中,政府和非政府组织以合作的方式来共同提供公共服务。典型的情况是由政府提供资金,由非政府组织配送服务。这种合作模式包括两种方式。一种是"合作卖方"(Collaborative Vendor Model)。在这一方式中,非政府组织仅以政府项目管理代理人的身份出现,拥有较少的处置权或讨价还价实力。另一种是"合作伙伴"(Collaborative Partnership Model)。在这一方式中,非政府组织享有高度的自治权和决策权,在项目管理方面也更有发言权。在"合作伙伴"方式下,政府与非政府组织之间分工合作,在不同领域发挥不同的主导作用,这种合作伙伴的关系使两者之间的职能都得到了充分的发挥。可以说,这种合作模式关系是四种关系中最有利于两者发展的模式。

政府与非政府组织关系四种基本模式的情况大致如表2所示。

表 2 政府—非政府组织的关系类型

功能	模式			
	政府支配模式	双重模式	合作模式	非政府组织支配模式
资金筹措	政府	政府/非政府组织	政府	非政府组织
服务提供	政府	政府/非政府组织	非政府组织	非政府组织

2 政府与非政府组织之间关系的有关理论

2.1 政府与非政府组织之间合作互动的理论基础

2.1.1 志愿失灵理论

非政府组织也有其内在的局限性。萨拉蒙提出了著名的"志愿失灵"理论,这一理论指出了非政府组织的几大缺陷:慈善不足;非政府组织往往存在家长作风;非政府组织的业余性不可避免影响组织绩效和服务产品质量;非政府组织对象的局限性。①

萨拉蒙认为非政府组织的短处正好是政府的长处,而政府的短处正好是非政府组织的长处。据此,他提出了"委托政府"理论,即政府为实现自己的目标而将提供公共服务的任务委托给非政府组织来承担,二者之间达成一种相互依赖各自比较优势的分工。

2.1.2 政府、市场、志愿部门相互依赖理论

罗伯特·伍思努认为,政府、市场和非政府组织的界限正变得日益模糊,它们之间存在着频繁的互动和交换关系,这包括:竞争与合作、各种资源的交换、各种符号交易等。②

2.1.3 法团主义理论

法团主义理论从对公民社会中各种多元利益集团及其冲突的批判出发,主张通过重新的"组织化",建立各种合作而不是冲突的功能性团体或公民团体,并通过它们与政府合法的、非竞争的、垄断性渠道的联系,将社会中分散的利益按照功能分化原则组织起来,并有序地传递到政府体制与公共政策的形成过程中去;政府也从这种制度化的参与机制中获得了稳定的资源支持和合法性,从而实现公民团体之间以及公民团体与政府之间的合作和相互支持。

2.1.4 合作主义理论

《布莱克维尔政治学百科全书》给现代合作主义下的定义是:合作主义是一种特殊的社会—政治过程,在这个过程中,数量有限的、代表种种职能利益的垄断组织与国家机构就公共政策的产出进行讨价还价。为换取有利的政策,利益组织的领导人应允通过提供其成员的合作来实施政策。在合作主义制度下,拥有强制性和半强制性成员资格的非竞争利益集团的数量是有限的。

康晓光认为:中国的国家与社会关系的演变要经历三个阶段。在第一阶段,国家对社会实行绝对的全面的控制;在第二阶段,国家与社会进行合作,但国家处于主导地位或支配地位,社会团体发挥"第二行政系统"的职能。目前大致属于这一阶段;在第三阶段,社会获得充分的自治和独立,非政府组织获得高度发展,同时非政府组织与政府积极合作,建立起有效的社会合作主义体制。③ 合作主义者提出通过国家来保护非政府组织的代表性地位和它们与国家之间的制度化联系渠道,这"意味着社会和国家双方能够通过合

---

① 田凯. 国外非营利组织理论述评[J]. 北京: 中国行政管理, 2004,(6): 31.
② Robert Wuthnow. States and Markets: the Voluntary Sector in Comparative Perspective. Princeton: Princeton University Press, 1991: 5-7.
③ 康晓光. 转型时期的中国社团[EB/OL]. http://www.sei.shu.edu.cn/EinsPage/fileDown/P32220544289856.pdf, 2012-04-30.

作而获益：一方面，社会中分散的利益按照功能分化的原则组织起来，有序地参与到政策形成的过程中去；另一方面，从这种制度化的参与机制之中，国家权力获得了稳定的支持来源（合法性）和控制权。"①

朱光磊认为，政府需要顺应社会发展的潮流，积极支持、推动非政府组织的发展，以顺利实现部分政府职责的社会化，建立"有限政府"。首先政府要引导非政府组织的发展，使其分担部分政府职责；然后逐步建立非政府组织与政府间双向互动的制衡关系。②

徐勇认为，在政府权威和社会自治团体分享治理过程中的公共权力时，必须重视相互之间的合作。这种合作互动建立在法治基础上，是制度性合作。只有通过建立、健全的法制，才能使公共权力的运作达到依法行政与依法自治的合作。对于当今中国治理模式的转型来说，一方面需要政府进一步放权，培育具有自主性和自治性的非政府组织；另一方面政府需要进一步转换角色和职能，由"掌舵者"和"划桨者"转变为"掌舵者"。③

秦晖教授认为，非政府组织天生是愿意与政府合作的，它不可能、无能力也无动机来取政府而代之，更谈不上"吃掉"政府。政府与非政府组织事实上合作得如何，主要取决于政府，而不是取决于非政府组织。为了防止发生政府"吃掉"非政府组织的事例，就要求政府的权力必须受到制约。④

2.2 委托代理关系：理论分析的框架

委托代理理论的提出源于经济学家对企业内部信息不对称和激励问题的深入研究，目的是解决在利益相冲突和信息不对称的环境下，委托人如何设计最优契约激励代理人。因此，委托代理关系实质上是一种契约，根据这个契约，一个或多个行为主体指定雇佣另一些行为主体为其提供服务，并根据其提供的数量和质量支付相应的报酬。

委托代理理论由于为不同行动主体之间的有效合作提供了比较清晰的框架，这种委托代理关系也被应用到政府与非政府组织之间的互动关系上。在政府与非政府组织的委托代理关系中，政府是委托人，依据契约将某些服务委托给非政府组织，政府是服务的监督者和评估者之一。非政府组织作为代理人，在契约的基础上提供服务，并在整个过程中接受政府和其他社会群体的监督。这样，政府与非政府组织之间就建立了一种以分工为基础的契约关系，并形成了内部市场关系，这种内部市场所形成的契约关系体现了委托代理关系的三个必要条件：信息的非对称性、契约关系和结构利益。

当前，中国政府已经在探索通过行政合同进行行政委托或政府采购以实现行政职

---

① 王诗宗.第三部门的发展与公民社会的前景——以温州商会为例[J].公共管理学报,2004,(4).
② 郭道久,朱光磊.杜绝"新人"患"老病",构建政府与第三部门间的健康关系[J].战略与管理,2004,(3).
③ 徐勇.治理转型与竞争—合作主义[J].开放时代,2001,(7).
④ 秦晖.第三部门、文化传统和中国改革——关于中国第三部门历史、现状与未来走向的若干问题[EB/OL].
http://finance.sina.com.cn/financecomment/20040729/1200910608.shtml,2012-04-30.

能。通过公开招标、协同治理、直接磋商等机制,进行要约和承诺,政府和非政府组织之间建立委托代理关系,政府为实现自己的目标而将某些提供公共服务的任务委托给非政府组织来承担,政府负责资金和制度支持,非政府组织负责提供服务,政府对非政府组织进行监督,非政府组织对政府负责,二者之间责权明晰,并达成一种相互依赖并发挥各自比较优势的分工,将国家正确行使职能和发挥非政府组织的积极性与创造性统一起来。

2.2.1　委托代理关系理论分析之法学视角

根据我国民法的解释,代理是代理人于代理权限内,以本人(被代理人)名义向第三人(相对人)为意思表示或受领意思表示,而该意思表示直接对本人生效的民事法律行为。根据合同法关于委托合同的解释,委托合同是指委托人与受托人约定,由受托人处理委托人事务的合同。委托合同的标的是处理委托事务的行为,建立在双方相互信任关系的基础上,既可以是有偿合同,也可以是无偿合同。受托人的主要义务是依委托人的指示处理委托事务、亲自处理委托事务、报告义务、交付财产义务、谨慎处理义务、披露义务;委托人的主要义务是:支付费用义务、支付报酬的义务、赔偿义务。

2.2.2　委托代理关系理论分析之政治学与行政学视角

在政治学中,委托代理关系一般是指公民作为委托人,授权政府对社会进行管理,政府要对公民负责,公民对政府进行监督,由于存在信息不对称的问题,公民的监督在某种程度上是有限的。

20世纪80年代末,适应政府转变管理方式的要求,开始出现行政合同等行政行为。行政合同指行政主体为实现某项行政管理目标或行使行政职能而与其他行政机关或与公民、法人、其他组织之间,在双方意思表示一致的基础上依法达成的协议。行政委托合同是行政合同的种类之一,它不同于行政授权,是指行政机关把一定的事务委托给另一机关、公务员或其他个人或组织办理的行为。另一方当事人接受委托,便构成行政委托关系。行政委托行为的特点在于,被委托人必须以委托人的名义从事活动,活动的法律责任由委托人承担。

2.2.3　委托代理关系理论分析之经济学视角

经济学认为委托—代理关系是基于委托人的委托授权而发生的代理关系,被代理人以委托的方式将代理权授予代理人,委托人的利益依赖于代理人的行为。这种委托—代理关系具有明确的契约性。委托—代理理论是以现代企业制度为对象,针对所有权与经营权的两权分离所派生出来的问题进行研究而形成的理论成果。它把企业看作是委托人和代理人之间围绕着风险分配所作的一种契约安排。由于利己的动机和信息不对称,必然出现"道德风险"和"逆向选择",因此,企业问题的关键就在于:委托人设计一套有激励意义的合约,采取物质激励和非物质激励双管齐下的方式引导代理人的选择,从而增大代理效果和减少代理成本;就约束机制来说,应建立适当的内部经营决策制度、财务控制制度和监督制度,防止代理人的逆向选择;如果外部的经理人市场竞争比较充分,审计制度和责任追究制度比较完善,那么也可以比较好地降低代理成本。

虽然委托代理理论被广泛应用到法学、政治学、行政学和管理学当中,但是,基本概念和模型的应用仍然是以经济学的相关理论为基础的。

3 我国政府与非政府组织之间委托代理合作关系的实践

3.1 我国政府与非政府组织之间委托代理合作关系的基本情况

从总体上看,政府的社会管理和公共服务职能表现还比较薄弱,存在着许多亟待解决的突出问题。长期以来我国政府对社会采取集中化的管理体制。政府与社会高度合一的管理模式,使社会缺乏自我管理和自我发展能力,最终影响到社会的协调、快速、健康发展。

我国政府与社会关系的重大变化,要求我们尽快改变以政府为"单中心"的管理模式,建立政府与其他公共管理主体共同管理社会事务的"多中心"治理结构。但是,我国非政府组织还未真正成为政府职能转移的载体,其作用尚未得到充分发挥,公民社会的发育仍显迟缓,社会资本的开发利用不足,社会的自主性及自我组织能力不够强,各级官员新的治理观念还未树立导致政府不能将一些社会事务转移给有资质的非政府组织,而非政府组织由于自身能力欠缺不能有效承接政府的一些职能。

作为对社会多元化需求回应的政府改革,应当实现政府与社会的有效互动,发挥非政府组织在满足特定群体的利益要求上的优势,从而有效地缓解社会不同群体对政府提供公共产品的需求压力。同时通过第三方力量的引入,改变政府提供公共产品的方式和途径,确立政府埋单而非事事"亲力亲为"的角色,有助于提高公共产品的供给效率,增加公共产品的有效供给。

中国非政府组织所具有的独特作用和对政府的态度决定了政府与其实现合作的可能。中国的非政府组织常常采取一种自我限制的发展策略,除了限制组织规模外,在实际活动中,还往往主动避开有争议的或敏感的问题,而将工作重心放在推动经济发展和解决社会问题上。此外,很多非政府组织已经凭借其灵活高效的工作方式,以及政府工作人员少有的志愿精神和工作热情,在基层开展了大量的社会活动,积累了一定的组织动员能力,以及社区工作经验和技巧,它们解决社会问题的能力和经验是对政府功能的一个直接补充。在全球社团革命的时代,非政府组织的符号价值使它们能在某种程度上提高政府的国际形象。

事实上,我国政府也已经开始注重利用公益性非政府组织在提供公共服务和生产公共产品中的作用,并在一些方面取得了成功,本文选取影响较大的上海罗山市民会馆和上海市阳光社区市青少年事务中心两个个案进行分析,从政府与非政府组织互动的角度对之进行了分析,试图找到一些规律性、创造性的做法并提出完善建议。

3.2 上海罗山市民会馆的实践

3.2.1 罗山市民会馆及其管理模式

"罗山市民会馆"是上海市浦东新区罗山市民会馆的简称,它是浦东新区社会发展局委托上海市基督教青年会,以一个新建小区的公建配套设施改建而形成的综合性社区中心,即一个当地居民进行社会交往、社会教育、文化娱乐、体育健身、享受公共福利服务的开放式的社区公共活动场所。与我国目前绝大多数的社区服务中心不同,罗山市民会馆不是由政府的派出机构街道或街道所属机构直接管理、营运,而是由上海浦东新区社会发展局将国家投资的公共设施委托给非政府组织进行管理,是政府与非政府组织协作,让非政府组织参与社区服务、社区管理的探索性项目。具体操作上来看,该项目借助民办公助托管,由政府提供房屋,新区社会发展基金会提供设备,由上海基督教青年会、女青年会独立管理,是具有社会公益性、服务性、非营利性的新型社区服务方式。

与传统的政府直接管理的社区服务中心相比,罗山市民会馆在目标设置、项目选择、人员聘用、财务管理、运营机制等诸方面都有明显区别。

罗山市民会馆在决策管理上采取了管理委员会下的馆长负责制。管理委员会由基层政府、街道-居委会、青年会、市民代表组成。管理委员会只是作为决策机构,日常的具体管理包括选择项目、制定收费标准等都由受托方独立管理。青年会是政府委托管理的受托方。

目前,罗山市民会馆开设有四大类近五十个服务项目,即:

① 生活服务。包括老人院、假日日托儿、寒暑托班、志愿者家电维修、家政服务、社区食堂、居家护理、生活日用品调剂等等。

② 文化教育。包括再就业培训指导、青少年素质教育、老年社区学校、图书阅览租借、军地两用人才培训等等。

③ 求助咨询。包括市民生活求助热线、建立志愿者工作室、青少年心理健康咨询、社保咨询、生育咨询、医疗保健咨询、110联动等等。

④ 体育娱乐。包括健身房、体育比赛、户外健身、家庭运动会、评弹、纳凉晚会、歌咏会、拳操、老年运动会等。

会馆的这些项目,都是在市民的要求下不断开发、调整的。

在人力资源的开发和利用上,会馆先由上海青年会直接托管,后由上海华爱社区服务管理中心(青年会所属机构)托管,管理人员5名,常年有津贴的非正式员工(包括小时工、半日工)有23人。

在资金管理上,执行非政府组织的财务核算制度,每年接受审计事务的审计。建立了项目核算制,根据项目的运营性质和运营成本的测算对项目进行分类,划分为无偿、收支不抵(有收入但是亏大于盈)、盈亏平衡、有微利4个类别,透过项目组合的结构性选择,有重点地进行服务资源的组合,在坚持非营利性的原则下,达到了资金平衡或者接近平衡,提高了会馆运营效益。目前,会馆每年运营资金30%来自浦东区政府对999热线的拨款;10%来自社会捐款和项目资助;60%来自会馆运营收入①。

3.2.2 合作:政府托管购买,非政府组织承接服务

上海浦东新区成立以来,新区政府一直在探索"小政府,大社会"的模式。1995年新建小区——罗山街道的公建配套设施出现空置,社会发展局规划将其改建成综合教育、文体、福利、卫生、市民求助多功能一体的市民休闲中心,向社会发出信息,准备启动社会机制,物色一个合适的社会组织对其进行管理。经过与若干社会团体接洽,社会发展局选定基督教上海青年会为受托对象,因为这是一个具有社会公益服务传统的非政府组织,其团体理念、组织管理水平、人员的专业素养与社会发展局的要求最为吻合。申办罗山市民会馆对青年会来说也是一种合适的选择。

为了保证有充足的创办资金,社会发展局动员了浦东社会发展基金会,以捐助的方式补足机构创建所需资金,社会发展局、浦东社会发展基金会和基督教上海青年会三者达成了共建协议,在会馆建设过程中采用了由社会发展局把握市民会馆发展的非营利性和提供社区公共服务这两个大方向,拨出土地和房屋并承担改建的建设费用,上海浦东新区社会发展基金会运用社会捐款投资会馆的主要设施,基督教青年会承担会馆的管理的共建方式,协议每三年续签一次。青年会履行执行者的职能,对资金的使用进行严格控制并接受政府的监督。

由于国家关于民办非企业单位的法规直到1998年年底才出台,因此,在长达数年的时间里,罗山市民会馆的身份一直是模糊的。2000年时,当会馆运行成绩获得政府和社会各界的普遍认可后,根据上海市关于非政府组织管理的新文件精神(《上海市民政局、市社团局关于是确认本市社会团体和民办非企业单位的业务主管单位的若干意见》),会馆才注册为民办非企业单位。这从一个侧面也反映了非政府组织身份的尴尬。

罗山市民会馆的托管模式将政府的行政功能划分为服务规划者与服务提供者两个角色,政府承担前者,非政府组织充任后者。

---

① 吴建荣,申利民.在体制创新中奋进的上海罗山市民会馆.http://www.chinasocialpolicy.org.

3.2.3 评价

罗山市民会馆的运行标志着我国社会管理向着政府委托、非政府组织经营管理社区及社会公共服务设施这一长远方向走出了关键一步,开创了"政府主导、各方协作、市民参与、社区管理"的方式,并取得了一些成效。如由非政府组织托管的社区公共服务机构可以实现较高的管理效率,节省管理成本;政府保留所有者的权利,而将生产经营权交由一家体制外的组织独立执掌,可以避免体制内管理的一些弊端;使社会的非政府组织资源得以充分发掘和利用,有利于现代社会的公民责任精神和参与意识的培养,也能够取得很好的社会效益。

当然,这一实践也存在一定的问题,需要采取适当措施进行应对。

首先,需要健全的领导公有民营托管公共服务机构运行的一整套工作机制。罗山市民会馆之所以能诞生,以及其后在一些困难中能最终安然度过,在某种程度上与政府领导的个人态度有关,这使会馆的运行面临着很大的不确定因素;同时,会馆与政府的关系,也随着有关部门领导的思路和工作风格的变化而有所变化。对于独立于传统公共管理体制之外的非政府组织,仅靠个别领导人的开明是远远不够的。

其次,创新性思维在实践转化时,受到既定的宏观制度架构的严重制约。体制创新是一个系统创新的过程,会馆发展到今天,还没有与之完全适应的政策、法律法规和系统、稳定的制度安排。在政府常规管理中,常常发生会馆被有意无意地忽略的情况。而一旦政府需要对会馆担负管理责任,而又没有合适的管理方式时,就必然会借助于传统的部门管理手段。

最后,考核标准的完善和制度性需要资金支持。在运用契约手段加强监管方面,如何衡量受托方的公共服务产出效果、如何制定合理的公共福利服务津贴标准、如何给予受托方必要的成本补偿等问题上,还需要在具体研究基础上集中进行政策突破。在罗山市民会馆的一些具体项目上,虽然最近几年政府已经给予了一定的补贴和优惠政策,但还没有形成一种稳定的制度性支持,与政府直接办的服务机构的稳定支持是不同的。

3.3 上海市阳光社区青少年事务中心的实践

3.3.1 阳光社区青少年事务中心及其管理模式

上海市阳光社区青少年事务中心(以下简称"阳光中心")是经上海市社团管理局批准注册,于2004年2月18日正式挂牌成立的民办非企业单位,主管单位为共青团上海市委员会。阳光中心实行董事会领导下的总干事负责制,董事会成员由社会工作专业的专家学者、青少年工作者和社区工作者等组成。阳光中心承担政府委托的社区青少年教育、管理和服务事务,负责对全市青少年事务社工进行业务指导、管理和调配,支持其参加资格认证、职业培训等。阳光中心还在各区(县)设立社工站,组织青少年事务社工运用社会工作方法为社区青少年提供专业化的服务,负责对本区域内所属青少年事务社工进行业务指导、绩效考核和日常管理。目前阳光中心共有青少年事务社工 479 名,在全市 19 个区(县)社工站和 184 个社工点开展工作。

社工站根据贴近社区居民,与社区青少年联系广泛密切,拥有系列专业的社工方法、手段和社工资源等特点,一般从以下几个方面展开工作:青少年心理矫治和行为纠偏;建立工作网络;完善志愿者队伍;设立青少年沟通渠道;开展与高校的共建,形成交流合作的机制;运用专业手段开展工作。青少年事务社工为社区青少年提供了专业化、个性化、经常性的帮助和服务,改变了一批社区青少年的生活态度和行为模式,上海市社区青少年的违法犯罪数明显下降。

3.3.2 合作:政府扶持购买,非政府组织补充职能

(1) 启动

2002 年,上海市委政法委对当时上海的社会治安情况进行了调研并得出基本判断:社会成员的流动性明显增大,各种组织的不稳定性日益凸显,维稳工作的不确定性明显增强,对于这些社会现象表现出的复杂性如果处理不当,有可能造成矛盾的汇合,给社会和政府造成成倍的压力,甚至可能演化为引发社会震荡的政治问题。因此,在新的形势下解决社会问题不能光靠"打击"手段,需要通过加强长效的管理;单靠政法部门在维稳工作中独当一面还远远不够,需要形成大稳定的工作思路和工作合力;单一行政管理的模式已经很难适应日渐多样的社会生活范畴,需要通过加强社会工作来架构新的社会管理平台。为此,要在禁毒、社区矫治、人民调解、青少年管理、弱势人群服务等领域引入职业化、专业化的社会工作制度,争取在 3 年到 5 年的时间内在全市逐步建立一支全职的社会工作者专业队伍,形成政府监管、授权、政策、环境和资金支持,非政府组织具体承担管理和服务的模式。因此,市委在 2003 年的 16 号文件和 2004 年的 15 号文件里就预防和减少犯罪体系建设进行了总的框架设计,并形成了"政府主导推动,社团自主运作,社会多方参与"的工作思路。

2002 年 4 月,上海市社区青少年工作联席会议建立,办公室设在团市委。同时,全市开展了社区青少年事务试点工作。2002 年 9 月召开了全市社区青少年工作会议,面向全市推广试点经验。2003 年 8 月,上海市委、市政府专门批准在共青团上海市委下设立了上海市社区青少年事务办公室(与上海市社区青少年工作联席会议办公室合署办公),职级为副局级,核准为 20 个公务员编制。2004 年 2 月,注册成立民办非企业性质的上海市阳光社区青少年事务中心(即"阳光中心"),并推荐产生董事会、监事会和干事人选。2004 年 8 月,阳光中心开始在各区(县)设立社工站和社工点。同时,建立了一支由近 500 人组成的职业化、专业化的青少年事务社工队伍。

作为社区青少年工作的职能部门,上海市社区青少年事务办公室按照"政府主导推动;社团自主运行;社会多方参与"的总体思路,运用社会化管理的思路和运作手段,采用政府购买服务的方式,通过对各区(县)预防办、团区(县)委的工作指导和购买阳光中心等非政府组织的相关专业服务,承担全市预防社区青少年违法犯罪以及社区青少年维权和保护等工作。为此,上海市社区青少年事务办公室与阳光中心签订了《政府(社区青少年事务)服务采购合同》,代表政府购买非政府组织服务,并加强了对非政府组织服务的评估;明确了政府与非政府组织之间的关系,确定了政府购买的内容;鼓励非政府组织进行竞争,给政府购买提供选择的余地,使所购买的服务物有所值,提高政府购买的效益。

政府购买非政府组织服务,是实现社会公共事务健康发展的公共财政手段。各级政府针对可以满足社会发展需要的公共事务,为非政府组织提供一定的资金和资源,而由其提供相应的专业性服务。

(2) 政府具体的扶持工作

首先,加强队伍建设,建立职业化、专业化的社工队伍。政府在自主招聘录用环节进行突破,组织专人负责,邀请社会工作专家共同参与,在新进社工招聘工作过程中实现了发布招聘信息、组织报名、笔试、面试、体检、政审、录用等一系列程序的自主运行;加强专业培训,推动青少年事务社工队伍的专业化建设;实行青少年事务资格认证制度、薪酬改革制度;建立起一支年龄结构合理、长期从事青少年工作的职业化队伍,成立了"专家督导委员会",加强对青少年事务社工工作的督导;拓展对外交流与合作。

其次,进行专业考核。制定了《上海市青少年事务社会工作者考核办法》、考核实施细则和分值表格,内容包括专业伦理标准、社工工作量标准、社工工作成效标准、自身建设成效标准四个方面,包含43项专业化指标的社工考核标准;通过组织社工自评、评审小组复评、专家督导复核等方式,以考核促引领,评选出优秀青少年事务社工,并组织开展交流宣传;通过定期召开专家督导委员会会议,邀请专家参与优秀社工评选复核,为青少年社会工作的开展提供决策咨询和专业辅导。此外,还开展了社工薪酬制度改革试点工作,探索将社工薪酬与其年度绩效考核结果挂钩。

再次,建立开放性的工作体系。从构建新型的社会动员方式、公众参与方式和公众人际关系的角度,整合政府、非政府组织、社会各方资源,争取有关职能部门的支持,积极参与制定相应的政策法规,为社工提供强有力的支撑体系。

最后,加强理论研究,构建社区青少年工作理论和方法体系。政府还着力于推动专业理论的研究和专业方法的提炼,通过编写社区青少年工作总论、心理、法律、教育与就业、社工工作方法和国际国内比较等领域系列丛书,开展政策、社团运作、工作评估和方法课题研究、推进社区青少年工作立法的依据、必要性、可行性等调研措施来夯实社区青少年工作的理论基础。

3.3.3 评价

在社区青少年工作推进的过程中,普遍存在着团区(县)委与阳光中心、区(县)预防办管理职能重合的问题。因此,加强非政府组织自主运作能力既是工作要求,也是需要着力解决的问题。政府必须妥善处理推动非政府组织自主运作的角色定位,真正发挥非政府组织的优势。政府应当逐渐淡化和退出对社工工作的评价和考核,并转变为按照采购合同的要求对非政府组织进行考核评估,加强对社工服务成效的监管和评估,以督促非政府组织提高自主运作的能力。共青团组织在合作过程中,要发挥其协调、监督、管理和引导作用,及时对社工服务成效进行监测和评判。

在合作建设的财政保障问题上,当前政府主要按照社工人数核定资金标准。现有的标准主要基于两点考虑:一是为吸引优秀人才进入社工队伍,不使他们的收入低于同等人员的收入;二是培养一支专业队伍。从专业化建设和发展的角度来看,财政经费应该由市里统筹管理。就目前的情况而言,属地管理的模式还是有利于体系发展的。但是,多头指挥,导致社工站配合区政府做很多本职工作以外的事情。另外,解决财政保障的问题还要考虑走项目化、社会化的道路,用新项目、好项目来争取更多的政府支持和社会资源。

专业化建设是体系建设的根本出路。就现状而言,要达到真正意义上的专业化建设目标还有很长的路要走。政府必须通过强制性的要求和薪资方面的改革来促进和引导社工队伍在专业化方面的提高和发展。政府购买的最佳效果依赖于竞争性的机制,但是目前没有足够的社工站展开竞争,因而也没有集体的合力和政府对话。因此,社工的级别和类别管理有待提上日程,从而完善竞争、激励、保障和新陈代谢机制。

4 政府与非政府组织间委托代理合作中的问题及其完善建议

构建完善的委托代理关系对于政府与非政府组织来说是一种双赢的选择:一方面有助于推动非政府组织发展,促进公民社会的发育与成长,提高自我治理和合作能力;另一方面有利于政府转变职能、降低行政管理成本、提高行政效率和减少施政过程中的腐败。

4.1 政府与非政府组织间委托代理的问题分析

政府与非政府组织间的委托代理问题表现在多个方面。具体说来,在信息不对称的情况下,监察成本、担保成本和剩余成本等"代理成本"大量产生。代理成本的产生主要源于以下几个原因:第一,"道德风险"。委托代理契约假设代理人承诺以特别的努力来实现委托人的目标和利益。志愿精神和非营利性质决定了非政府组织和政府间的委托代理合作机制的道德风险系数比较低。但是,如果带入"经济人"假设的话,道德风险也是应该考虑到的。即便在西方非政府组织发展得比较好、新闻媒体监督比较发达的国家,贪污自利现象也是时有发生的;第二,"逆向选择"。如果代理人努力所得的回报都归委托人所有,他只是收受一份固定的薪水,他可能就会偷懒,追求自身的利益甚至做出与委托人利益相反的选择。非政府组织的一个很显著特点是,一般情况下,盈余不作为利润分配给个人,而是用于组织的进一步发展。但是非政府组织的成员同样需要激励,缺少激励的话,就会出现逆向选择,使优秀的资源选择退出;第三,"内部人治理"。委托人可能大权旁落,代理人权利膨胀。政府委托非政府组织进行管理的重要目的是补充其能力的不足,但是这种合作是以维护社会治理中政府的权威和力量为前提的,因此,对于政府部门来说,在保障非政府组织的自主治理的同时,应该建立起必要的监督和约束制度。除代理成本外,政府与非政府组织间的委托代理还存在一些和企业委托代理不同的特殊问题,比如,产出的品质难以测度,服务的间接性,监督主体缺位、外部监督机制薄弱等。

从现实情况来看,我国政府与非政府组织的委托代理合作领域还比较有限且问题较为突出。就已有的合作案例来看,政府多采用与事业单位类似的拨款方式,缺乏有效的激励机制;在政府投入非政府组织经费有限的情况下,非政府组织难以吸引到合适的人才,有的甚至成为安排就业稳定社会的方式;管理方式行政化,有的非政府组织人员或者是行政部门的退休人员,或者属于公务员编制,沿袭了政府机关命令—服从的作风,束缚了非政府组织的自主发展;或者外在的法律税收机制不配套,优惠措施不到位,限制了非政府组织的积极性。

4.2 构建政府与非政府组织间完善的委托代理合作机制

构建适当的激励和约束机制,可以诱导代理人去追求委托人的目标,使其行为符合委托人的利益,从而建立和发展良好的委托代理关系。从政府与非政府组织委托代理活动的角度来看,一方面,政府应该为代理人代理行为的实施提供必要的保障,并在此基础上建立相关的激励机制;另一方面,政府应该健全相关的监督约束配套机制。

(1) 支持非政府组织自主运作

我国非政府组织发展较晚,在传统非政府组织力量相对弱小的情况下,政府理应在促进非政府组织有序健康发展方面主动扮演重要的角色。首先,加强政府各职能部门的沟通联系,整合内外有关资源,以项目化运作的方式对非政府组织的发展壮大给予全方位的支持;其次,在加强对非政府组织管理的同时,有计划、有重点地给予必要的财政补贴,并制定相关的法律、税收和金融政策;最后,应该按照非政府组织自身的运作逻辑和组织特征开展工作,而不是不加区别地沿用政府机关的传统管理模式。

(2) 吸引和培养非政府组织发展所需人才

首先,建立、健全非政府组织员工社会保障的法规政策,解决非政府组织就业人员在户口、档案管理、人事流动、职称、工资、福利、社会保障等方面的问题,将之纳入社会整体的人事、福利、社会保障体系;其次,在重点发展领域,制定相对有竞争性、激励性的工资制度,可以适当借鉴企业的激励保障制度;最后,发扬社会公德,树立公益意识,评选公益人物,使从事志愿者工作和参加公益活动蔚然成风。

(3) 建立民主科学的决策机制

建立民主科学的决策机制涉及决策主体、决策过程和纠偏机制等方面。就决策主体而言,非政府组织的相关利益群体涉及创办的董事、捐赠人、管理层和内部职工、服务对象或受益人、政府主管部门、专业协会、所在社区等等。非政府组织提供产品和服务的准公共性质以及肩负的社会成长使命,决定其决策时特别强调治理过程的民主,包括选举民主和协商民主等。但是,这种协同治理由于相关主体动力不足等问题,需要配合以其他措施进行落实,例如,强制性的信息公开制度、反馈制度和无障碍的查询制度。就决策过程而言,应当采用现代科学的模型和方法,避免领导人主观臆断。就纠偏机制而言,可以考虑借鉴企业管理的经验,建立独立于内部管理层和原始捐赠人、具有专业性的独立董事制度等。

(4) 明确政府的监管责任

改革双重管理体制和年检制度。对非政府组织实行的登记管理机关和业务主管单位双重管理体制容易导致责任不明,而且部分业务主管单位为了减少成本和避免责任,对主管范围内的非政府组织登记申请重重设限。另外,年检操作成本太高,登记机关力量不足,以至于流于形式,所以仅凭年检报表不足以实现监督。

建立对非政府组织的预算和绩效考核制度,在此基础上进行检查、处罚和奖励。对于提供公共服务的政策补贴,通过考核政策执行情况为依据,而项目资金支持者的考核,着重在目标的完成上。将考核政策和拨款政策相结合,政府不断推动从事公共服务的非政府组织的发展,从而有助于形成生产的多中心秩序和竞争性环境,形成代理人市场。

采取适当的价格调控政策。根据非政府组织所提供的物品和服务普遍具有的准公共产品性质和提供目的的非营利性的特点,一方面,价格应当体现社会边际成本定价准则,使非政府组织不至于亏本运行;另一方面,价格应当体现公共福利性的特点,可以考虑施以政策上的优惠和减免税收等措施以提高非政府组织积极性。

(5) 加强行业自律,完善社会监督机制

相对于企业组织来说,非政府组织的公共责任更显突出,更有必要加强自律与他律的结合。美国联邦法律规定,任何人都有权向非政府组织要求查看其原始申请文件及前三年税表,也可通过国内税务局了解其财务情况和内部结构。英国慈善法规定:只要交付"合理的费用",公众就有权获得慈善组织的年度账目和财务报告。为此,应建立非政府组织独立的财务和审计制度及第三方评估制度。要求非政府组织定期向社会公众公开其财务、活动、管理等方面的信息,并接受捐赠者、社会公众和新闻舆论的监督。由具有法定权威的中间机构或组织制定标准,对非政府组织的工作和项目进行评审。

本章小结

为了弥补自身能力的不足,降低行政成本,提高行政效率,适应社会发展的要求,许多西方国家的政府已经与非政府组织在某些公共领域内进行了合作。利用非政府组织便捷高效、非营利性和志愿性的特质,提供公共服务,生产公共产品,这样的做法促进了社会生产力的发展,同时也促进了社会资本的积累,提高了政府的社会认同水平。改革开放以来,我国非政府组织的发展逐渐引起人们的注意,一些非政府组织组织的活动对社会的和谐与进步起到了积极的推动作用。但是,由于先天发育的不足和后天支持的不够,我国非政府组织整体发育还不够成熟,在促进社会发展中的作用远不能和西方国家相比。同时,随着市场经济的推进,公民社会的成长,社会问题的多样化,政府的能力也面临重大的挑战,政府治理社会的方式需要逐步改变,政府职能转变问题变得日渐迫切。

根据理论分析、西方国家实践,以及中国非政府组织的现实状况,在政府与非政府组织之间进行合作解决社会问题、提供公共服务是可行的也是必然的。在合作方式上,政府可以有选择地委托非政府组织代行政府的某些职责,并购买非政府组织作为代理人和生产者提供的服务和生产的产品。从政治学和行政学的角度看,在政府与非政府组织间构建委托代理的合作关系,是市场经济条件下政府实现职能的重要方式,有助于改善和提高行政效率。

双赢是相对的,有条件的。为了完善委托代理关系,避免代理过程中出现问题,应从公开招标、协同治理、政府监管和社会监督相结合几个方面做努力进行规范,但是,这只是消极避免问题发生的方式,是一种约束机制。积极的政策机制也是不可或缺的,如相关法律政策、制度环境的完善,资金支持和非政府组织工作人员管理体系的建立等。可以说,构建政府与非政府组织之间完善的委托代理合作关系,对于政府治理和未来非政府组织的自主发展来说是一种双赢的选择,这种合作在有效解决社会问题、提高治理效率的同时,有利于非政府组织的健康发展。

政府支配模式 the Government-dominated Mode
非政府组织支配模式 the NGO-dominated Mode
双重模式 the Dual Mode
合作模式 the Cooperation Mode
法团主义 Corporatism
委托代理关系 The Agency Relationship

1. 试述我国政府与非政府组织之间关系的四种基本模式并简要加以介绍。
2. 简要介绍政府与非政府组织之间合作互动的理论基础。
3. 试述应当如何完善政府与非政府组织之间的委托代理合作机制。

1. 刘祖云.政府与非政府组织关系:博弈、冲突及其治理[J].江海学刊,2008,(1).
2. 范明林.非政府组织与政府的互动关系——基于法团主义和市民社会视角的比较个案研究[J].社会学研究,2010,(3).
3. 林尚立,王华.创造治理:民间组织与公共服务型政府[J].学术月刊,2006,(5).
4. 任慧颖.对中国非营利组织与政府关系的研究探讨——以中国青基会为个案[J].山东社会科学,2005,(10).
5. [美]莱斯特·M.萨拉蒙.公共服务中的伙伴[M].田凯译.北京:商务印书馆,2008.
6. 王冬芳.非政府组织与政府的合作机制:公共危机的应对之道[M].北京:中国社会出版社,2009.

"静安区积极探索民办医疗机构管理之路"

近年来,随着社会需求的增长,民营医疗机构逐步发展,成为医疗卫生服务体系的重要补充。静安区作为医疗资源较为集中的中心城区,民营医疗服务业发展迅速,数量已超过公立医院。但与此同时,一些瓶颈问题日渐显现。

静安区卫生工作者协会(以下简称"卫协")的一项调查结果显示,国家从立法层面已经确立了社会医疗机构的合法性,但没有出台相关细则和配套政策。因此有些问题在执行过程中缺乏较为具体的依据,以致一些正规经营的民营医院举步维艰。

调查还发现,民营医院普遍存在"投资者不懂医,懂医者不善管理,院长受聘却没有决策权"等现象。在组织结构、业务流程、学科建设和人才培养等方面尚未形成科学规范的机制,内部管理滞后,运行手段有限,运行效率低下,科研技术力量较为薄弱,过分依赖广告,危机应对能力贫乏等问题,阻碍了民营医院的发展。

民营医院的健康发展迫切需要政府部门的支持,但政府部门在人力方面难以对社会医疗机构进行全方位、全覆盖的有效管理,社会医疗机构成了行政管理的"盲点"。能否将一些事务性的工作从政府职能中剥离出来,引入"第三方力量"来承担,为民营医院找一个

"娘家"?

在静安区"卫协"中,有熟悉卫生工作的方针、政策,了解医疗工作的特点、规律和方法,具有较为丰富的党务和行政管理经验的管理人才。他们有积极探索社会医疗机构管理之路的思索。由"卫协"来管理社会医疗机构,将有利于把指导、服务、管理功能有机结合,充分发挥社会医疗机构对区域内医疗资源的补充作用。

根据《静安区人民政府关于促进社会组织参与社区建设管理的实施意见(试行)》"社会组织指导服务社会医疗机构日常工作"的规定,自2008年起,按照"政府承担、定项委托、合同管理、评估兑现"的做法,静安区卫生局以政府购买服务的形式与"卫协"签订了《政府购买社会组织公共服务项目合同示范文本》,委托"卫协"承接静安近50家社会医疗机构的管理。该合同的委托方为静安区卫生局,受托方为静安区卫生工作者协会,见证方为静安区社会组织联合会。为落实政府购买社会组织公共服务的任务和责任,静安区卫生局专门签发《关于对静安区卫生工作者协会管理社会医疗机构工作进行考评的意见》,明确考评工作的要求、项目、方法、组织领导等具体内容。为进一步规范操作流程。在签订合同前,按照《关于静安区社会组织承接政府购买(新增)公共服务项目资质的规定》,来自业务主管单位、登记管理机关、区社会组织联合会、会计师事务所等有关专家对"卫协"进行了资质评估。通过资质评审的"卫协",既有了充足的经费保障,开展医疗质量监控、人才培训、业务交流、为民服务等管理与服务工作,同时也将接受政府部门和见证方的评审、监督和绩效评估。

从2008年开始,"卫协"与静安区卫生局连续三年签订了《政府购买社会组织公共服务项目合同》。在近三年的实践中,"卫协"进行了一系列的探索:一是着力于制度建设,营造公共卫生服务的机制;二是构筑平台,助推社会医疗机构健康发展;三是坚持党建活动,努力提升社会公信力。几年来,"卫协"按照合同要求,采取切实措施,搭建连接政府和社会医疗机构的平台,创新社会医疗机构管理模式,取得明显成效。

资料来源:静安区积极探索民办医疗机构管理之路[EB/OL]. http://stj.sh.gov.cn/Info.aspx?ReportId=88ed3515-2438-4420-8da7-e4d4687905dc,2012-04-30.

阅读以上材料,思考政府与非政府组织应当如何实现合作。

参考文献

[1] 王名.非营利组织管理概论[M].北京:中国人民大学出版社,2010.
[2] 陈金罗,刘培峰.转型社会中的非营利组织监管[M].北京:社会科学文献出版社,2010.
[3] 范明林.非政府组织与政府的互动关系——基于法团主义和市民社会视角的比较个案研究[J].社会学研究,2010,(3).
[4] 刘太刚.非营利组织及其法律规制[M].北京:中国法制出版社,2009.
[5] 孙伟林.社会组织管理[M].北京:中国社会出版社,2009.
[6] 陈桂生,张霁星.准政府组织管理[M].北京:人民出版社,2009.
[7] 褚松燕.中外非政府组织管理体制比较[M].北京:国家行政学院出版社,2008.
[8] 朱健刚.行动的力量——民间志愿组织实践逻辑研究[M].北京:商务印书馆,2008.
[9] 范柏乃.政府绩效评估与管理[M].上海:复旦大学出版社,2007.
[10] 朱春奎.公共部门绩效评估方法与应用[M].北京:中国财政经济出版社,2007.
[11] 丁元竹,江汛清,谭建光.中国志愿服务研究[M].北京:北京大学出版社,2007.
[12] 陈金罗,葛云松,刘培峰,金锦萍,齐红.中国非营利组织法的基本问题[M].北京:中国方正出版社,2006.
[13] 李维安.非营利组织管理学[M].北京:高等教育出版社,2005.
[14] 王名.中国非政府公共部门[M].北京:清华大学出版社,2004.
[15] 邓国胜.非营利组织"APC"评估理论[J].中国行政管理,2004,(10).
[16] [美]莱斯特·M.萨拉蒙.全球公民社会:非营利部门视界[M].贾西津,魏玉,译.北京:社会科学文献出版社,2007.
[17] [美]加里·德斯勒.人力资源管理[M].曾湘泉,译.北京:中国人民大学出版社,2007.
[18] [美]彼得·德鲁克.非营利组织的管理[M].吴振阳,译.北京:机械工业出版社,2007.
[19] [美]彼得·德鲁克.卓有成效的管理者[M].许是祥,译.北京:机械工业出版社,2006.
[20] [美]彼得·德鲁克.下一个社会的管理[M].蔡文燕,译.机械工业出版社,2006.
[21] [美]彼得·德鲁克.管理的实践[M].齐若兰,译.北京:机械工业出版社,2006.
[22] [美]保罗·R.尼文.政府及非营利组织平衡计分卡[M].胡玉明,译.北京:中国财政经济出版社,2004.
[23] [美]派恩斯.公共和非营利性组织的人力资源管理[M].王孙禺,译.北京:清华大学出版社,2002.
[24] Curtis P. McLaughlin. *The Management of Nonprofit Organization*, Canada: John Wiley & Sons, 1986.
[25] Ronald J. Webb. *Organizational Effectiveness and the Voluntary Organization*, 17 The Academy of Management Journal 663, 1974.
[26] Thomas Janoski, March Musick, John Wilson. *Being Volunteered? The Impact of Social Participation and Pro-Social Attitudes on Volunteer*, 13 Sociological Forum 495, 1998.

教师服务

感谢您选用清华大学出版社的教材！为了更好地服务教学，我们为授课教师提供本书的教学辅助资源，以及本学科重点教材信息。请您扫码获取。

▶▶ 教辅获取

本书教辅资源，授课教师扫码获取

▶▶ 样书赠送

公共管理类重点教材，教师扫码获取样书

 清华大学出版社

E-mail: tupfuwu@163.com
电话：010-83470332 / 83470142
地址：北京市海淀区双清路学研大厦 B 座 509

网址：http://www.tup.com.cn/
传真：8610-83470107
邮编：100084

教师服务

根据教育部高等学校出版物相关工作要求和高等教育出版社的规定，教师需要样书、教学课件等教学资源，以及本书、重点教材、新形态教材，请扫描右侧二维码。

◆ 教师样书

本书配套课件、教学资源和教师样书申请

◆ 样书服务

高等教育重点教材、新形态教材成长规划

高等教育出版社

E-mail: hepuwu@163.com
电话：010-58581021 58170142
地址：北京市西城区德外大街4号B座508

网址：http://www.hep.com.cn
传真：010-58170107
定价：100.00元